Kontakt mit dem Jenseits

Armando Pavese

Kontakt mit dem Jenseits

Pattloch

Zum Gedenken an den Freund Emilio Servadio

Die Deutsche Bibliothek – CIP-Einheitsaufnahme

Kontakt mit dem Jenseits / Armando Pavese.
Übers. aus dem Ital. von Daiana Falloni. –
Augsburg : Pattloch, 1998
  Einheitssacht.: Communicazioni con l'aldilá ‹dt.›
  ISBN 3-629-00827-5

Erstveröffentlichung 1997 durch Edizioni Piemme Spa,
Casale Monferrato, Italien

Pattloch Verlag, Augsburg
© 1998 Weltbild Verlag GmbH
Umschlagfoto: Image Bank, München
Einbandgestaltung: Atelier Höpfner-Thoma, München
Satz: Cicero Lasersatz, Dinkelscherben
Druck und Bindung: Wiener Verlag, Himberg
Printed in Austria

ISBN 3-629-00827-5

Inhaltsverzeichnis

ERSTER TEIL

Die Verstorbenen: Freunde oder Feinde?
Geschichte der Jenseitsgläubigkeit
von den Primitiven bis in unser Jahrhundert

Inhaltsverzeichnis

Inhaltsverzeichnis

zweiter teil

Konsumismus des Heiligen und Pseudo-Wissenschaft
am Ende des zweiten Jahrtausend

Inhaltsverzeichnis

ANHANG

Synthese des Handbuchs der Parapsychologie

Vorwort

Das letzte Mal traf ich Emilio Servadio im Herbst des Jahres 1994, wenige Monate vor seinem Tod. Anlaß war ein Kongreß der Sektion Psychologie und Religion der Italienischen Gesellschaft für Psychologie, der in Rom stattfand. Wir waren beide eingeladen, dort Vorträge zu halten. Aber Servadio, schon von seiner Krankheit gezeichnet, kam nicht. Daraufhin besuchte ich ihn zu Hause. Stolz zeigte er mir seine 17 000 Bücher umfassende Bibliothek, die Couch des Psychoanalytikers und erzählte mir von seiner Jugend, seinen Bergtouren in den Dolomiten mit bekannten Bergführern. Er war heiter, scherzte, und es gab selbst Momente, wo wir Späße machten.

Servadio hatte einen kulturellen Hintergrund, der sich von meinem stark unterschied: Er war Freimaurer und Meister des 33° der Loge Miriam gewesen, von der er sich jedoch vor ungefähr zehn Jahren distanziert hatte. Spirituell verfolgte er eher einen östlich inspirierten, mystisch-esoterischen Weg und durchlief gerade mit einem Meister die Initiationsriten. Ich hingegen bin praktizierender Katholik, das heißt, meine Glaubensüberzeugungen standen ganz im Gegensatz zu den seinigen. Und dennoch verband uns ein über Jahre hinweg gewachsener Respekt und gegenseitige Achtung, die trotz anfänglicher Kontroversen in eine ehrliche Freundschaft mündete. Die erste Auseinandersetzung ereignete sich 1976, als ich es in meinem ersten Buch über das Paranormale unterließ, ihn zu zitieren. Ich hatte ihm leichtsinnigerweise ein Exemplar zugeschickt, und als Reaktion erhielt ich einen aufgebrachten Brief, in dem er mir vorwarf, ihn ignoriert zu haben. Mit Recht, denn er war nicht nur einer der Väter der Psychoanalyse in Italien und in Indien, wo er als Dozent tätig war, sondern auch einer der Gründer der wissenschaftlichen Parapsychologie.

Aufgrund vieler Faktoren folgte eine lange Funkstille zwischen uns, und dann 1989 schickte ich ihm, nicht ohne Bedenken, mein *Handbuch der Parapsychologie (Manuale di Parapsicologia)*. Abgesehen davon, daß ich es dieses Mal nicht versäumt hatte, seine Werke zu zitieren, stellte das

Buch ein neues wissenschaftliches Modell vor, das, ausgehend von den Grundlagen des psychologischen Denkens Servadios und dem Piero Cassolis, Magie und Spiritismus als objektive Wirklichkeit für ungültig erklärte. Aber mit der Tiefenpsychologie rechtfertigte es die paranormalen Phänomene, die ich als psychomiletisch definierte.

Servadios Rezension war sehr erfreulich. 1990 veröffentlichte ich *Heilen durch Handauflegen (Guarire con la pranoterapia),* was praktisch den zweiten Teil meines Modells beinhaltete, und auf der unbewußten Kreativität und nonverbaler Kommunikation gründete. Servadios Urteil fiel sehr positiv aus. Vor allem erwähnte er lobend, den in diesem Buch erbrachten Nachweis der Unhaltbarkeit des Spiritismus. Mit der darauffolgenden Veröffentlichung über *Sai Baba* (1992), die den ersten Versuch darstellte, den Mythos des *Sai Baba* wissenschaftlich zu interpretieren, wandelte sich mein Verhältnis zu Emilio Servadio grundlegend. Dieser begann mir Aufmerksamkeit zu schenken, indem er mich anrief, um mir Kritiken und Nennungen meines Werkes mitzuteilen, und indem er mir Unterlagen zuschickte, die für meine Untersuchungen von Nutzen sein konnten. Ich hatte die schwierigste Prüfung meines Forscherlebens bestanden: Das wissenschaftliche Urteil Servadios über die Anwendung meines Modells auf einen konkreten Fall, den des Sai Baba.

Als 1994 *Wie verteidige ich mich vor Magiern (Come difendersi dai maghi)* erschien, erreichte unsere freundschaftliche und von großer Hochachtung geprägte Beziehung ihren Höhepunkt. In einem Telefongespräch im Juni 1994 teilte ich ihm mit, an einer neuen Untersuchung über den Spiritismus zu arbeiten, (dem hier vorliegendem Buch) und daß ich die Absicht hatte, die mutmaßlichen Geheimnisse des Spiritismus zu lüften. Servadio, Gegner des Spiritismus, ermutigte mich mit folgendem Ausspruch: „Legen Sie sich ins Zeug Professore, ich verlasse mich auf Sie".

Der Leser wird darüber urteilen, ob ich der Aufforderung Servadios nachgekommen bin, die ich im Grunde gar nicht nötig hatte, da die Erfahrungen mit den Medien, dem Studium und persönlichen Erlebnissen mich darin bestärkt hatten, mit den Waffen der Psychologie, der Psychomiletik und dem gesunden Menschenverstand dem Spiritismus auf den Grund zu gehen – und das alles im Lichte des Glaubens. Mein Ziel war es, die komplexen und vielfachen Ungereimtheiten zu klären, die wir selbst erzeugen, wenn wir außer Acht lassen, welche unbewußten und tiefen Triebkräfte in uns zugange sind.

Theoretisch müßten Rationalität, Wille und rechtschaffene Absicht, verknüpft mit einer angemessenen wissenschaftlichen Kenntnis, genügen, um gegen spiritistische Versuchungen immun zu sein.

Setzt man sich aber der messianischen Erwartung des sehr gefühlsbetonten und suggestiven Spiritualismus aus oder befindet sich in tiefer Verzweiflung und Depression – verursacht möglicherweise durch den Verlust eines geliebten Menschen –, so hält dem offenkundig keine wissenschaftliche Erklärung stand.

Also kommen die Erklärungen des christlichen Glaubens mit ins Spiel, verstärkt durch die offizielle kirchliche Lehre, die den Spiritismus aus anderen Beweggründen als die der Wissenschaft bekämpfen.

In der Tat behandelt die Wissenschaft die psychologischen und schöpferischen Mechanismen, die erlauben, daß Pseudo-Phänomene mit der Realität verwechselt werden können.

An diesem Punkt wird deutlich, daß es sinnvoll und notwendig ist, Wissenschaft und Glauben zu vereinen, um den Menschen zu helfen ihre Welt zu verstehen. Einerseits dadurch, daß die tiefen und unbewußten Ursachen aufgedeckt werden, die den Menschen zu der Annahme verleiten, mit den Verstorbenen zu kommunizieren (indem natürliche Geschehnisse falsch interpretiert werden), und andererseits geklärt wird, daß diese Kommunikation nicht durch Willenskraft oder die Einflußnahme des Menschen zustande kommen kann. Denn als Beweis des ewigen Lebens genügt das Zeugnis Christi.

Wissenschaft und Glaube können der Menschheit helfen, zu vermeiden, sich Illusionen hinzugeben, die letztlich nur eine Placebo-Funktion haben. In der heutigen Gesellschaft fehlen klare Gedankenmodelle, mit deren Hilfe unterschieden werden kann zwischen ritualistischem, magischem oder abergläubischem Spiel (vielleicht aus pragmatischen Gründen nützlich, um eine gewisse emotionale Leere zu überwinden) und dem spirituellen und realen Leben in der Beziehung zu Gott.

Vorwort

Diese Untersuchung erfolgt in der Absicht, mit einem auf die Wissenschaft und den Glauben zentrierten Gedankenmodell denjenigen zu helfen, die das Bedürfnis verspüren, in sich selbst Klarheit zu schaffen. Ob das Ziel erreicht wurde, entscheidet der Leser.

Der Autor

ERSTER TEIL

Die Verstorbenen: Freunde oder Feinde?
Geschichte der Jenseitsgläubigkeit
von den Primitiven bis in unser Jahrhundert

Kommunikation zwischen Lebenden und Verstorbenen
in den primitiven Religionen

Kommunikation zwischen Lebenden und Verstorbenen
in den großen heidnischen Kulturen, in den traditionellen und
östlichen Religionen

Kommunikation zwischen Lebenden und Verstorbenen
im Christentum

Die Inflation der Kommunikation mit den Verstorbenen
im 19. Jahrhundert und Anfang des 20. Jahrhunderts

Wissenschaftliche und religiöse Kritik am Spiritismus im
19. Jahrhundert und Anfang des 20. Jahrhunderts

Kommunikation zwischen Lebenden und Verstorbenen in den primitiven Religionen

Leben nach dem Tod und Religiosität in der Vorgeschichte

Wann genau hat sich der Hominide in den Menschen verwandelt? Eine Frage auf die es zwei Antworten gibt und die eine dritte voraussetzt. Die darwinistische Evolutionstheorie ist mit dem Christentum nicht unvereinbar, denn der Symbolismus der Bibel vermag nicht auszuschließen, daß Gott die Evolution geplant hat. Alles beginnt mit dem „Schöpfungsakt" der Materie – oder besser der Energie, da die Materie ein Begriff ist, der auf die Wirklichkeit verweist, die sich aus Elementarteilchen zusammensetzt – und des Lebens. Die Schöpfung setzt ein vernunftbegabtes, mit einem Willen versehenes Wesen voraus. Selbst anläßlich Jacques Monods These, die den Ursprung des Lebens als ein „Zufallsprodukt" ausweist, kann zu bedenken gegeben werden, daß auch der „Zufall", die Wahrscheinlichkeit, einem mathematischen Gesetz unterworfen ist, das geschaffen worden sein muß. Am Anfang des „Zufalls" steht immer Gott. Die Verneinung Gottes entstammt einem existentiellen Problem politisch-kultureller und menschlicher Erfahrungen, die im Subjekt eine unbewußte Blockierung auslösen, die eher gegen jene gerichtet ist, die die Existenz Gottes behaupten, als gegen Gott selbst.

Der Hominid in uns hat schwere Prüfungen bestehen müssen, bis er in Erscheinung treten konnte. Von einem biologischen Standpunkt aus betrachtet, wurde er Mensch dank der bemerkenswerten Organisation des Gehirns, der Rückbildung des Gebisses, der perfekten Opposition des Daumens zu den anderen Fingern, des Lautbildungsapparates, geeignet Sprache zu artikulieren, und dank eines Nervensystems, das den menschlichen Psychismus erst denkbar macht.

Pierre Teilhard de Chardin bemerkt, daß der Mensch (dessen Existenz in Ostafrika vor zwei Millionen Jahren belegt ist) im Laufe der Evolution und ohne viel Aufhebens auftritt.

16

Kulturell gesehen, zeichnet den Menschen die Fähigkeit zu Planung und symbolischer Kommunikation aus sowie Kreativität und soziales Leben. Durch Abstraktionsfähigkeit, neue bewußte und kreative Verhaltensweisen gegenüber der Umwelt und der Natur entsteht Selbstbewußtsein, entsteht der *Homo symbolicus* oder *Homo religiosus* (Julien Ries). Die symbolischen Ausdrucksformen führen direkt in die religiöse Dimension.

Die symbolische Leistung des prähistorischen Menschen besteht in der „Domestizierung" des Feuers, nachweislich vor 500 000 Jahren (in Afrika vor einer Million Jahren). Auch die Verstümmelung der Schädelbasis oder das dichte Vorkommen von Schädelhaufen (Neandertaler, Sinanthropus) verweisen auf symbolische oder religiöse Verhaltensweisen. Die Neandertaler vor 60 000–80 000 Jahren beerdigten ihre Toten mit besonderen Riten, die

> „nicht nur ein Bewußtsein für den Tod, sondern auch den Wunsch ihn in der Unsterblichkeit zu überwinden."[1]

ausdrücken sollten.

Die Höhlen des Jungpaläolithikums (vor 10 000 bis 40 000 Jahren), deren Wände mit Darstellungen von Tieren versehen sind, „gelten als Heiligtümer, Kathedralen der Vorgeschichte"[2]. Manche Stämme (vor 20 000–15 000 Jahren) wandten, um eine erfolgreiche Jagd sicherzustellen, Zauberei an, indem sie Tiere auf Felswände malten und sich in diesem Sinne auch als Schöpfer von Symbolen erwiesen. Einer der Höhepunkte der Religion war offensichtlich der auch heute noch verbreitete Glaube, durch Magie auf den Verlauf der Jagd positiven Einfluß nehmen zu können.

Ein anderes symbolisches Element von religiöser Bedeutung stellt der *rote Ocker* dar, der bei den Begräbnissen im Jungpaläolithikum auf dem Leichnam oder Boden verstreut wurde und auch für die Wandmalereien benutzt wurde. Verschiedene Wissenschaftler verweisen auf eine mögliche Verbindung zwischen dem roten Ocker und dem Jenseitsglauben. Rot als Farbe des Blutes, dem Symbol des Lebens.

Die primitive Religiosität als Grundlage des Spiritismus

Neben dem vor ungefähr 2 000 000 Jahren lebenden *Homo abilis*, von dem man annehmen kann, daß er eine gewisse religiöse Herangehensweise an die Natur hatte, gibt es einige Gräber des *Homo sapiens* (Neandertal), die den Körper des Toten schützende Konstruktionen aufweisen, oder Gräber, die aus einem um den Schädel herum angeordneten Kreis aus Ziegenhörnern (Usbekistan) oder aus einem Blumenbeet (Irak) bestehen. Im Allgemeinen geht man, was die symbolische Bedeutung der Blumen betrifft, von der Identität mit der Seele des Verstorbenen aus.

Da der Mensch ein Selbstbewußtsein besitzt, setzt er sich unweigerlich mit dem Geheimnis, das ihn umgibt, auseinander. Er wundert sich über die Erscheinungen in der Natur und, da ihm eine ihn leitende Offenbarung fehlt, entdeckt er einen „Gott", den er mit den Naturphänomenen irrtümlich in eins setzt. Er träumt von den Verstorbenen und glaubt, daß der Traum das Vehikel ist, mit dessen Hilfe die Toten zurückkehren. Er nimmt Pflanzen, Drogen zu sich, die in ihm immer wieder die gleichen Visionen hervorrufen. Im Traum sieht er einen Felsen, einen Baum, ein für seine Gegend typisches Tier. Er verknüpft all diese Träume und ist schließlich überzeugt, daß die Menschen von einem Schilfrohr oder einem Felsen geschaffen worden sind, und betet diese Naturgebilde an.

Dann assoziiert er die Flora und Fauna mit den Verstorbenen, mit den „Göttern", und es ensteht der Fehlschluß der okkulten Religion, die auf Geistern und magischen Kräften gründet. Diese Kräfte rühren daher, daß einige „andersartige" Individuen, deren Nervensystem instabiler erscheint, die leichter beeinflußbar und kreativer sind, zu der Überzeugung gelangen (wohl auf Grund banaler Koinzidenzen), die „Macht" und die Fähigkeit zu besitzen, der Natur Befehle zu erteilen und die Toten zu beschwören.

So entsteht der Spiritismus, oder besser die spiritistische Religion, Naturreligion, die auf Ereignissen beruht, die der damaligen Kultur unerklärlich erschienen.

Wenn es wirklich wahr ist, daß der sich mühsam zum Menschen entwickelte Hominide zur Offenbarung gelangt ist, so müßte folglich die „magische Religion" der Primitiven verschwunden sein. Dem ist nicht so, und wir werden sehen warum.

Bevor wir mit unserer Erörterung fortfahren, sollte klargestellt werden, daß in dem vorliegenden Buch die „Geschichte der Kommunikation mit den Verstorbenen" behandelt wird, die mit der Entwicklung des Menschen einhergeht. Daher wird das Buch auch von der Geschichte des Spiritismus handeln. Aber das alles hat nichts mit dem „Fortleben nach dem Tod" (Unsterblichkeit, ewiges Leben) zu tun, denn dies ist ein anderes Problem, das ich vielleicht in einem späteren Buch angehen werde.

Was die dritte Antwort auf unsere Eingangsfrage betrifft, so habe ich sie nicht vergessen. Nach der „biologischen" und der „kulturellen" Antwort, müßte die „spirituelle" folgen – das heißt das Aufspüren jenes Augenblicks, wo der Hominide zum Menschen wird und somit mit Geist versehen ist –, aber dieses heiße Eisen überlasse ich den Theologen.

Die Verstorbenen als „Feinde"

Während bei den Begräbnissen der Neandertaler die ehrfurchtsvolle Aufbewahrung des Körpers im Vordergrund stand, wandelten sich in der darauffolgenden Zeit die Vorstellungen über den Tod. Der Verstorbene beginnt im Jenseits ein eigenes Leben. Er kann zurückkehren (und die Träume und andere Glaubensvorstellungen bestätigen dies) und damit auch Böses anrichten. Die Gründe für diese veränderte Wahrnehmung sind vielfältig, aber die Lebenden beginnen, die Toten zu fürchten. Daher ist es notwendig, ihnen rituelle Opfergaben darzubieten, Feuer zu entfachen und Lampen zu entzünden, um sie an den Orten, an denen sie beigesetzt wurden, festzuhalten. Gleichviel wird der Tote zur Sicherheit angebunden und verstümmelt. Neben ihm wird eine Statue ohne Beine oder mit nur einem Arm aufgestellt, so daß der Tote sich damit identifiziert und glauben wird, seiner Fortbewegungsmöglichkeit beraubt zu sein. Ehre den Toten also, aber immer im Hinblick darauf, sich vor ihnen zu schützen.

In den Vorstellungen der Eingeborenen von Melanesien, die dem Stamm der Mota angehören:

> „Saugt, raubt der Tote die Seele des Lebenden ... Ganz unterschiedlich können die Gründe sein, die das Verhalten des Toten erklären: das Gefühl der Zuneigung des Verstorbenen gegenüber den Lebenden, Eifersucht oder die Furcht davor, allein die große Reise antreten zu müssen ... Daher der Wunsch, den Leichnam (durch Anbinden) festzuhalten, in der Absicht, seine Rückkehr zu den Lebenden zu verhindern oder seine Bösartigkeit von sich abzulenken."[3]

Bei den Arunta existierte eine Art „Vertreibungsritus", der den Geist des Verstorbenen überzeugen sollte, sich zur Insel der Toten zu begeben. Zu diesem Zweck zerstörten die Arunta die Hütte des Verstorbenen (um seine Rückkehr zu verhindern). Sie befestigten die Erde, die seinen Körper bedeckte, mit Wasser und klopften sie fest. Sie stießen Schreie aus, um den Toten zu erschrecken und fortzujagen und legten Knochen auf das Grab, damit der Tote sie bemerke und, sich von seinem jetzigen Zustand überzeugt, entscheidet, den Grabhügel zu verlassen und sich an seinen Bestimmungsort begibt[4].

Mit allen Mitteln versuchte man, sich gegen den Verstorbenen oder besser gegen die Angst vor dem Tod zu wehren: Bei den Tartaren herrschte der Brauch, nach der Teilnahme an einem Beerdigungsritual das Feuer zu durchschreiten, damit der Verstorbene die Person nicht verfolgen könne.

Der Ethnologe und Historiker Sir James Frazer weist nach[5], wie noch Ende des 19. Jahrhunderts und Anfang des 20. Jahrhunderts verschiedene Völker primitive Traditionen pflegten, die sich auf die Angst vor den Toten bezogen und letztlich dazu dienten, psychologische Barrieren zu schaffen, die den Lebenden Sicherheit geben sollten. Imaginäre, magische Barrieren, die mit Hilfe des Feuers, des Wassers und den ausgefallensten Riten aufgebaut wurden.

Auf Mille, einer der Marshallinseln im Pazifik, wurden die Toten in Kanus aufs Meer hinaus getrieben, damit der Geist des Verstorbenen weit von der Insel weggetragen werde und den Lebenden keinen Ärger mehr bereiten könne. Beim Stamm der Bari im Sudan wurden dem „mit Regen beauftragten" Toten alle Körperöffnungen geschlossen, aus Furcht davor, daß sein Geist entweiche, sich in einen Löwen oder Leoparden verwandeln und somit zur Gefahr für die Bevölkerung entwickeln könnte. Die Taungthu in Birma banden dem Leichnam Daumen und große Zehen zusammen, um ihm am Gehen zu hindern. Wenn eine böse und schwatzhafte Person starb, schlugen die Tschuwaschen (Russland) Nägel in das Herz und die Fußsohlen des Toten, um die Flucht des Geistes aus dem Grab zu verhindern. Im afrikanischen Gabun öffneten die Verwandten eines mißgünstigen Verstorbenen dessen Grab und köpften den Angehörigen. Die Tupinamba in Brasilien banden die Arme und Beine des Leichnams zusammen, um sicher zu gehen, daß der Tote seine Freunde nicht belästigen könne.

Der finnische Ethnologe Rafael Karsten berichtet, daß die Indianer Südamerikas ausnahmslos – eine kulturell auch akzeptierte – Angst vor den Toten hätten, besonders vor den Geistern böser Menschen, die sich in Dämonen verwandeln und den Tod bringen können. Ein Beispiel aus Südamerika:

> „Manche Gruppen von Kannibalen legten besonderen Wert darauf, die Augen, Arme und Beine ihres Opfers zu essen, damit der Geist seinen Feind nicht sehen, verfolgen und ergreifen könne."[6]

In verschiedenen Gebieten Afrikas werden Trockenheit, Erdbeben und Krankheit der Rückkehr der Toten zugeschrieben.

Diese Riten sind das Erbe der Glaubensvorstellungen des prähistorischen Menschen, der als Begründer einer magischen Religion, die auf Geistern und Zauberei aufbaut, sich mit Riten und komplizierten Prozeduren psychologisch zu schützen versuchte. Diese Techniken waren ihm von seiner eigenen Kreativität eingegeben und von seiner Angst angetrieben worden.

In unserer modernen Kultur beginnt sich diese magische Religion, die nie ganz untergegangen war, auf der Welle der Massenmedien wieder durchzusetzen. Die Gründe hierfür sind komplex und sollen später noch untersucht werden.

Der besänftigte oder beschworene Tote: Ängste und Erwartungen

Da der Tote so viel Angst einflößt, muß man sich auf irgendeine Weise gegen ihn wehren. Der Angst, die in manchen Fällen zum Alptraum werden kann, entkommt man mit Hilfe psychologischer Standardreaktionen: Aggressivität, Täuschung, Beschwörung. Diese drei Prozeduren drücken sich folgendermaßen aus:

– **Aggressivität**. Sie drückt sich, wie wir gesehen haben, im Verstümmeln des Leichnams und der Schaffung von Barrieren aus, die eine Rückkehr verhindern.

– **Täuschung**. Sie realisiert sich mittels Prozeduren, die dazu dienen, die Gunst des Toten zu erlangen. Das bedeutet der Verstorbene wird mit Opfergaben besänftigt und versöhnt. Die Bakongo, im Südkongo, vergießen Palmwein und Antilopenblut auf das Grab eines Jägers und sprechen Gebete, die ihn freundlich stimmen sollen. Bei den Jen, im Norden Nigerias, säubert der Jäger das Grab seines Vaters oder Onkels von Unkraut, um eine beutereiche Jagd zu erflehen. So werden auch den Verstorbenen in vielen Kulturen mit entwickeltem Ackerbau Früchte und Gemüse geopfert. Die Indianer des Stammes Dènè-Dindjie, im Nordwesten Amerikas, umstellten das Grab mit langen Pfählen, an die sie bunte Bänder knüpften, in der Absicht die Verstorbenen zu erfreuen.

– **Beschwörung und Anrufung mittels eines Mediums**. Diese Technik ist allen primitiven und „zivilisierten" Völkern gemein. Es ist an dieser Stelle nicht nötig die ethnologische Kasuistik zu bemühen. Es genügt, sich etwas umzuschauen.

Der umschmeichelte oder beschworene Tote ist eine Technik der unbewußten Psyche, sich selbst zu schützen und letztlich die Angst vor dem Tod auszutreiben.

Der Schamanismus

Die Bezeichnung Schamane leitet sich vom tungusischen Wort *Saman* ab, was soviel bedeutet wie „der Mann, der sich wie rasend bewegt". Der Schamane ist der Urvater aller mediumistischen Figuren, wie sie in verschiedenen Kulturen vorkommen. Der Schamane stellt eine typische Erscheinung Nordasiens, Grönlands, Australiens und auch Afrikas dar. Die Ursprünge des Schamanismus liegen wohl in der prähistorischen Kultur. Wie die Höhlenmalereien vermuten lassen, gehen sie auf das späte Jungpaläolithikum zurück.

Der Schamane ist ein Medium, das aufgrund kultureller Einflüsse und Übung, eine Spaltung von der eigenen Persönlichkeit herbeiführen kann, indem er wie ein Schauspieler unbewußt eine Rolle interpretiert: die des Verstorbenen oder der Gottheit, mit der er in Kontakt zu treten glaubt. Mit Hilfe von Drogen, den Klängen seiner „Geistertrommel", Gesängen und Schweigen fällt er in *Trance*. Dies ist ein erregter Bewußtseinszustand, in dem die eigene Phantasie das mythische Erlebnis, das ihr die traditionelle Kultur suggeriert, wiedergibt.

Im Unterschied zum westlichen Medium erlebt der Schamane eine *Trance* auf sehr klare Art und Weise. Er erinnert sich beim Aufwachen an die ganzen fantastischen Gedankengebilde, was als Zeichen dafür gilt, daß die *Trance* sich den besonderen Bedürfnissen der jeweiligen Kultur anpaßt.

Tatsächlich hat der Schamane die soziale Funktion eines Priesters inne, eines Vermittlers zwischen einer magisch-mystischen, von Geistern und „Göttern" bevölkerten Welt (das „Transzendente" in einer primitiven Kultur) und dem Menschen. Darüber hinaus übernimmt er die Funktion des Heilers, da in der Kultur des Schamanismus jede Krankheit einem Geist zugewiesen wird, der mit Stärke und List ausgetrieben werden kann. Der Schamane ist in diese Funktion berufen.

Die Geburt eines Schamanen

Wenn das „Transzendente" in der Kultur des Schamanismus sich auf magische, spiritistische Kräfte und „Götter" (Naturgötter) beschränkt, um die herum die Gemeinschaft Mythen konstruiert, und wenn das rituelle Handeln des Schamanen eine Trance vorsieht, in der die rasende Erregung, die Einbildung und die fantastischsten Deutungen zur Grundlage der Schamanen-Kunst erklärt werden, so sollte man in Betracht ziehen, daß die für diese „priesterliche" Funktion geeignetesten Kandidaten diejenigen mit einer psychischen Störung sind.

Die Mehrheit der Medien unseres Jahrhunderts, obgleich sie in einer anderen Kultur leben und eine andere soziale Funktion haben, hat mit den antiken Schamanen eines gemeinsam: die Medien leiden unter existentiellen, psychologischen Problemen, die ihre Persönlichkeit auf verschiedenste Weise auflösen und sie zu einer spiritistischen Personifikation fähig macht.

Menschen, die die Kultur verinnerlicht und aus der
Figur des Schamanen einen „Mythos" gebildet haben

In der Kultur des Schamanismus glaubt man, daß es notwendig ist, einen *Ruf* zu erhalten, um Schamane werden zu können. Dieser *Ruf* manifestiert sich in den merkwürdigsten Formen, als Traum, Ekstase, Krankheit, Blitz, der Begegnung mit der Seele eines Tieres, eines Vorfahren oder mit einem halbgöttlichen Wesen.

Jedes Volk verfügt über eine immer wiederkehrende – für den außenstehenden Betrachter, frei von kulturellen Fesseln der zu untersuchenden Kultur, fast banal anmutenden – Typologie von Glaubensauffassungen. So wohnt der Einzelne von zartester Kindheit an, den Riten der Schamanen bei und wird ein Bestandteil dessen. Die Bedeutsamkeit der Figur des Schamanen wird internalisiert. Und auch wenn die Opfer, die ein Schamane aufsichnehmen muß, gefürchtet werden, so übt diese mächtige Gestalt, die mit Geistern und „Göttern" spricht, doch eine überragende Anziehungskraft aus und regt die jugendliche Phantasie vor allem derjenigen an, die psychotische oder neurotische Neigungen besitzen: Einzelgänger, Introvertierte oder einfach nur sonderbare Persönlichkeiten. Die Dorfgemeinschaft ist schnell bereit bei jedem Anzeichen von Wunderlichkeit, eine Person als möglichen Kandidaten für die Funktion des Schamanen auszumachen. Zum Beispiel war es bei den Selk'nam (einer nunmehr fast ausgestorbenen Volksgruppe Feuerlands) nicht weiter verwunderlich, daß ein kleiner Jungen, der die Angewohnheit hatte, sowohl im Wachen als auch im Schlaf zu singen, eine Zukunft als Schamane vorhergesagt wurde. Wenn der Betroffene sich dann noch als Sohn eines Schamanen herausstellte, trat zur äußerlichen Nachahmung der Vaterfigur auch die Praxis der inneren Konzentration hinzu und die Erwartungen in bedeutsame schamanische Ereignisse.

> „Eines Tages dann teilt der Novize mit, im Traum seinem verstorbenen, verwandten Schamanen begegnet zu sein und von ihm seine Kräfte verliehen bekommen zu haben."[7]

Er entdeckt, daß wenn er in Selbsthypnose fällt mit seinem Schutzgeist in Kontakt treten kann. Dann beginnt ein jahrelanges Training, bei dem er sich selbst (mentale) Gewalt antun muß, um „den Geist des Verstorbenen, der sein Führer sein wird", „besitzen" zu können oder besser mit ihm in eine fast symbiotische Beziehung treten zu können. Es entwickelt sich eine Persönlichkeitsspaltung, die umso tiefer geht, umso mehr der „Geist" des verstorbenen Schamanen sich bereit zeigt, auf die Anrufung einzugehen. Es handelt sich um denselben Prozeß, der bei unseren Medien stattfindet, die ihre „mediumistischen Dienste" anbieten und somit unbewußt ein Gefühl der Machtlosigkeit verdecken wollen: umso weiter die Spaltung voranschreitet, umso eher antwortet der scheinbare Führer-Geist durch „automatisches Schreiben" oder phonische *Trance*.

Die Interpretation natürlicher Zeichen als außergewöhnliche Erscheinungen stellt die Regel in der Schamanenkultur dar. Ein junger Yamana geht in den Wald, um Material für seine Harpune zu suchen. Wegen der Müdigkeit gerät er in einen verwirrten Zustand. Mit dem Beil schlägt er auf einen Stamm und sieht eine Quelle hervorsprudeln. Verstört durch dieses Ereignis kehrt er zu seiner Hütte zurück, und in einem Traum erscheint ihm die Episode wieder, aber jetzt ist der Wald von Geistern bevölkert.

Diese durch Zwangsvorstellungen reproduzierte Vision wird zu seinem Bezugspunkt. Der Betroffene erwirbt die Fähigkeit, sie nach seinem Willen zu produzieren: Seine Karriere als Schamane ist vorgezeichnet[8].

Der Traum als Schöpfer von Kulturen und Mythen

Der Traum ist demnach eines der wichtigsten Vehikel, über die sich die Kultur der Schamanen entwickelt. Eine primitive Gesellschaft ohne feste Bezugspunkte strukturiert sich selbst mittels ihrer Träume, die das Produkt der subjektiven Interpretation jener Kultur sind.

Es gibt einen „ersten Traum", der das individuell Erlebte verarbeitet und die Grundlage für eine mythische, legendäre, mächtige oder schwache, böse oder gute, weise oder dumme Figur bildet. All dies ist nur die unbewußte Konstruktion, die Projektion des persönlichen Schicksals des Betroffenen und ist der erste Schritt zu Mythenbildung.

Dies leitet sich aus den Untersuchungen primitiver Kulturen, wie der Teleuki ab, die zum Beispiel glauben, daß jeder Schamane eine *himmlische Braut* habe.

Eliade berichtet von einem Schamanen, Goldi, der von einem Geist in der Gestalt einer ungefähr siebzig Zentimeter kleinen Frau träumte, die folgendes sagte:

„Ich bin der ‚Schutzgeist' (Ànyani) deiner Ahnen, ich habe ihnen die Kunst des Schamanismus gelehrt, und jetzt lehre ich sie auch dir. Die alten Schamanen sind alle tot, niemand ist mehr da, die Kranken zu heilen. Ich liebe dich, du wirst mein Gatte sein. Ich stelle dir Geister zu Seite, die dir in der Kunst des Heilens helfen werden. Die Menschen werden dir Speisen bringen'. Verwirrt wollte ich ihr Widerstand leisten. ,Wenn du mir nicht gehorchst – sagte sie zu mir – um so schlimmer für dich. Ich werde dich töten'."[9]

In der Tradition der Schamanen wird nicht bezweifelt, daß dieser Ànyami schon in den Träumen der Vorfahren anwesend war. Und es scheint völlig logisch, daß in einer kritischen Phase, in der es an „Heilern" fehlt, die Gemeinschaft die Notwendigkeit eines Führers verspürt. Der junge Schamane verfügte wohl über diese Sensibilität, und neben dem Wunsch diese Funktion zu bekleiden, fürchtete er sich vor der Verantwortung und auch der eigenen, möglichen Unfähigkeit. Hin und her gerissen zwischen dem Verlangen nach Macht und der Angst, nimmt diese Frauengestalt eine bedrohliche Bedeutung an: Zeichen einer dringenden, sozialen Notwendigkeit. Das Bewußtsein für die Zugehörigkeit zum Clan läßt dem Jungen keine Wahl. Indem er seine eigenen Traumphantasien entwickelt, reproduziert der Junge das „Modell" eines traditionellen Ànyami, der, wenn er sich offenbart, keinen Raum für Entscheidungsfreiheit läßt.

Die Genese eines australischen Schamanen

Bei den Kulin aus Wimmera (Australien) „können nur diejenigen Jugendlichen Hexenmeister werden, die den Schatten der eigenen Mutter, auf ihrem Grab sitzend, gesehen haben"[10]. Die Lehrzeit besteht aus Fasten und Einsamkeit, auf das der Geist des Vorgängers den Aspiranten besuche, ihm die übernatürlichen Kräfte übertrage und ihn in den magischen Künsten unterrichte. Gemäß ihres Glaubens erneuert der Geist vollständig die inneren Organe des schlafenden Hexenmeisters: ausdrucksvolles Symbol eines Initiationstodes und nachfolgender Wiedergeburt. Nach dem alten Glauben des Stammes von Sidney, mußte jeder, der Schamane werden wollte, auf einem Grab schlafen. Der Geist schlachtete ihn ab, schlitzte ihn auf, nahm ihm alle Eingeweide heraus und setzte ihn dann wieder zusammen.

Auch hier schaffen der Traum und die unvermeidlichen Alpträume eine Mythologie von Mächten und Kommunikation mit den Verstorbenen, die nur kulturell befreiend wirkt.

Die befreienden Riten

In den primitiven Gesellschaften bedrohte der Tod die Existenz des Individuums, das weiterlebte, und die soziale Gruppe selbst. Der Tod führte einen Krisenzustand herbei, und die Gruppe verteidigte sich mit der Entwicklung von Mythen und rituellen Verhaltensweisen. Mit Hilfe

„mythischer Erfindungen befreiten sich der Mensch und die Gruppe von ihren existentiellen Ängsten und bewältigten so die bei jedem einzelnen Todesfall auftauchende Krise."[11]

Die Ritualisierung der Beziehung zum Verstorbenen befreit von dem Schmerz, der angesichts des Todes verspürt wird und der die ganze Natur durchdringt.

In den primitiven (aber nicht mehr urgeschichtlichen) Gesellschaften, die von Ackerbau und Fischerei lebten, entstanden die uralten Riten anläßlich des Jahresende.

Die Ernte befreite mit einem Schlag von den Spannungen und Sorgen, keine Nahrung zu haben, zu sterben, und so materialisierten sich die „Gespenster" der Sorgen: die Toten stiegen aus ihren Gräbern empor und besuchten ihre Verwandten. Das Fest, das ausschweifende Essen, stellte den Sieg über die Macht des Todes dar.

Die totale Freiheit drückte sich in den reinigenden Feuern der Scheiterhaufen aus. Später dann wurden die Toten mit Gerassel und Getöse fortgejagt, um in der Erde zu versinken und erst im nächsten Jahr wieder aufzutauchen.

Kommunikation zwischen Lebenden und Verstorbenen in den großen heidnischen Kulturen sowie in den traditionellen und östlichen Religionen

Ägypten: Bâ und Kâ

Das Fundament der Religion im antiken Ägypten ist die Unterscheidung zwischen *Bâ* und *Kâ*.

Das *Bâ* wird gewöhnlich als „Seele" interpretiert und ist der Teil, der sich im Tod vom Körper löst, um das Jenseits zu erreichen. Es wird von dem Bild eines Vogels mit Menschenkopf dargestellt. In den *Texten der Pyramiden* steht geschrieben „Du mögest ein Bâ unter den Göttern werden".

Das *Kâ*, das symbolisiert ist durch das Zeichen erhobener Arme, hat mehrere Bedeutungen: Es mag eine Art von zusammen mit dem Menschen geborenen „Schutzgeist" gewesen sein. Die vorherrschende Interpretation geht allerdings von einem immateriellen Abbild des Körpers, dem sogenannten *Doppel* aus. Das Wesen des *Kâ* entspricht in jedem Fall einer Art Manifestation der Lebensenergie. Das *Kâ* lebte auf „magische Weise" im Grab, weil es durch das magische Eingreifen der Priester die Bilder und Imitationen von Gegenständen den Platz der wirklichen Objekte einnahmen. Das *Kâ* war infolge dieser Ambivalenz unfähig zwischen Zauber und Realität zu unterscheiden.

Die Vorstellung vom *Doppel* wurde in den folgenden Jahrtausenden vom Okkultismus mit der Bezeichnung des Astralkörpers wieder aufgenommen, von der Theosophie mit den Termini *Schale* oder *Larve* und vom Begründer des Spiritismus Allan Kardec mit dem Begriff „Perispirit" bezeichnet.

Wenn die magische Religiosität der Primitiven als allgemeines ideologisches Fundament des Spiritismus betrachtet werden kann, so gehen auf die Religion der antiken Ägypter ohne Zweifel die technischen Grundbegriffe aller pseudo-religiösen Bewegungen zurück, die sich in den Jahrtausenden abwechselnd neben den traditionellen Religionen entwickelt haben. Der Spiritismus aber bezieht sich in besonderer Weise auf die ägyptische Religion und sieht in der Kreativität der magischen Religionen seine Ursprünge bestätigt. Diese Religionen erwuchsen aus dem titanischen, illusorischen und leicht beeinflußbaren Kampf des Menschen, das ihn umgebende Geheimnis zu begreifen.

Der Zauber der Priester hilft den Verstorbenen

Das *Heilige* in den traditionellen Religionen, unter anderem auch in der christlichen, beinhaltet die Verehrung des absoluten Schöpfergottes und Herrschers über alles. Der Mensch kann Gott nicht zum Gehorsam zwingen und seinem eigenen Willen unterwerfen.

Nicht so in der antiken Religion der Ägypter. Vor dem Hintergrund einer möglichen Verurteilung der Seele (*Bâ*) vor dem Gericht des Osiris, griff der Priester durch magische Riten in die Entscheidung der Götter ein. Es herrschte der Glaube, daß die „Götter" getäuscht werden könnten oder ihnen gedroht werden könne, um sie den Menschen gefügig zu machen. Der Zauber der Menschen konnte daher den Verstorbenen helfen.

„Die Priester drohten den „Göttern", die gegenüber den Toten keine Nachsicht übten, mit schrecklichen Strafen. Sie kündigten an gegen den Arm von Shu, den Gott der Luft, Blitze auszusenden."[1]

Die Priester bedeckten die Toten mit Papyrusrollen, die mit Zauberformeln beschrieben waren und mit deren Hilfe sich die Verstorbenen vor dem höchsten Gericht verteidigen konnten.

Daher erläuterte das *Buch der Toten* detailliert die Prüfungen, die die Seele auf ihrer Reise ins Jenseits zu bestehen habe. In jener Welt verbargen sich unter falschem Namen die Dämonen und Inquisitions-"Götter".

Das Wissen über deren wahre Namen gab dem Verstorbenen einen Vorsprung. Das *Buch* nannte auch die passenden Antworten, die man den Richtern geben mußte: „Ich habe das Böse immer gemieden; ich habe dem Hungernden Brot, dem Durstigen Wasser gegeben ...", und beschrieb sogar den Tonfall, in dem man sie vortragen sollte. Und wenn die Richter bemerkten, daß die Seele log oder ihr es nicht gelang zu antworten? Und wenn die Geister der Luft ihnen ihren Atem oder Namen rauben würden? Auch für diesen Fall waren geeignete Formeln vorgesehen, um sich um jeden Preis den Eingang ins Jenseits zu sichern.

Für die Pharaonen war eine besondere Behandlung vorgesehen, denn die königliche Seele sollte zu den Sternen „geschleudert" werden und zwar auf eigens dafür in den Pyramiden konstruierten Bahnen, die wie Abschußrampen zum Himmel ausgerichtet waren. Wenn Sirius, der Isis darstellte, sich im Viereck der Bahnen abzeichnete, war der Augenblick gekommen, in dem mit Zauberformeln und der Macht der Priester der Pharao (Osiris) sich mit Isis vereinigen sollte.

Die ägyptische Religion stützte sich demnach auf die Zusammenarbeit zwischen Menschen und Verstorbenen, die dazu diente, in jedem Fall, auch mit Hilfe von Betrug und Drohungen, eine gute Position im Jenseits zu erlangen.

All dies, was heute zu recht als mystische und opportunistische Science-fiction bezeichnet werden könnte, zeigt, daß der menschlichen Kreativität keine Grenzen gesetzt sind, sie keinen Einhalt und keine Vorbehalte kennt, wenn das „Überleben" auf dem Spiel steht. Es rechtfertigt – auf der Ebene des drängenden, verzweifelten Bedürfnisses zu überleben – die gesamte Geschichte der „spiritistischen Religionen", die im übrigen den Inbegriff einer für die Intelligenz und die menschliche Rationalität höchst schädlichen Naivität darstellt.

Die Verstorbenen nähern sich auf bedrohliche Weise

Trotz dieser komplizierten rituellen Vorschriften glaubten die alten Ägypter, daß es den Verstorbenen immer möglich sei, nach Hause zurückzukehren. Sie glaubten, daß die zur Verdammnis verurteilten Verstorbenen die Wachsamkeit der Mütter umgehen könnten, sich den Wiegen nähern und ihre Kinder forttragen würden. Die Menschen mußten also, wenn sie sich nachts entkleideten, aufpassen, daß die Geister nicht den Augenblick der Unachtsamkeit nutzten, um die Menschen zu rauben.

Die zur Verdammnis verurteilten Mesopotamier
kehren auf die Erde zurück

Die verfluchten Mesopotamier, die *Edimmu*, sind besonders unglückliche Seelen, da sie zweifach verdammt waren: zum einen als Lebende und zum anderen als Tote. Der Begriff *Edimmu* verweist auf Personen, die schon zu Lebzeiten von einem unglücklichen Schicksal gezeichnet waren – eines tatsächlichen oder eines als solchen von der mesopotamischen Gesellschaft erachteten. Betroffen waren Menschen, die keine Kinder hatten, die ihre Gräber pflegen würden, Ertrunkene, ledige Frauen, Jungfrauen, kinderlose Frauen und auf Grund einer Krankheit verstorbene Prostituierte.

Für die Mesopotamier wurden die Seelen böse und aggressiv. Sie quälten sich nicht nur gegenseitig, sondern sie kehrten auch auf die Erde zurück, um die Lebenden zu quälen, zu ängstigen und ihr Dasein mit Bosheiten zu erschweren.

Griechenland und Rom: Beschwörung und Rückkehr der Verstorbenen

Das ägyptische *Doppel*, das *Kâ*, kehrt bei den Griechen wieder, die es *Eidolon* nennen und ihm eine unbestimmte Natur zuschreiben: Nämlich etwas, das nach dem Ende des materiellen Körpers weiterlebt und sich im Echo der eigenen Stimme, im Spiegelbild des Wassers oder im eigenen

Schatten manifestiert. Praktisch handelte es sich um ein Gespenst, ein Bild, eine Erscheinung. Im Tod jedoch mußte das *Doppel* durch Grabbeigaben, wie Speisen, Kleidung, Waffen besänftigt werden. Das *Doppel* war gefährlich, da es seinen Schatten auf die Stadt werfen, Dürre, Krankheiten bei Mensch und Tier hervorrufen und Quellen austrocknen konnte. Gefürchtet werden mußte das *Doppel* derjenigen Toten, die nicht begraben wurden, oder das der Selbstmörder. Die für eine unbeabsichtigte Tötung Verantwortlichen mußten sich per Gesetz für ein Jahr von dem Ort des Geschehens fernhalten, um der Rache des *Doppel* zu entgehen. Die griechischen Tragödien handeln durchgängig von Toten, die zurückkehren, um Wiedergutmachung für eine Ungerechtigkeit einzufordern oder weil sie als Lebende versäumt hatten, eine Pflicht zu erfüllen, oder weil ein Teil der Begräbniszeremonie versäumt worden war. Der Tod stellte für den griechischen Menschen der Antike einen schwierigen Augenblick dar, nicht nur wegen des Verlustes eines Verwandten, sondern wegen der Verpflichtungen, die man gegenüber den Verstorbenen hatte. Werden die Begräbnisriten vernachlässigt, bleibt die Seele unglücklich und wird zurückkehren, um die Lebenden zu quälen und zu erschrecken.

Heute fällt es uns leicht, in jenen Ereignissen die Gewissensbisse oder Ängste der Lebenden, die sich bewußt waren ein kulturelles Tabu verletzt zu haben, wiederzuerkennen. Platon berichtet in *Der Staat* von Zeremonien, die dazu dienten, die „Mani" (Geister der Toten) zu besänftigen. Am Ende dieser Zeremonien wurden die zu Athene gerufenen Geister *Keri* (die Tod oder Wahnsinn bringen konnten) aufgefordert zu verschwinden, aber erst nachdem sie frei in der Stadt herumgeschwärmt waren.

Obgleich die Verstorbenen so sehr gefürchtet waren, wurden an manchen Orten dennoch Totenbeschwörungen, sogenannte psychopompeische Zeremonien, begangen. Äschylus berichtet in seinem Werk *Die Perser* von großartigen Zauberriten, die der Anrufung der Verstorbenen dienten. Die Medien wurden als „Psychagogen" bezeichnet. Einer jener Psychagogen verkündete Periander, dem Tyrannen von Korinth (6. Jahrhundert vor Christus), daß seine Ehefrau in der Unterwelt frieren würde, da ihre Kleider mit ihrem Leichnam begraben worden seien, obwohl sie dem Brauch nach verbrannt werden sollten. Der Tyrann ließ daraufhin listigerweise die Kleider der Frauen von ganz Korinth verbrennen. Die Ehefrau ließ ihn über das Medium wissen, daß sie nun nicht mehr friere.

Der Tyrann hätte nur daran denken brauchen, daß jeder wußte, daß die Ehefrau mit ihren Kleidern beerdigt worden war, um die Kreativität (vorsichtig formuliert) des Psychagogen zu bremsen. Damals wie heute waren die Mächtigen und weniger mächtigen Opfer ihrer eigenen Naivität.

Die Beschwörungen dienten auch der Besänftigung der Schatten der Getöteten. Plutarch berichtet von dem griechischen Feldherren Pausanius, der von dem Schatten der jungen Byzantinerin Cleonice, die er getötet hatte, verfolgt wurde. Daher zog er von einem Orakel zum anderen, um sich mit ihrem unerbittlichen Schatten auszusöhnen. Alle Versuche blieben vergeblich. In einer psychodynamischen Interpretation kann man heute aus dieser Geschichte lesen, daß Pausanius ein Verbrechen sühnen wollte, aber nicht wußte, wie er dies seinem eigenen Gewissen eingestehen sollte.

Die Gegenwart der „Mani"

In den kulturellen Vorstellungen der antiken Römer beraubte einen das Jenseits nicht aller Sinne und Bedürfnisse, die man in der Vergangenheit zu befriedigen versucht hatte. In besonderer Weise giert der Verstorbene nach dem Blut der ihm geweihten Opfer. Die letzte Ehre wurde dem Toten mit antiken Ritualen erwiesen, die davon zeugen, daß die Gestalten der Verstorbenen für gutmütig, aber auch gefährlich erachtet werden konnten. Für die Römer existierte keine klare Trennung zwischen der Welt der Lebenden und dem Reich der Toten. Die Toten konnten aus tausend Gründen gefährlich sein. Zum Beispiel galt der unbestattete Tote als bösartig und dazu bestimmt, die Lebenden zu peinigen.

Die verstorbenen Ahnen wurden auch *Mani* genannt.

„Sie werden ‚Boni Manes' genannt, wobei es sich dabei ohne Zweifel um eine Vorsichtsmaßnahme und Inszenierung handelt ... der

Tote ist ein bedrohlicher Ansteckungsherd und eine trauernde Familie (familia funesta) muß alle möglichen Reinigungsprozeduren über sich ergehen lassen."[2]

Gemäß der kulturellen Vorstellungen der Römer präsentierten sich die *Mani* den Lebenden – in der Form aus dem Grab gestiegener *Larven* oder *Lemuren* – als schweigsame und aggressive Gespenster, die Rache forderten und böse Träume verursachten. Die Angehörigen riefen die *Mani* an den Gräbern *an*, um von ihnen Hilfe zu erhalten. Die Negromanten und Hexer beschworen sie mit geheimen Praktiken.

Im Monat Mai fand das Fest der „Lemuren" statt. Der *Pater Familias* stand nachts auf, um die Geister der Toten zu vertreiben. Nachdem er sich mit Wasser gereinigt hatte, forderte er die *Mani* auf, das Haus zu verlassen, indem er barfüßig schwarze Bohnen hinter sich warf.

In der römischen Tradition sind sehr viele Geschichten über „Verheerungen" und Erscheinungen von Toten überliefert. Plinius berichtet von 20 000 solcher Ereignisse, die in irgendeiner Weise mit Toten verknüpft waren und in 2 000 Schriften festgehalten worden seien.

Odysseus und Äneas: Reisen in das klassische Jenseits mittels magischer Beschwörung

In der Tradition jedes antiken Volkes, das sich dem Geheimnis des Jenseits näherte, findet sich immer der *Zauberritus*, der an einem besonderen Ort, von einem „Vermittler" oder Medium ausgeführt wurde. Das Medium deutete verschiedene sich ereignende Zeichen und Phänomene als Botschaft. Die *Odyssee* (Versepos, das dem blinden Dichter Homer zugeschrieben wird und wahrscheinlich auf das 8. Jahrhundert vor Christus zurückgeht) erzählt von dem mythischen Helden Odysseus und den Erlebnissen während seiner Rückkehr vom trojanischen Krieg. In einer der Geschichten wird von der Zauberin Circe berichtet, die Odysseus die zur Beschwörung der Toten nötigen Riten lehrte. Odysseus muß nämlich, um nach Hause zurückkehren zu können, in den Hades – das Reich der Toten – hinabsteigen und dort den Schatten des Weissagers, Tiresias, aufsuchen, der ihm die Zukunft vorhersagen soll. Mit dem Schwert gräbt Odysseus unter Beten und Flehen eine Vertiefung in die Erde und opfert darin den Verstorbenen Milch, Honig, süßen Wein, klares Wasser und weißes Mehl. Er schlachtet ein Schaf und einen schwarzen Widder und verspricht den Toten weitere Opfer. Die nach Blut gierenden Toten eilen herbei. Es sind „schwankende Schatten", „Häupter ohne Kraft", die unter „kläglichem Stöhnen" „ziellos umherirren"[3]. Um sich zu stärken und die Lebenden zu erkennen, müssen sie Blut trinken. Denn wie für die Menschen der Vorgeschichte der *rote Ocker*, so ist auch hier das Blut Symbol des Lebens.

Machen wir einen Zeitsprung von 900 Jahren und treffen auf Vergil Maro (ein Jahrhundert vor Christus), der inspiriert von der Odyssee in den ersten sechs Gesängen der Äneide die Wanderung des von Troja heimkehrenden Äneas beschreibt. In den sechs weiteren Gesängen erzählt er, diesmal angeregt von der Iliade, von der Eroberung Latiums durch Äneas, der so zum Urvater der Römer wird.

Im Laufe seiner Wanderung kommt Äneas nach Cuma, Stadt der Magna Grecia. Am Tempel des Apoll befragt er die Sibylle von Cuma, Priesterin des Apoll und Prophetin, um Rat. Diese begleitet ihn zum Eingang des Avernus, des Totenreiches.

Am Ufer des Flusses Acheron sieht er die Seelen der Unbestatteten um eine Überfahrt betteln, die ihnen der Fährmann Charon ausnahmslos verweigert.

Er erblickt die Seele der Königin Dido, die sich wegen ihm umgebracht hat und ihn finster betrachtet. Schließlich begegnet er seinem Vater Anchises, dessen Schatten er dreimal vergeblich zu umarmen versucht:

„Als würde er den Wind oder Rauch oder Traum umarmen, so drückte er seine leeren Hände stets wieder an seine Brust."[4]

Das literarische Werk spiegelt eine kulturelle Wirklichkeit wider, hält sie fest und in vielen Fällen wird sie durch die Kreativität des Dichters ausgebaut. Es handelt sich dabei um dieselbe Kreativität, die auch für die Entwicklung jener Mythologie verantwortlich ist, die vortäuscht, daß mit Hilfe beschwörender Kräfte des Menschen – die alle in das Reich der Märchen und Illusionen zu verbannen sind – auf einfache Weise Kontakte zum Jenseits hergestellt werden könne.

Psychomiletische Ereignisse als unbeabsichtigte Vorlage für die spiritistische Religion

Die Angst vor dem Umgang mit den Verstorbenen löst Phantasien, Suggestionen und kreative Energien im Menschen aus. Sie allein genügen aber nicht, die Glaubensüberzeugungen des primitiven Spiritismus unserer Ahnen zu erklären. Es existieren auch Phänomene, die irrtümlicherweise als paranormal bezeichnet werden. Dabei handelt es sich um ganz normale, natürliche Erscheinungen, die aufgrund psychodynamischer Prozesse und unbewußter Gegenüberstellungen entstehen, wie ich sie in einem wissenschaftlichen „Modell"[5] beschrieben habe. Dieses „Modell" gründet auf einer bestimmten Art der Tiefenpsychologie, die verschiedene Elemente der klassischen Schulen der Psychologie zusammenfügt und neue voraussetzt. Das Modell verneint die Existenz der Zauberei und des Spiritismus; es reduziert sie auf eine simple kulturelle Interpretation von Erscheinungen, deren psychische Ursachen bekannt sind, nicht aber deren physische – sollten diese überhaupt existieren. Und vielleicht sind diese Phänomene eben nicht auf dem normalen psychologischen Weg zu erklären.

Das „Modell" baut auf einer Form der unbewußten und daher nonverbalen Kommunikation auf und wird auf eine Kommunikation übertragen, die vom menschlichen Unbewußten auch mittels der Sinne (visible, auditive Halluzinationen etc.) und der Einwirkung auf die Materie wahrgenommen wird. Diese Phänomene bezeichnet man als psychomiletisch, was im Griechischen „Kommunikation in Gedanken" bedeutet.

Natürliche Begebenheiten waren früher eher spiritistischen Erklärungen zugänglich.

Der römische Chronist Lucianus berichtet von dem Fall eines Ehemannes, der die Kleider seiner verstorbenen, geliebten Frau verbrennen ließ. Nach einer Woche erschien sie ihm, um ihn daran zu erinnern, daß er eine goldene Sandale im Sarg vergessen hatte.

Das Ritual der Kleiderverbrennung geschah, um für das Wohlbefinden der Verstorbenen im Jenseits zu sorgen und war Bestandteil der Kultur der Antike. Ich glaube aber, daß – psychologisch gesprochen – dieses Ritual dazu diente, jeglichen Versuch der Rückkehr des Verstorbenen zu unterbinden.

Die Schwäche des spiritistischen Erklärungsansatzes würde noch offensichtlicher, wenn man rein hypothetisch annehmen könnte, daß jenes Ritual tatsächlich einen Wahrheitskern beinhaltet. Aber die Rituale kommen und gehen, und die Toten haben sich nie über ihren Wandel beschwert.

Die Notwendigkeit dieses Rituals – und wir bleiben bei dem von Lucianus berichteten Fall – war vielmehr auf die Überzeugung des Ehemannes zurückzuführen. Verwirft man andere psychologische Hypothesen – die allerdings durchaus plausibel erscheinen (wie in Vergessenheit geratene Ereignisse, die im Unbewußten wieder auftauchen) – kann man die Halluzination, die das Bewußtsein auf das Vergehen hinweist, auf eine Kommunikation zwischen der unbewußten Psyche des Ehemannes und dem unbewußten Archiv der Vergangenheit[6] zurückführen oder einfacher auf die Telepathie zwischen Ehemann und einer Person im Haus, die von der Sandale wußte.

Von seinen Ursprüngen an verfiel der Mensch dem Irrtum, jedes Phänomen, das er nicht begreifen konnte, auf eine religiöse, transzendentale Weise zu deuten. Dies stellt eine Barriere dar, die den Menschen hindert, in aufrichtiger Weise zu Gott vorzudringen, da sie jede Religion verzerrt und wie ein Nebelschleier Verwirrung stiftet.

China: Ahnenbeschwörung

Wir können die Entwicklung der chinesischen Kultur – in deren Vorstellung, das irdische Leben und das Jenseits sich zu einem einzigen Universum ergänzen – stark vereinfacht in drei Phasen gliedern: das prä-buddhistische Zeitalter, das buddhistische Zeitalter und das neue schamanische Zeitalter.

Das prä-buddhistische Zeitalter

Im antiken China glaubte man, daß sich die eine oder andere Spur des Verstorbenen über sechs bis sieben Generationen in der Familie erhalten würde. Der Einzelne war, abgesehen vom Körper, aus verschiedenen unkörperlichen Elementen zusammengesetzt: das erste Element war das *P'o* oder *Kuei*, welches verschiedenen physikalischen Funktionen des Körpers, der sich schließlich auflöst, zugeordnet war.

Hun oder *Shen* stellten das zweite Element dar. Das *Hun* war jenes Element, das für sechs oder sieben Generationen neben der Gedenktafel, auf der der Name des Verstorbenen stand, verblieb. Es empfing von seinen Nachkommen Speisen und war bei allem, was in der Familie geschah anwesend. Die Verstorbenen konnten demnach den Lebenden beistehen. Vergaß man jedoch die Opfergaben, so verwandelte sich das *Hun* in das gefürchtete Waisenkind *Ku-Hun*.

Aber noch viel mehr wurde die Rückkehr und Rache des *Kuei* gefürchtet, der zum *Li-Kuei* wurde. Dieser rächende Geist trat dann auf, wenn eine Person vorzeitig verstarb, Opfer eines Mordes, Unfalls oder Krankheit wurde, oder ohne angemessene Riten bestattet oder unschuldig hingerichtet wurde.

Die prä-buddhistische Gesellschaft war von schamanischen Vorstellungen geprägt, und das Praktizieren von Totenbeschwörungen war durchaus üblich. Die Geister antworteten schriftlich in Form automatischen Schreibens auf Wachstäfelchen oder in verstreutem feinen Sand. All dies vermischte sich mit Hexerei und schwarzer Magie.

Das buddhistische Zeitalter

Der Einfluß des Buddhismus verschlimmerte die Situation. Zuvor herrschte die Besorgnis, der Verstorbene könne hungern und folglich gefährlich werden,

> „jetzt bestand darüber hinaus die Möglichkeit, daß er in das Höllenfeuer verdammt werden könne oder auf der Erde als „Preta" umherirren würde."[7]

Die buddhistischen „Preta" verschmolzen mit den schamanischen *Ku-Hun* und führten zur Entstehung der *E-Kuei*, hungrigen Geistern, die das Reich der Hölle bewohnten.

Alle etablierten Religionen waren vom primitiven Volksglauben belastet, was einen beunruhigenden Zustand der Verwirrung schuf.

Das neue schamanische Zeitalter

Die *Nakhi*, eine Bevölkerungsgruppe im äußersten Osten Chinas, gingen noch Ende des 19. Jahrhunderts von einer von Toten- und Naturgeistern bevölkerten Welt aus. In Likiang wurden die Kontakte zu den Verstorbenen als ganz gewöhnliche Informationsquelle und praktische Orientierungshilfe genutzt, vor allem wenn man vor der Lösung alltäglicher Probleme stand, die mit anderen Methoden nur unbefriedigende Ergebnisse erzielten. In der Kultur dieses Volkes galten diese spiritistischen Kommunikationsformen und spiritistischen Erscheinungen als „normal".

Das professionelle Medium wurde *Sanyi* genannt und griff, galt es einen Kranken zu heilen, immer mitten in der Nacht ein. Entsprechend der schamanischen Tradition versetzte sich der *Sanyi* mit Hilfe einer kleinen Trommel und Tanz in Trance. Er beschrieb den ihm erscheinenden Verstorbenen, der die Behandlung vorschrieb, und die Angehörigen gaben sich dankbar der Verehrung des Verstorbenen hin. Tatsächlich war das Volk von der Unfehlbarkeit dieser Heilmittel überzeugt.

Tibet: Der Tote muß geleitet werden

In Tibet, wo die Hilfe der Lebenden für die Toten charakteristisch für die religiöse Tradition war, führte der Einfluß des Buddhismus zu einem System von Traditionen und Praktiken, das *Bar-do Tödöl* genannt wurde und im Osten unter dem Namen *Tibetanisches Totenbuch* bekannt war. Das *Bar-do* bedeutet einen Zwischenzustand, der im Verständnis der tibetanischen Religion dem Tod folgt und entsprechend dem buddhistischen Glauben in den Reinkarnationszyklus (*Samsara* genannt) führt. Das *Samsara* hängt vom *Karma* ab oder von den Verdiensten und Vergehen, die im vorigen Leben angesammelt wurden. Das hier zugrundeliegende Gedankenmodell gleicht dem des *Ägyptischen Totenbuches*. Wie auch im alten Ägypten die Verstorbenen der Magie und Macht der Priester bedurften, um sich mit Nachdruck einen Platz im Jenseits zu erobern (dabei konnten die „Götter" sogar getäuscht werden), so verlangten auch in Tibet die Verstorbenen von den Lebenden, ihnen Ratschläge einzuflüstern, damit sie nicht vor den Visionen post mortem erschrecken und den Weg zur bestmöglichen Reinkarnation erkennen würden.

Wenn der Sterbende in den letzten Zügen lag, flüsterten ihm die Anwesenden Sätze ins Ohr wie „Du wirst jetzt sterben, erkenne dich selbst", damit er sie sich einprägte. Sie sollten verhindern, daß er einschläft. Denn er sollte dem „Hellen Licht" begegnen. Dieses Licht symbolisierte das Nirvana-Bewußtsein des „Vollkommen Erwachten".

Verschiedene Stadien dieser Zwischenphase folgten aufeinander, und der Tote mußte davon Kenntnis haben, wollte er die Fehler vermeiden, die für ihn eine Reinkarnation als Tier zur Folge haben könnte. Es konnte passieren, daß einige Verstorbene übermenschliche Kräfte besaßen, und während sie sich im *Bar-do* aufhielten den Lebenden lästig wurden. Bevor man sich an den „Lama" wandte, wurde ein Medium herbeigerufen, damit der Verstorbene von ihm Besitz ergriff und erfahren konnte, welche Sorgen den Verstorben belasteten, die ihn letztlich dazu brachten die Lebenden zu stören. Es ist denkbar, daß nicht der Verstorbene, sondern ein Dämon in das Medium schlüpfte, der dann unter Zuhilfenahme der Arme des Mediums Schläge an die Anwesenden austeilte. Begegnete das Medium dem richtigen Toten, begann es mit dessen Stimme zu sprechen. Dem Verstorbenen gelang es mitzuteilen was ihn bedrückte, und die Lebenden konnten Abhilfe schaffen.

All dies geschah vor dem Hintergrund der Bewußtseinsspaltung des Mediums, das die Rolle des Verstorbenen übernahm und sich dabei die normalen nonverbalen[8] Kommunikationsmöglichkeiten zunutze machte. Dies erlaubte ihm, das Ungesagte (Ängste, Hoffnungen, Neuigkeiten) aus den Signalen aufzufangen, die unbewußt – das heißt unvorhersehbar – von den Anwesenden ausgesendet wurden oder mit Hilfe psychischer Integration[9]: Dies ist die erste Stufe psychomiletischer Phänomene.

Diese Zauberpraktiken schaden einer Religion, auch wenn ihre philosophischen Prinzipien edel sein mögen. Die magisch-spiritistischen Rituale sind ein naives Produkt der schöpferischen Begabung des vom Tod erschreckten Menschen, und sie haben zu keiner Zeit und an keinem Ort etwas mit Gott zu tun.

Indien: der neue Körper des Preta

Im Hinduismus beginnt der Tod mit der Flucht der Seele (*Atman*) durch das *Brahmarandhra*, das heißt durch die „Bresche des Brahma" am Scheitelpunkt des Kopfes (man kann auch den Schädel zertrümmern, um diesen Vorgang zu erleichtern). So ist es für die guten Menschen vorgesehen. Die Seele der bösen Menschen aber wird durch den Anus ausgetrieben.

Laut den *Veden* verbleiben einige Spuren des Verstorbenen in Form des *Preta* (eine Gestalt, die wir schon im Buddhismus kennengelernt haben) auf der Erde. Dies kann für die Lebenden eine Bedrohung darstellen, die nur mit geeigneten Ritualen neutralisiert werden kann. Mit Hilfe dieser Rituale wird der energetischen „Spur" des Verstorbenen ein neuer Körper verliehen bzw. ein Aufenthaltsort verschafft. Anschließend wird der *Preta* dank eines lange andauernden Ritus in die Welt der Ahnen geschickt. Bevorzugt wird zu diesem Anlaß eine Kuh geopfert, an deren Schwanz sich der *Preta* festklammern kann, während er den schrecklichen Fluß *Vaitarani* überquert.

Solange der neue Körper des *Preta* sich nicht ausgebildet hat, streift er im Dorf umher. Die Lebenden trösten ihn, indem sie ihn mit Wasser versorgen und sich nachts um Licht kümmern. Am zehnten Tag hat der Geist bereits seinen neuen Körper und die männlichen Familienmitglieder scheren sich kahl und baden sich, um sich von der Unreinheit des Todes zu befreien, woraufhin sich der *Preta* an den Ort seiner Ahnen begibt.

Afrika: eine spirituelle Kultur mit magischen Einflüssen

Die afrikanische Religion unterscheidet sich von der östlichen und auch von der christlichen Religion. Sie gründet auf einer fast körperlich-physischen Spiritualität, die in der Phantasie verwurzelt ist, die sich aber immer noch im Rahmen konkreter Erfahrungen bewegt. Die subjektivierte Erfahrung erzeugt eine irrationale Erklärung für die mit den Mitteln der traditionellen Kultur nicht verstandenen und (in ihrer Objektivität) auch nicht zu verstehenden Phänomene. Der große zeitgenössische, schwarze Dichter, Leopold Sedar Senghor schreibt: „Im gleichen Maße wie der Rhythmus sich in der Sinnlichkeit verkörpert, so erleuchtet er auch den Geist". Er verdeutlicht so, daß Rhythmus und Dynamismus das ganze Leben des Afrikaners durchdringen. Angesichts dieser Elemente, die eine sehr einzigartige Form der Transzendenz erzeugen, läßt sich intuitiv erfassen, daß die Beziehung zu den Verstorbenen eine – wie ich es ausdrücken möchte – sehr „irdische" ist.

Es existieren Hunderte afrikanischer Ethnien und kulturell-religiöser Traditionen, folglich ebenso viele Arten mit dem Tod und den Verstorbenen umzugehen. Ich werde daher meine Ausführungen auf die Kultur der Bantu und Sudanesen beschränken, die uns helfen, die Entwicklung des Spiritismus in Mittel- und Südamerika (der im zweiten Teil behandelt wird) verstehen zu lernen. Denn die Angehörigen dieser Ethnien wurden zwangsweise als Sklaven nach Amerika verschleppt.

Der Animismus der Bantu

Die sprachlichen Wurzeln und Wörter der Bantu (Zentralafrika) stellen ein Destillat des „Wesens" der „absoluten universellen Macht" dar, des *Ntu*. Und da der Mensch *Mu* ist, so ist „das dem Mensch zugehörige Wesen" *Mu-Ntu*. Das Wort Karl beispielsweise hat überhaupt keine Bedeutung. Es muß erst das *Mu* vorangestellt werden, also *Mu-Karl* ausgesprochen werden. Auf diese Weise wird Karl ein *Mu-Ntu*, das heißt die „absolute Macht" wird so auf den Menschen übertragen.

Das ausgesprochene Wort, *Nommo*, bedeutet Energie, Kraft, und damit übt der Mensch über die Dinge und Ereignisse Herrschaft aus. Das sind die Grundlagen der afrikanischen Magie, die eine Art religiöser Ordnung darstellen.

> „Alles absolut alles, was der schwarze Mann sagt und denkt, spielt sich in einer strikt religiösen Dimension ab."[10]

Man kann sich darüber verständigen, daß es sich hier um eine Religion handelt. Man sollte sich aber auch bewußt sein, daß es sich um eine magische Religion handelt, die so systematisiert sie auch erscheinen mag, immer magisch und primitiv bleibt.

Wenn der *Mu-Ntu* Mensch zuläßt, daß die von ihm selbst herbeigerufenen Geister von ihm Besitz ergreifen, erwirbt er außerordentliche Fähigkeiten. Das Wort, das *Nommo*, dient dazu, der Natur Befehle zu erteilen und die Geister anzurufen.

Alles Sein ist Energie und alle seienden Dinge (beseelte oder unbeseelte) sind von dieser Energie durchdrungen, das heißt sie haben eine Art „Seele". Der Tod impliziert für die Bantu nicht das Ende des *Mu-Ntu*, das

> „um jeden Preis, als personale Kraft fortexistieren [will] und, um den endgültigen Tod zu vermeiden, den Kontakt zu den lebenden Nachkommen sucht."[11]

Die Nachkommen können die Verstorbenen nicht ignorieren, da diese bevor „sie ins Nichts verschwinden äußerst gefährlich werden und sich erbarmungslos mit negativen Einflüssen rächen können"[12].

Die Lebenden bemühen sich daher die *Mu-Ntu* zu revitalisieren. Dann werden die Verstorbenen sich gegenüber den Nachkommen wohlwollend verhalten. Zwischen Lebenden und Verstorbenen besteht eine enge gegenseitige Abhängigkeit, die sich konkret gestaltet, wenn der Lebende einen eigenen Ahnen als spirituellen Führer empfängt, der auf den Rat des Hexers hin für verträglich und dem Lebenden als nahestehend erachtet wurde.

In Mittel- und Südamerika bildete die Verbindung zwischen dem Animismus der Bantu, der auf dem Toten- und Ahnenkult (Manismus) gründet, und den indianischen Glaubensauffassungen sowie dem aus Europa importierten Spiritismus die Voraussetzung für die Entstehung einer spiritistischen Religion – wie wir im folgenden sehen werden.

Fetischismus im Sudan

Der *Fetisch* gilt als „Versteck" eines Geistes. Dieses Versteck kann ein „natürliches" sein, das seine magischen Eigenschaften der ihm innewohnenden spirituellen Kraft verdankt, oder ein „heiliges", was bedeutet, daß der *Fetisch* von einem Hexenmeister als Schlupfwinkel eines Geistes durch die Verwendung des nur ihm bekannten Wortes (*Nommo*) anerkannt wird. In der Praxis kann in jedem Gegenstand ein *Fetisch* ausgemacht werden: in einer Muschel, einem Baum, einem Stein, in Statuetten, Armreife etc. *Fetische* sind niemals Götzenbilder, sondern Träger von Lebensenergie und Zauberkraft.

So wie die Bantu an *Ntu* glauben, so verehren die Sudanesen *Olorung*, den allmächtigen Schöpfergeist, dessen natürlicher *Fetisch* das Himmelsgewölbe ist. Hier wird uns der Einfluß der Religion des antiken Griechenlands deutlich vor Augen geführt, denn *Olorung* stellt eine Version des Zeus dar, während Venus von *Yemanyà* verkörpert wird.

Anstelle der Bantu – „Verstorbenen", finden wir im Sudan – außer dem höchsten *Olorung* – eine Art heidnischer „Götter": die *Orixae* (in der Sprache der Yoruba) und die *Voodoos* (in der Sprache der Ewe). Diesen „vitalen Kräften", bei denen es sich nicht um menschliche Geister handelt, begegnen wir auch in einer der magischen Religionen Brasiliens: der *Candomblé*.

Die Kommunikation mit den Toten und der Ahnenkult beim Stamm der Panà

Die religiösen Vorstellungen des Stammes der Panà (Tschad), der dem kulturellen Raum des mittleren Sudans zugehört, sind fest mit dem *Gang-Won* verbunden, dem höchsten Wesen und allmächtigem Schöpfer, dem alle Geister und Ahnen unterworfen sind. Letztere bilden einen religiösen Bezugspunkt, insofern an sie die inständigen Bitten für eine gute Ernte gerichtet sind.

Der hohe Priester *Gang-Pani*, wichtiges Element für den Zusammenhalt der Stammesgruppe, vermittelt zwischen den Lebenden und ihren Ahnen und stellt auch den Kontakt zum „Höchsten Wesen" her. Der Ahnenkult stellt ein einheitsstiftendes Moment für die Stammesgruppe dar. Seine fundamentale Bedeutung erlangt er auch deshalb, weil der Verstorbene ein Jahr nach seinem Tod in die Ahnengemeinschaft aufgenommen wird und dieses Ereignis von einer rituellen Zeremonie begleitet wird. Wer nicht am Ritual teilnimmt, wird vom Clan ausgeschlossen. Ein solcher Ausschluß überdauert den Tod und der Schuldige kann nicht in die Gemeinschaft der Ahnen aufgenommen werden.

Diese Kette von Bedingungen bindet Lebende und Verstorbene unauflöslich aneinander. Die Kommunikation mit den Verstorbenen ist eine Aufgabe, die von den Stammesältesten übernommen wird.

Die *Won* oder Geister der Verstorbenen können beachtlichen Einfluß auf die Lebenden ausüben und werden daher mit Opfergaben günstig gestimmt. Damit wird vor allem derjenige besänftigt, der

„Opfer eines gewaltsamen Todes geworden ist (durch Blitzschlag, Stürze, Ertrinken etc.) und dem der Eintritt in das Reich der Ruhe nicht gewährt wird; daher irrt sein Geist unruhig um das Dorf herum, auf der Suche nach einer Möglichkeit zu rasten."[13]

Mittelamerika: die Mayas und die magische Anrufung des Chilan

Die „Kultur" der Mayas tauchte im 15. Jahrhundert vor Christus im Süden Mexikos, in Guatemala und Honduras auf und erlosch im Jahre 1697, als nach der Invasion der Tolteken und der Spanier der letzte Widerstand aufgegeben war.

Nur wenige Dokumente konnten vor der Vernichtung gerettet werden, die unter Diego de Landa, dem ersten Bischof von Yucatán, im Jahre 1549 begann. Unter diesen schriftlichen Zeugnissen befand sich der „Kodex von Paris" (aufbewahrt in der Nationalbibliothek dieser Stadt). Den Studien eines buddhistischen Wissenschaftlers[14] zufolge, der die Symbole des *Kodexes* interpretiert hat (indem er sie mit den chinesischen Ideogrammen verglich), war die Kultur der Maya einem östlichen Einfluß ausgesetzt gewesen.

Unser Interesse besteht darin, die magisch-spiritistischen Wurzeln dieser Gesellschaft herauszustellen. Am stärksten beeindruckt uns an dieser Kultur wohl das Menschenopfer; dem Opfer wurde das klopfende Herz herausgerissen und diente der Reinigung der Verstorbenen[15], auf das die Toten den Weg zu ihrer Reinkarnation finden würden. Die Reinkarnation spielte sich im Rahmen einer Glaubensauffassung ab, die das Jenseits in zwei Zonen aufgeteilt sah. Die erste Zone, wo die Verstorbenen für einen begrenzten Zeitraum Rast einlegten, um auf den Übergang in die zweite Zone zu warten, wurde *sublunare Welt* genannt. Diese zweite Zone beherbergte die *gereinigten* Geister und kann als eine Art existentielle Ebene betrachtet werden, auf der die Geister in Erwartung ihrer Reinkarnation haltmachten.

Der Chilan oder auch Weissager-Jaguar war die zentrale Persönlichkeit, die, ähnlich dem tibetanischen Lama, den Toten als Führer diente. Wie bei anderen Völkern bestand die Funktion des Spiritismus darin, den Verstorbenen Hilfe zu leisten. Bereits während sie noch im Sterben lagen, nahm der *Chilan* gedanklich Kontakt mit ihnen auf. Mit Hilfe der Beschwörung der „sublunaren Welt" folgte der *Chilan* den Toten auf ihrem Weg. Er lehrte ihnen die nötigen Prozeduren und förderte ihre Entwicklung. Die Symbole des *Kodexes* berichten sogar von einer göttlichen „Empfehlung": „rufe die Toten in der Lethargie an" (das heißt in der sublunaren Welt). Der *Chilan* konnte auch, gemäß dem Glauben der Maya, von den Toten durch Gedankenübertragung Botschaften erhalten. Der *Chilan* war somit ein Medium, das unbewußt als Erfinder inexistenter Botschaften auftrat. Der *Chilan* half dem verwirrten Toten in der sublunaren Welt auf direkte Weise: Er wies ihm die Richtung, erleuchtete und erweckte ihn.

Die Untersuchung der antiken Formen des Spiritismus führt ganz unweigerlich zu einem Vergleich mit dem modernen Spiritismus, zum Beispiel dem italienischen der „Bewegung der Hoffnung", die behauptet, daß die Geister der Verstorbenen sich der kürzlich Verstorbenen annehmen und sie anleiten. Die Maya hingegen führten mit Hilfe des *Chilan* ihre Verstorbenen von der Erde aus an und reinigten sie durch Menschenopfer. Logik und gesunder Menschenverstand bringen uns zu der Schlußfolgerung, daß der Spiritismus im Bereich der menschlichen Kreativität angesiedelt sein muß.

Kelten und Skandinavier: Freundschaft zwischen Lebenden und Verstorbenen

In der Welt der Skandinavier und Kelten stellt das Reich der Toten keine unüberwindbare Barriere dar. Viele Helden stahlen sich heimlich ins Jenseits – nachdem sie die Prüfungen der Initiationsriten bestanden hatten – und berichteten nach ihrer Rückkehr von ihrem Abenteuer.

Aus den Berichten über diese Reisen erfuhr man, daß die Welt der Verstorbenen kein Ort des Leidens war. Die Eigentümlichkeit dieser überirdischen Welt besteht in der familiären Atmosphäre und der Freundschaft mit der sich Lebende und Verstorbene dort begegnen.

Oft begibt sich der Held in die Welt der Verstorbenen, gerade so als würde er in exotischen Ländern Ferien machen und oft sind die Beweggründe für die Reise eher banal: So etwa die Rückeroberung eines magischen Gegenstandes.

Besonders fällt an diesen Geschichten die Leichtigkeit auf, mit der die Besucher die Grenze zum Tod überschreiten können.

Der Einfluß des keltischen Glaubens ist noch spürbar präsent in den Legenden des Heiligen Brandon und des Heiligen Patrick und ihren imaginären Reisen ins mittelalterliche Jenseits.

Kommunikation zwischen Lebenden und Verstorbenen im Christentum

Christentum und Judentum bekämpfen die Totenbeschwörung

Das Christentum mußte den Einfluß der griechischen und römischen Kultur „erleiden", das heißt es machte sich deren Vorstellung über die Toten zu eigen. Konkret bedeutet dies, daß die Verstorbenen zurückkehren, um die Lebenden zu stören und Gerechtigkeit zu fordern. Dies sind heidnische Glaubensauffassungen, die als psychologischer Schutzmechanismus verstanden werden können, um der Angst vor dem Tod zu begegnen. Wir haben gesehen, wie das griechische *Doppel* (*Eidolon*) und die römischen *Mani* unter der wehrlosen Bevölkerung wüteten, die sich mit Zauber- und Beschwörungsriten verteidigte. So versuchte man die Angst vor dem Tod aktiv zu bekämpfen, wobei die Riten dazu dienten, die eigenen Empfindungen abzuschirmen. Die Literatur der Griechen und Römer ist reich an Beispielen von Verstorbenen, die sich den Lebenden offenbaren. Aber die Literatur spiegelt nur den Volksglauben wider.

Man kann wohl sagen, daß das Christentum, erstanden aus der Asche der magischen und primitiven Religionen, gleichzeitig das Opfer der Anziehungskraft dieser Kulturen geworden ist, die sich durch die Jahrtausende hindurch erhalten haben und auch heute noch präsent sind.

3000 Jahre liegen zwischen Gilgamesch, dem König von Uruk (Babylon), der aus dem Jenseits den Geist seines Freundes Enkindu herbeirufen ließ, und dem Christentum. Und endlich ist die Menschheit an einen Wendepunkt gelangt, der bereits vom Judentum klar antizipiert worden ist und in einem veränderten Verhältnis zwischen Lebenden und Verstorbenen besteht.

Während das Christentum die Totenbeschwörung verbietet, erlaubt bzw. fördert es sogar deren Anrufung. Sie ist ein Zeichen der spirituellen Gemeinschaft, der liebevollen Freundschaft, der in Gott ruhenden Güte zwischen Lebenden und Toten. Wir werden sehen, wie die Beschwörung zur Praxis des Spiritismus gehörte und sich damals wie heute als Anrufung ausgab.

Das Alte Testament sagt:

„Es soll bei dir keinen geben, ... der Verstorbene um Rat fragt."[1]

Dennoch scheint die Praxis der Beschwörung, trotz der Verbote, sehr verbreitet gewesen zu sein, wenn selbst König Saul sich an ein Medium wendet, um Samuel anzurufen.

„Sucht mir eine Frau, die Gewalt über einen Totengeist hat; ich will zu ihr gehen und sie befragen.[2]"

Sicherlich war Saul überzeugt, mit Samuel zu kommunizieren. Ob es sich nun tatsächlich um Samuel oder aber um eine schamanische Halluzination („Ich sehe einen Geist aus der Erde heraufsteigen"[3]) der aufgewühlten Frau gehandelt hat, bleibt offen. Diese Episode beweist uns nicht, daß Beschwörungen machbar sind, sondern zeugt vielmehr vom Ungehorsam gegenüber einem höchst weisen Verbot. Denn der Mensch – damals wie heute – kann nicht in das Labyrinth der Kreativität des Unbewußten, der psychomiletischen Vorgänge eindringen, ohne seine mentale und spirituelle Gesundheit aufs Spiel zu setzen und zum Opfer der vollständigen Verwirrung, das heißt des Satans zu werden.

Das Evangelium macht mittels der Parabel vom reichen Lebemann und dem armen Lazarus begreiflich, daß ein Toter uns unmöglich aufsuchen kann und läßt Abraham folgende Worte sprechen:

„Außerdem ist zwischen uns und euch ein tiefer unüberwindlicher Abgrund, so daß niemand von hier zu euch oder von dort zu uns kommen kann, selbst wenn er wollte.[4]"

Der Teufel erscheint bei der Rückkehr der Toten

Der Presbyterianer Gregor von Cesarea soll bezeugt haben[5], daß im Jahre 325, während des Konzils von Nikäa, nachdem zwei Bischöfe verstorben waren, einige Patres dafür gebetet haben, daß die beiden Verstorbenen noch ihre Unterschrift unter ein Dokument setzen würden. Sie sollen das Dokument auf deren Grab zurückgelassen und am nächsten Morgen unterschrieben vorgefunden haben. Unser Interesse gilt nicht der Frage, ob es sich um eine wahre Begebenheit handelt oder wer in der Nacht das Papier unterschrieben hat. Aber die Episode erhält ihre Bedeutung dadurch, daß sie bezeugt, wie trotz der Worte des Lukas-Evangeliums eine solche Begebenheit für möglich gehalten wurde.

Der heilige Augustinus: Heidentum und Dämonen

Augustinus von Hyppo (4. Jhd. n. Chr.) befaßt sich mit dem Problem der Weissagungen und schreibt dazu:

> „Die Weissagungen der dämonischen Geister sind auf besondere Begabungen zurückzuführen, die sich sehr deutlich von denen unterscheiden, die es den Engeln und Propheten Gottes erlauben, ihre Weissagungen zu vollziehen."[6]

Die Behauptung, die Präkognitionen seien einerseits den Engeln und Propheten zu verdanken, andererseits aber den Teufeln zuzuschreiben, lastet noch immer schwer auf unserer Kultur und der Ausbildung des Klerus, der mit diesen Vorstellungen der Wirklichkeit des neuen Jahrtausends nicht gerecht werden kann.

Aber unser Interesse besteht darin, herauszustellen, daß Augustinus sich einer ganz anderen Realität ausgesetzt sah: jener noch sehr stark von der heidnischen Kultur geprägten Wirklichkeit, die auf den anfangs in diesem Buch dargestellten Vorstellungen gründete. Das Christentum sah sich mit dieser magisch-spiritistischen Religion konfrontiert, die Tausende von Jahren das kulturelle Geflecht und das Denken der Menschen bedingt hatte. Welche Mittel und Wege sollte man sich ausdenken, um das Christentum zu verbreiten? Welches war der Feind, dem man sich stellen mußte? Da das Werkzeug, das uns heute die Psychologie bietet, um zu demonstrieren, daß die heidnische Religion nur aus Schall und Rauch besteht, nicht zur Verfügung stand, wurde der Dämon zur Erklärung herangezogen. Dieser nutzte aber den Schleier der Ignoranz, um Verwirrung zu stiften.

Für eine psychologisch und wissenschaftlich primitive Kultur, wie die der frühen Christen, konnte es sich nicht um Präkognitionen auf der Basis der „wahrscheinlichsten Möglichkeit"[7] handeln. Die natürliche Erklärung lag im Teufel, der den heidnischen Gottheiten ein passender Begleiter war. Gegen Augustinus wurde vorgebracht, daß

„dergleichen Weissagungen weder bösen Ursprungs wären, noch Gott mißfallen würden, da er sie sonst nicht zugelassen hätte."[8]

Die hier zur Diskussion stehende Weissagung bezog sich auf die Zerstörung des heidnischen Tempels des Serapis in Alessandria. Ich bedaure, dem Heiligen Augustinus widersprechen zu müssen, aber Gott kann nicht für jede banale außersinnliche Wahrnehmung herangezogen werden, ob sie nun auf schon geschehene Ereignisse bezogen war oder nicht, oder auch als präkognitiv ausgegeben wurde, wie dies heute in magischen Kreisen geschieht.

Der einzige, der aus diesem Zusammenprall zweier Kulturen und der Gedankenarmut einen Nutzen zog, war Satan, der in der christlichen Kultur zunehmend an Bedeutung gewann. Er wurde zum Schreckgespenst der zukünftigen Generationen, zum Protagonisten der Hexenverbrennungen und wird heute noch zu Unrecht Gott gleichgestellt, obwohl er doch nur eine durch das Werk Christi bereits besiegte Kreatur ist.

Was hat all dies mit der Kommunikation zwischen Lebenden und Verstorbenen zu tun? Die Antwort ist einfach. Eine Epoche wurde eingeleitet, in der die Beziehungen zu den Toten und die Scheinbeschwörungen verschwiegen wurden. Denn ein neuer Widersacher war aufgetaucht, der für über ein Jahrtausend die Geschichte des Christentums beherrschen sollte: Satan!

Der Aufstieg des Teufels

In der Zeit vom 15. bis zum 18. Jahrhundert triumphierte Satan über die Geschichte. Ungefähr 300 000 Menschen – in der Mehrheit Frauen – wurden auf den Scheiterhaufen verbrannt, weil sie der Hexerei im Verbund mit dem Teufel angeklagt waren. Die Geschichte des Mittelalters und verstärkt der Renaissance kennt eine Vielzahl solcher teuflischer Pakte.

> „Unnütz sich den gequälten Verstorbenen zuzuwenden, wenn es möglich ist, sich mit deren Gebieter, dem Teufel selbst, zu einigen."[9]

Dieser ist immer bereit, gemäß der Riten und den psychologischen Bedürfnissen der Zeit auf die Beschwörungen zu reagieren.

Ende der Renaissance (das heißt gegen Ende des 16. Jahrhunderts) kehrt man zu den Totenbeschwörungen zurück, aber nur im Rahmen diabolischer Praktiken, da die Anrufung der Geister mit Hilfe eines Nekromanten geschieht und diese Geister zwangsläufig verdammt sind.

> „Weil sie eine schwerwiegende Häresie und zahlreiche andere ruchlose Dinge gegen den Heiligen Katholischen Glauben begangen und sich dem Teufel angeschlossen haben."[10]

Dies ist die Anklage, aufgrunddessen Padre Pietro Martire Braghieri von Tortona, Angehöriger des Ordens der Prediger und „Inquisitor" der Diözese, die zwei verheirateten Frauen Bianca und Battistina zum Tod auf dem Scheiterhaufen verurteilte.

Battistina gestand unter anderem, den Leib Christi zu Boden geworfen, ihre Tochter getötet und ein Unwetter ausgelöst zu haben. Ebenso habe sie mit nacktem Hintern das Kreuz bestiegen und mit dem Dämon sexuelle Beziehungen unterhalten. Als das Urteil verlesen wurde, schrie Battistina, aus Angst vor der Folter gelogen zu haben.

So gewann Satan, der dem verzerrten Geist des Inquisitors innewohnte, eine Schlacht, wohl wissend den Krieg eigentlich verloren zu haben. So konnte Satan, während er sich hinter der Angst vor dem Dämon versteckte, sich selbst interpretieren, so wie er sich heute hinter der falschen Kommunikation mit den Verstorbenen versteckt. Diese ist allerdings das Produkt von Personen, die glauben, mit den Toten zu reden, in Wirklichkeit aber nur mit sich selbst, mit ihrem eigenen kreativen Unbewußten kommunizieren.

Die Hölle als Widersacher

Im Hochmittelalter verbreitete sich eine unversöhnliche Vorstellung vom jenseitigen Leben, die in aller „Härte" die Angst vor der Hölle hervorhebt. Diese Angst ist auch ein Produkt der Erzählungen, die von den Reisen verschiedener Mönche in die Hölle berichten. In jener Zeit hielt man die Erlösung für ein Ereignis, das nur einer Auswahl von wenigen Tugendhaften vorbehalten war. Mönche werden erwähnt, deren asketisches Leben

> „von der Kraft des Bösen besessen [ist] … Geister … meist in dem Volksglauben entstanden … der zu Geschichten neigt, in denen der Teufel eine wesentliche Funktion innehat."[11]

Aus der angelsächsischen Welt des 8. Jahrhundert berichtet uns der Ehrwürdige Beda[12] von dem irischen Mönch Frirsy, dessen Seele von einem Engel geleitet die Hölle besuchte. Von den vielen Geschichten, ist die wohl phantastischste die *Reise des Heiligen Brandon*, die wahrscheinlich auf das 9. Jahrhundert zurückgeht. Sie erzählt von dem Mönch Brandon, der eine Seefahrt zu einer Insel unternimmt, auf der Judas angekettet die wöchentliche Ruhe genießt, die von Samstag abend bis Sonntag nach der

Vesper andauert. Während der Woche jedoch wird er mit unaussprechlichen, täglich wechselnden Qualen gefoltert.

So entwickelt sich eine Literatur, die aus Träumen, Pseudo-Visionen
und Legenden besteht, in der die kommunizierenden Verstorbenen in
den Hintergrund treten. Stattdessen gerät die Hölle ins Zentrum der
Aufmerksamkeit. Die Beschreibungen der Hölle erfüllen eine pädagogi-
sche Funktion, nämlich die Seele zu erretten. So entsteht eine Art Seel-
sorge der Angst.

Schopenhauer schrieb im Jahre 1845 über den:

„protestantischen Kirchenglauben, … nach welchem Geister darum
nicht erscheinen können, weil sie, gemäß dem während der wenigen
Jahre des irdischen Lebens gehegten Glauben oder Unglauben, entweder dem Himmel mit seinen ewigen Freuden, oder der Hölle, mit
ihrer ewigen Quaal [sic!], gleich nach dem Tode, auf immer zugefal-
len seien, aus beiden aber nicht zu uns heraus können; daher, dem
protestantischen Glauben gemäß, alle dergleichen Erscheinungen von
Teufeln, oder von Engeln, nicht aber von Menschengeistern,
herrühren; wie dies ausführlich und gründlich auseinandergesetzt hat
Lavater, de spectris, Genevae 1580, pars II, cap.3 et 4."[13]

England: die Engel und Geister des John Dee

In der Kultur des 16. Jahrhunderts repräsentiert das Leben des John Dee
eine der Strömungen des kabalistischen Okkultismus und der Beschwörung nicht genau definierter Geister und Engel – oder solcher, die dafür
gehalten wurden. John Dee war Hochschulabsolvent aus Cambridge
(1548), Mathematiker, Staatsrat im Ressort Wissenschaft und königlicher
Astrologe von Elisabeth I (die sich von Dee den günstigsten Tag für ihre
Krönung vorhersagen ließ). Seine Bibliothek umfaßte 3 000 Bücher, und
trotz der Protektion der Königin, wurde er oft von der Inquisition wegen
seiner im Pakt mit dem Teufel ausgeübten Aktivitäten verfolgt.

Im Jahre 1581 begann Dee in einer Art Trancezustand Visionen zu erleben. In einer dieser Visionen reichte ihm der Engel Uriel eine Kristallkugel und sagte, er würde mit deren Hilfe mit den Geistern kommunizieren können.

Dee war so einfältig, einen Assistenten Namens Kelly anzustellen,

„eine Art Nekromant, Totenbeschwörer und Grabschänder, [der] dafür auch sein Haupt auf dem Schafott zurücklassen mußte."[14]

Dee hing praktisch von Kellys Gnaden ab, da nur er die Stimmen der Geister hören und die Visionen beschreiben konnte, während der arme Dee in seiner feierlichen Zaubertracht betete. So taten sich eine Reihe von Gestalten mit den merkwürdigsten Namen kund, die sich selbst als Engel auswiesen und „lehrten", wie das *Lebenselixier* (das, wie es scheint, niemanden ein langes Leben beschert hat) und der *Stein der Weisen* herzustellen seien (Dee gelang es jedoch nicht, Eisen in Gold zu verwandeln). Die Engel erklärten die himmlische Hierarchie und übermittelten die Sprache Adams, die in jedem Wort eine absolute Zauberkraft barg.

So entstand eine neue Sprache, die zugleich Sprache Enochs oder Sprache der Engel war. Kelly behauptete, in der Kristallkugel einen kleinen Engel (Engel des Steins) zu sehen, der mit einem Stab auf die Buchstaben zeigen würde. Die Botschaft wurde jedoch rückwärts diktiert, da es zu gefährlich gewesen wäre, die Worte, die eine so gewaltige Zauberkraft entfalten würden, auszusprechen. John Dee hinterließ seinen Nachkommen den Bericht[15] über diese Ereignisse. Die „Sprache Enochs" und die Erfahrungen von Dee-Kelly sollten später noch für die moderne Entwicklung mancher magisch-okkultistischer, beschwörender Strömungen bedeutsam werden. Diese Bewegungen gründeten in der Tat auf einem enormen Irrglauben, in dessen Mittelpunkt ein betrogener Gelehrter stand, der zu vertrauensselig all das glaubte, was sein Assistent zu hören und sehen vorgab, während dieser in Wirklichkeit nichts hörte und sah. All dies ist, betrachtet man die psychotische Persönlichkeit Kellys, Betrug und Einbildung zuzuschreiben. In beiden Fällen bekommt die moderne Zauberei, was sie verdient: Eine wahrhaftig „schriftliche"

Tradition aus Schwindel und Phantasie, die letztlich dem Wesen der Zauberei entspricht.

Italien: Aggressivität und Totenklagen als Abwehr

Die Synode der Diözese von Milet verfügte im Jahre 1692:

> „Beim Tod des Bischofs darf der Bischofspalast nicht, wie es üblicherweise geschieht, geplündert werden ...war der Bischof einmal tot, stürmte die Bevölkerung den Palast, stahl Fenster und Schlüssel, nahm Stühle und Sessel, die Zimmer wurden in Viehställe umfunktioniert, das Archiv der Kanzlei wurde verbrannt. Derartiges geschah auch beim Tod des Papstes in Rom."[16]

Der bedeutende Verstorbene ist auch unberechenbar und mächtig. In der abergläubischen und magisch-spiritistischen Kultur, in der manche heidnische Überbleibsel noch präsent sind, galt es als befreiend, den Schatten des Verstorbenen zu vertreiben – sowie in den primitiven Kulturen das Haus zerstört wurde, damit der Verstorbene nicht mehr zurückkehren könne.

Noch immer treten dieselben Ängste und Reaktionen auf, die bereits die eigenen Vorfahren gekannt haben.

Andererseits sind auch in der Antike die Klagen, die natürlich auch Ausdruck des Schmerzes waren, Inszenierungen, entsprechend der „Modelle", die in der Geschichte der Religionen vorgelebt wurden. Erinnern wir uns an das antike Ägypten und die berühmten Klagelieder der Isis und Nephtys über den Körper des Osiris. Auch die Klagelieder Babylons sind uns bekannt und jene der griechischen und römischen Welt, die heute noch in den südlichen Regionen des Mittelmeerraumes fortleben.

Die rituellen Klagen stellen eine Huldigung an den Verstorbenen dar, damit dieser sich geliebt fühlt und die Lebenden nicht mit seinen unheilvollen Kräften bedroht.

Deutschland: der Poltergeist von Dibbelsdorf

Es war der 2. Dezember 1761, als im niedersächsischen Dibbelsdorf Anton Kettelhut, nachdem er gegen 18 Uhr zu Abend gegessen hatte, sich auf sein Zimmer zurückzog, um auf seine Frau zu warten. Als er ein heftiges Poltern hörte, dachte er an Diebe und wollte sein Zimmer verlassen, als ein erneutes, sehr lautes Klopfen ihn zusammenzucken ließ. Er glaubte erst an einen Scherz des Knechts und der Magd, aber diese kamen gemeinsam mit seiner Frau erschrocken herbeigelaufen. Am nächsten Tag hatte das ganze Dorf von den Vorgängen erfahren. Der Bürgermeister schritt ein und ebenso die Polizeibehörden der Nachbarstadt. Polizeibeamte begaben sich am 6. Januar 1762 dort hin, um die Protagonisten dieser Ereignisse zu befragen, die ihrerseits schworen, nichts damit zu tun zu haben.

Die Vorgänge wiederholten sich fortwährend. Die Leute hatten in der Zwischenzeit dem Phänomen, das als „Poltergeist" bezeichnet wurde, eine spiritistische Bedeutung verliehen.

Poltergeist

Hätten sich diese Personen einem „Geist" gegenüber befunden, der (anstatt zu klopfen) eine Stahlplatte geschmolzen hätte, so hätten sie zweifellos in der gleichen Weise reagiert.

Aber die Stahlplatte, wie wir heute wissen, kann von einem unsichtbaren Laserstrahl geschmolzen werden und ist kein Gespenst, sondern eine Realisierung der Wissenschaft.

Die damaligen Menschen würden in gleicher Weise im Staunen verharren, wenn sie eine Person sehen würden, die mittels eines Elektroenzephalogramms verschiedene Signale auf einen Monitor aussendet, obgleich sie weder spricht noch diese Signale bewußt aussenden will, da ein Teil unseres Körpers dank natürlicher Automatismen funktioniert. Ähnlich besteht auch die Psyche aus einem bewußten und einem nicht bewußten oder unbewußten Teil. Letzterer interagiert mit natürlichen, noch unerforschten Energien und bewirkt so die Beeinflussung der Materie und die Erzeugung psychomiletischer Erscheinungen.

Die Vorfälle in Dibbelsdorf könnten in diese Kategorie von Ereignissen passen, wie die der *Poltergeister*, die durch „unbewußte Handlungen" von Personen, die einen ernsthaften Konflikt mit sich selbst, der Familie oder dem sozialen Umfeld austragen, produziert werden. Die Betroffenen sind Heranwachsende, Frauen im Klimaterium, Personen jeden Alters in starken emotionalen, nicht kanalisierten Krisenzuständen.

Wir wissen weder, ob Kettelhuts Frau in den Wechseljahren war noch wie alt die Magd und der Knecht waren. Wir wissen auch nicht, ob einer der Anwesenden unter starken seelischen Anspannungen litt, für die er kein Ventil finden konnte. In der Tat ist der *Poltergeist* nur ein Hilferuf, ein instinktiver Versuch, sich Erleichterung zu verschaffen.

In diesem Zusammenhang ist es kaum von Bedeutung, daß der Geist von Dibbelsdorf die 618 Geldstücke erraten hat, die ein Bürger in seiner Tasche mit sich trug. Denn die Anzahl war auch in dessen Gedanken und konnte mit Hilfe „psychischer Integration", der ersten Stufe der Telepathie, erfaßt werden.

Das Phänomen *Poltergeist* zog Menschen aus ganz Sachsen und sogar aus England an. Der regierende Herzog Karl kam, ebenso eine Kommission von Wissenschaftlern, die unter dem Haus Grabungen vornehmen ließ, um die unterirdischen Wasseradern umzulenken, die zufällig dieses Klopfen ausgelöst haben könnten. Zuerst wurde der Knecht (für einen Tag) und dann die bedauernswerten Eheleute Kettelhut (für drei Monate) eingekerkert, da die Putzfrau aufgrund einer gewaltsam erzwungenen Aussage, den angeblichen Betrug gestanden hatte. Aber die Vorkommnisse wiederholten sich, bis die Kommission sich endlich für unfähig erklärte, die Ereignisse aufklären zu können und die endgültige Aufklärung bis auf weiteres verschob.

Alle Kulturen kennen diese Phänomene, und wegen der Unmöglichkeit, eine wissenschaftliche Erklärung dafür geben zu können, findet sich immer eine abergläubische Interpretation.

Eine deutsche Kasuistik des 16. Jahrhunderts[17] zählt folgende Vorkommnisse auf: Sie gehen vom Klopfen zum offensichtlichen Versuch, geschlossene Türen aufzubrechen, von zu Boden geworfenem Geschirr und Brennholz zu schleppenden Schritten und zu Rissen in Decken. Vieles davon ist ohne Zweifel der menschlichen Erfindungsgabe zuzuschreiben, vieles andere den Suggestionen, aber es gibt darunter auch psychomiletische Ereignisse.

Europa – USA: Die mystisch-spiritualistischen Wurzeln des Spiritismus

Von einem phänomenologischen Standpunkt aus betrachtet hat die Kommunikation mit den Verstorbenen im Laufe der Jahrtausende zwei grundlegende Ausdrucksformen entwickelt:

– Eine ist rein psychologisch, das heißt sie spielt sich kreativ, phantastisch auf der unbewußten Ebene ab und ist im simplen Aberglauben, der unter dem Druck der Todesangst entsteht, verkörpert. Manchmal tritt sie in Persönlichkeitsspaltungen auf, deren Phantasien und Handlungen an kulturelle Formen wie den Schamanismus gebunden sind.

– Eine andere Form ist die psychomiletische, das heißt die der realen Phänomene nonverbaler Kommunikation, die sich in der Telepathie oder im Einwirken auf die Materie ausdrückt. Sie manifestiert sich unter dem Einfluß eines *Pathos*, das heißt dem psychischen Leiden von Personen, die in jenem Augenblick psychodynamischen Konflikten ausgesetzt sind, ohne weder einen persönlichen noch sozialen Ausweg zu sehen (zum Beispiel im *Poltergeist* und manchmal im Schamanismus selbst).

Diese Erscheinungen werden von den Anhängern des Spiritismus zu Unrecht als Beweise für die Kommunikation der Geister gewertet, während es in Wirklichkeit nur Beweise für die dem Menschen inhärenten unbewußten Dynamiken sind.

Beide, psychologische und psychomiletische Vorgänge, manifestieren sich in einigen europäischen und amerikanischen Sekten, die seit dem 17. Jahrhundert mittels pseudo-mystischer Phänomene (da sie durch eine starke Emotionalität und Unwissenheit ausgelöst wurden, und nicht durch eine authentische Beziehung zum Transzendenten) das kulturelle Substrat für die beginnende Entwicklung eines phänomenalen, christlich geprägten Spiritualismus gebildet haben, der später zum Spiritismus geworden ist.

Gegen Ende des 17. Jahrhunderts entstand in Frankreich eine Sekte von Fanatikern kalvinistischen Ursprungs, *Camisards* genannt, die sich dank ihres Gründers Jean Cavalier und ihrer begeisterten Werbung um Anhängerschaft, rasch verbreitete. Während ihrer öffentlichen Versammlungen kam es zu pseudo-mystischen Ereignissen, die alles andere als der Ausdruck eines wahren religiösen Lebens waren. Die Veranstaltungen wurden vielmehr von Gefühlsausbrüchen und Massenhysterie beherrscht.

„Dutzende von Menschen in einem Zustand der Ekstase, der kollektiven, äußerst spektakulären *Trance* und unter lebhaften Gefühlsbekundungen … vernahmen unkörperliche Stimmen, die Vorhersagen oder feierliche Ankündigungen machten; einige der Anwesenden beteuerten, Zukunftsvisionen zu haben; sie hörten, wie sich harmlose Kinder redegewandt ausdrückten und grobschlächtige Analphabeten aus der Landbevölkerung in blumigem und ausgesuchtem Französisch Reden führten."[18]

Die Fälle, in denen „unkörperliche Stimmen" gehört wurden – ohne die Fälle betrügerischen Bauchredens zu berücksichtigen – können als „direkte Stimmen" interpretiert werden, das heißt als psychomiletisches Wirken auf die Materie, entstanden aus der unbewußten Vorstellungskraft eines Besessenen. Die gelehrten Kinder und Bauern erklären sich mit der bereits erwähnten „psychischen Integration", die in diesem Fall von einer Seele profitiert, die durch die kollektive *Trance* zeitweilig Mitteilungen und Sprachen vereinigt. Diese Phänomene sind typisch für den zukünftigen Spiritismus, der auf der Führung eines einzigen Mediums aufbaut.

Die Sekte wurde einer gerichtlichen Untersuchung unterzogen und verfolgt, da sie die öffentliche Ordnung störte. Jean Cavalier mußte nach England fliehen, wo er die Sekte der sogenannten *Französischen Propheten* gründete.

Ungefähr im Jahre 1647 war in England von George Fox eine Sekte ins Leben gerufen worden, deren Wurzeln in den vorhergehenden mystischen Bewegungen lagen. 1652 konstituierte sich diese Sekte unter dem Namen *Gesellschaft der Freunde* als Kirche. Ihre Anhänger wurden später von dem Richter G. Bennet verächtlich „Quäker" (*Zitterer*) genannt, weil:

„sie während ihrer mystischen, kollektiven Ekstasen von einem Zittern ergriffen wurden."[19]

Die *Gesellschaft der Freunde* und die *Französischen Propheten* trugen zu Entstehung einer neuen Sekte bei, die für die ersten authentisch spiritistischen Auftritte in der Neuen Welt verantwortlich war. Aber folgen wir dem Geschehen in seinem zeitlichen Ablauf: 1747 verließen die beiden Eheleute James und Joanna Wardley den Kreis der *Gesellschaft der Freunde* und traten den *Französischen Propheten* Cavaliers bei, die sich in der Zwischenzeit in *Shakers* (Geschüttelte) umbenannt hatten, aufgrund der Krämpfe und dem Zittern, die ihre Ekstasen charakterisierten.

Im Jahre 1758 trat der Gruppe der *Shakers* Anna Lee bei, eine Frau mit viel Überzeugungskraft und Charisma. Sie wurde zur Führerin der Sekte und bekam den Titel „Mutter des Wortes" bzw. „Anna das Wort". Um der Verfolgung durch die Behörden zu entgehen, emigrierte die Sekte 1774 nach Nordamerika, zuerst nach Watervliet bei Albany, und dann nach Hydesville, wo 1843 auf Betreiben der Schwestern Fox, die amerikanische „Schule" des Spiritismus entstehen sollte.

Während der Versammlungen der *Shakers* erlebten die Anwesenden kollektive Visionen und gerieten in Ekstase und Verzückung. Wundersame Fälle „symptomatologischer Regression" (die ich nicht als Heilung bezeichnen kann) wurden verzeichnet: Blinde, die ihr Augenlicht wiedererlangten, Taube, die wieder zu hören begannen, sowie Krüppel, die ihre Beine wieder gebrauchen konnten. Ebenso wurden Botschaften durch direkte Stimmen vermittelt.

Beim Tod von „Anna dem Wort" manifestierte sich mit Hilfe von Werkzeugen (die später zu *Medien* werden sollten) ihr mutmaßlicher Führer-Geist, das heißt ihre Anhänger verkörperten die Gründerin mittels *Trance* und anschließender Persönlichkeitsspaltung. Auch zeigten sich „Geister" von geschichtlichen Größen, Aposteln, Heiligen und Königen. Die Neue Welt war dabei, sich eine neue spiritistische Religion zu schaffen.

Der Begriff „neu" ist relativ, da – wie wir gesehen haben -der Mensch von seinen Ursprüngen an die Beziehung zu den Geistern als komplementär zu seiner Beziehung zu Gott angesehen hat. In der Neuen Welt aber gab der Pioniergeist und die Entfernung zum alten Europa den Impuls, auch auf dem religiösen Feld etwas Neues zu kreieren, das sich von dem christlichen Vorbild unterscheiden sollte. Obgleich die christliche Religion als Ausgangspunkt diente, strebte man danach, sie vielmehr neu zu gründen, das heißt sie auszulöschen und neu aufzubauen.

Bei den fast täglich stattfindenden Versammlungen der *Shaker* auf dem „Holy Hill" (Heiliger Hügel) von Harvard konnte man über 40 000 Menschen antreffen, die angeregt durch die Gesänge, das rhythmische Tanzen und Marschieren im Takt, völlig übersteigerte Dinge erlebten, wie sie oben beschrieben sind. Dabei wußten sie nichts über deren Placebo-Funktion, deren suggestive und projektive Bedeutungen, die doch die mystisch-spiritistische Religion charakterisieren.

Schweden: Emanuel Swedenborg, das erste bedeutende visionäre Medium des christlichen Zeitalters

Um Emanuel Swedenborg (1688–1772) zu verstehen, muß man sich seinen Vater Jasper vergegenwärtigen, einen lutherischen Bischof und Rektor der Universität Uppsala, der an Engel und Dämonen glaubte. Er ging dabei soweit, daß er dem Teufel die Schuld für drei Brände gab, die sein Haus zerstört hatten. Zudem machte er den Teufel für seine Zahnschmerzen verantwortlich.

Der Einfluß des Vaters prägte Emanuel Swedenborg so tief, daß er als Kind bereits zu einem solch religiösen Eifer neigte, daß selbst seine Familie staunte. Der kleine Emanuel erlebte Visionen und entdeckte für sich einen bestimmten Rhythmus der Atmung, mit dem er einen gewissen Erregtheitszustand des Bewußtseins erreichen konnte. Die aufgeregte Atmung kann zu einem Sauerstoffmangel im Gehirn führen und so Halluzinationen auslösen.

Verständlicherweise verwundert es, daß Emanuel Swedenborg als Erwachsener zum

„[s]trikten Materialist [geworden war], der die Welt für eine Aufhäufung von Materie hielt, die wie eine große Maschine funktioniere und den Menschen für ein Wesen, das zwar mit einer Seele und einem Körper ausgestattet sei, dessen Seele aber nichts anderes, als eine feinere Form der Materie sei."[20]

Aber Swedenborg war ein Mensch der Überraschungen und mischte die Karten neu: Im Alter von 56 Jahren behauptete er, Christus sei ihm erschienen. Er bekräftigte ebenso, mit den Verstorbenen und Engeln kommunizieren zu können und mit einer Mission beauftragt zu sein, die ihm das Gespenst seines Vaters übertragen habe.

Halten wir uns an die Reihenfolge der Ereignisse und stellen klar, daß Emanuel Swedenborg wegen seiner aufklärerischen Ambitionen die wissenschaftliche Welt seiner Zeit beeindruckt hat.

Er studierte fünf Jahre im Ausland, darunter auch in London und Paris. Vielseitig, intelligent und liebenswert wie er war, verkehrte er mit einigen der größten Wissenschaftler seiner Zeit und wurde in seinem Heimatland zum Förderer neuer Erfindungen und neuer Maschinen. Sein Vater war ihm jedoch feindlich gesonnen, denn er litt unter der Entfernung des Sohnes von der Religion. Er verweigerte ihm jede finanzielle Unterstützung, da er in den Erfindungen des Sohnes den Teufel am Werk sah. Zwischen dem Bischof und dem Sohn entstand so ein unheilbarer Bruch. Der junge Wissenschaftler fand hingegen Unterstützung bei Karl XII., der ihn zum außerordentlichen Ratsmitglied im Bergwerkskolleg ernannte. In den darauffolgenden Jahren widmete er sich dem Studium verschiedener Disziplinen: darunter der Mathematik, Astronomie, Anatomie, Philosophie, und schrieb zahlreiche wissenschaftliche Bücher.

Analyse des Dramas Swedenborg

Swedenborg schrieb, daß er ein „maßloses Verlangen" habe, alles Wissen zu „besitzen". Sein Verlangen erstreckte sich auch auf die Religion, an die er mit derselben aufklärerischen Haltung, die ihn auch schon vorher geleitet hatte, heranging. Er wollte unbewußt die Geheimnisse der Religion enthüllen, sowie er es schon in Bezug auf die Wissenschaft getan hatte. Darin bestand seine Tragödie und die Grenze seines Vorhabens, die ihn in einen riskanten psychologischen Zustand versetzte.

Er durchlebte eine Art Steigerung, die über die Träume und „Lichtvisionen" hinausging, die er unter dem Stimulus seiner „Atmung" und tiefer Meditationen entwickelt hatte. In diesem Moment der Krise schien ihn noch ein Quentchen Rationalität in der Wirklichkeit zu halten. Jene Wirklichkeit, die er so intensiv erlebt hatte, um vielleicht einen inneren Konflikt mit der mächtigen Vaterfigur auszutragen, und die ihn gegen seinen Willen dazu veranlaßt hatte, die Religion des Bischofs Jasper zu bekämpfen.

Diesmal setzte er sich mit dem Vater auf dessen ureigenem Gebiet auseinander. Er wollte die Geheimnisse aufdecken, denen sich sein Vater hingegen ausgesetzt hatte. Der Konflikt war ungeheuerlich. Wie konnte der intelligente und kreative Emanuel ihn überwinden? Nur mit einer Vision des Vaters, der ihn umarmt und ihn mit der, ihm von Gott anvertrauten, spirituellen Mission beauftragt!

Die Mission bestand darin, den Menschen den spirituellen Sinn der Heiligen Schrift zu erklären. Er veröffentlichte also alles über seine „Erleuchtungen", da er behauptete, von Gott den Befehl bekommen zu haben, zu schreiben und zu publizieren.

Aus den Schriften Swedenborgs werde ich die Stellen erläutern, die am stärksten die Phantasie ansprechen.

Himmel, Hölle und Jenseits nach Swedenborg

Beginnen wir mit einer Nachricht: Der Mann und die Frau behalten nach dem Tod ihr Geschlecht, das nicht länger zur Fortpflanzung dient. Dennoch können sie heiraten (sollten sie einander entsprechen). Die Ehe wird „Zusammenleben" genannt. Die beiden Vermählten sind zwei Engel, aber tatsächlich sind sie nur einer, denn eine Stelle in den Evangelien (Matthäus 19,4) besagt: „Der Mann verläßt seine Mutter und vereint sich mit seiner Frau und beide werden eins". Swedenborg überträgt auf den Himmel, was auch für die irdischen Verhältnisse gilt!

Der Mann und die Frau befinden sich in guter Gesellschaft, da auch die Engel Männer und Frauen sind. Außerdem wird ein verstorbenes Kind einem weiblichen Engel anvertraut. Es folgt eine komplizierte und langweilige Topographie des Himmels und eine minutiöse Beschreibung der verschiedenen himmlischen Gesellschaften, in denen „ähnliche" Seelen mit ihresgleichen zusammenleben, so daß es nie einen Anlaß zum Streiten gibt. Swedenborgs Schriften enthalten viel Symbolismus. Zum Beispiel: Der Himmel wird mit einem Mann von sehr großer und vollkommener Gestalt verglichen. Die Engel sind von menschlicher Gestalt: Sie haben ein Gesicht, Ohren, Brust, Arme, Hände und Füße. Sie atmen ihre Atmosphäre und reden wie die Menschen. Die Häuser der Engel gleichen denen auf der Erde, sind aber schöner. Sie haben wunderbare Paläste, die glänzen, als wären sie aus Gold und kostbaren Edelsteinen, Gärten, Bäume mit Blättern wie aus Silber und Früchten wie aus Gold, Plätze, Straßen und Märkte.

Die Engel führen Gespräche über den Haushalt, über gesellschaftliche, moralische und spirituelle Angelegenheiten. Sie verfügen über eine große Verwaltung, die sich um die geistlichen Angelegenheiten, die Verehrung Gottes und die Administration des himmlischen öffentlichen Lebens usw. kümmert. Die Engel wundern sich sehr, daß die christliche Welt glaubt, der Teufel sei ein aus dem Himmel vertriebener, rebellischer Engel. Infolge dieser Ignoranz – immer gemäß Swedenborg – sind die Engel sehr froh, daß der Herr entschieden habe, mit Hilfe Swedenborgs diese Lüge aufzudecken. Sie wünschen, daß die Menschen wissen, daß kein Engel von Beginn an geschaffen war, und daß der Himmel wie die Hölle von der menschlichen Gattung stammen.

Die Reichen, die an Gott geglaubt haben, leben im Himmel in gold- und silberglänzenden Palästen. Sie haben von allem, was zum Leben dient, im Überfluß. Die Armen hingegen besitzen, obwohl sie an Gott geglaubt haben, keine goldenen Paläste. Sie begnügen sich damit, von den Engeln im Glauben und der Nächstenliebe unterrichtet zu werden. Man spürt überdeutlich, daß Swedenborg adlig und reich war.

Swedenborg ist sehr genau und hartnäckig und schreibt, daß er *gesehen, gespürt und gehört* habe, was ihm gezeigt worden sei. Daher müssen wir ihm entweder glauben, was er sagt, oder wir machen uns eine genaue Vorstellung von seinem geistigen Zustand. In Bezug darauf, müssen wir feststellen, daß Swedenborg

> „historisch betrachtet, als der erste Spiritist angesehen werden kann."[21]

Gemäß Swedenborg ist die Welt der Geister ein Ort zwischen Himmel und Hölle. In dieser Welt werden die Verstorbenen „geprüft und vorbereitet". Einige werden in den Himmel geschickt, andere in die Hölle hinabgestürzt (die schlaueren mit dem Kopf nach unten und den Füßen nach oben, die anderen in unterschiedlichen Positionen). Viele halten sich einige Wochen in der Zwischenwelt auf – das längste sind dreißig Jahre.

Die Eingänge zur Hölle bestehen aus Öffnungen in den Felsspalten, die sich unter den Bergen, Hügeln und Ebenen befinden.

Swedenborg übermittelt uns phantastische Nachrichten – ich gehe von seinen Halluzinationen aus –, die mit der Vernunft, dem gesunden Menschenverstand und für Christen durch den Vergleich mit der Heiligen Schrift widerlegbar sind. Eines können wir sofort widerlegen: Die Engel haben Swedenborg erklärt, daß der Mensch stirbt, wenn Lungen und Herz zu arbeiten aufhören. Aber wir wissen heute, daß der Tod von einem flachen Elektroenzephalogramm angezeigt wird, also ist der Tod im Gehirn festzustellen. Wer weiß, vielleicht sollten die Engel Swedenborgs sich erst auf den neuesten Stand der Wissenschaft bringen?

Die Bedeutung Swedenborgs

Wir haben das Drama Swedenborgs bereits unter einem psychologischen Aspekt untersucht. Wir konnten beobachten, daß Swedenborg eine Persönlichkeit war, die die Dynamiken der kulturellen Bewegung erlebt und vorweggenommen hat, die aus dem Konflikt zwischen den einander entgegengesetzten Werten der positivistischen Wissenschaft und der Religion entstanden sind.

Als Aufklärer war Swedenborg in der Auseinandersetzung mit dem Thema Materie-Geist an die Grenzen der Vernunft gestoßen. Eben weil er Aufklärer, Wissenschaftler und kein Mann des Glaubens war, fand er den praktischen, unmittelbaren Weg der Suggestion, der Kreativität (die er für rational hielt), den Weg der erregten Bewußtseinszustände, die ermöglichten, eine sofortige erhellende und aufklärerische Antwort zu geben, insofern sie die Ignoranz bezüglich der spirituellen Bedeutung der Heiligen Schrift bekämpften.

Als Aufklärer wollte er alles erklären und zog das Geheimnis Gottes auf die Ebene der menschlichen Phantasie herab. Er erniedrigte, entweihte es und schuf so die Grundlagen für den modernen Spiritismus.

Er behandelte das Geheimnis des jenseitigen Lebens wie eine wissenschaftliche Entdeckung: Er setzte es der Willkür des wissenschaftlichen Irrtums und der menschlichen Interpretation aus. In der Tat wird der Spiritismus als „Wissenschaft vom Geist" bezeichnet.

Swedenborg und die psychomiletischen Phänomene

Swedenborg ist ein hervorragendes Beispiel, um das wissenschaftliche Modell der nonverbalen Kommunikation anzuwenden.

Die vorhergehenden Seiten[22] haben uns gezeigt, wie die Kommunikation mit den Verstorbenen, im Laufe der Jahrtausende, zwei Formen von Phänomenologien hervorgebracht hatte: eine rein psychologische und eine psychomiletische.

69

Die erste Form zeigt sich bei Swedenborg auf der Ebene des Unbewußten, und zwar in seinen kreativen, phantastischen Erfindungen, in den erregten Bewußtseinszuständen, die eine irreale Welt produzieren, eine Welt der Engel, der Verstorbenen, die wie Menschen leben, der Hölleneingänge, die sich in Felsen öffnen (wie in den antiken heidnischen Vorstellungen der Griechen und Römer, in den Reisen des Äneas und des Odysseus in die überirdische Welt)[23].

Die zweite Form der realen psychomiletischen Phänomene telepathischer, präkognitiver Art (die sich unter der Wirkung des *Pathos*, das heißt eines psychologischen Leidens einstellen) paßt genau auf den Fall Swedenborg. Dazu kommt der erschwerende Umstand eines psychologischen Zustandes, der keinen persönlichen Ausweg findet. Denn die zerstörenden psychologischen Kräfte, die in ihm wirkten, waren unbewußt und entstanden aus dem Verhältnis zum Vater und dem Leben, das er im Glauben an eine wissenschaftliche, sein weiteres Handeln bedingende Allmacht gelebt hatte. Ich schildere eine der bekanntesten Episoden der Swedenborg Kasuistik.

Im Jahre 1756 befand sich Swedenborg mit ungefähr fünfzehn Freunden in Gothenburg (50 Meilen von Stockholm entfernt). Swedenborg, der ausgegangen war, kehrte gegen 18 Uhr entsetzt zurück. Er erzählte, daß ein gefährliches Feuer in Stockholm ausgebrochen sei und sich rasch ausbreiten würde. Er teilte auch mit, daß das Haus eines Freundes schon in Schutt und Asche läge und seines Gefahr liefe, das gleiche Schicksal zu ereilen. Bis 20 Uhr hielt seine Unruhe an, dann teilte er mit, das Feuer sei drei Häuser vor seinem Haus zum Stehen gekommen.

Die Nachricht verbreitete sich in der Stadt (es war Samstag) und der Gouverneur zeigte Interesse an dem Vorfall. Am Montag kam der Bote der Kaufleute von Stockholm und am Dienstag ein Bote des Königs. Das Szenarium, das sie beschrieben, bestätigte den Brand und alles, was Swedenborg berichtet hatte. Unter anderem auch, daß das Feuer um 17.30 Uhr ausgebrochen und um 20 Uhr gebändigt geworden war. Dieser Vorfall wurde von dem Philosophen Immanuel Kant wiedergegeben.

Dieses Ereignis (wie viele andere in der Geschichte der Psychomiletik), wenn es denn tatsächlich so stattgefunden hat, setzt die Existenz eines Moments unbewußter Kommunikation[24] voraus, das an besondere Bewußtseinszustände gebunden ist, die von einem existentiellen *Input* ausgelöst werden. Im Fall Swedenborg kann dieser *Input* aus vielen Elementen bestehen: Vor allem die Situation unbewußter Konflikthaftigkeit zwischen Mystik und Aufklärung förderte in Swedenborg eine allgemeine Empfänglichkeit für das Kommunikationsgeflecht, das auf der Ebene des Unbewußten zwischen allen Lebewesen aktiviert werden kann.[25] Schließlich aber ist der eigentlich auslösende Faktor, das als Kind erlittene Trauma (oder jedenfalls gut ins Unbewußte eingeprägte Ereignis) der drei Brände, die das Haus des Vaters zerstört hatten und die im Hause Swedenborg mit dem Feindlichen, dem Dämonischen gleichgesetzt wurden.

Kants Kritik an Swedenborg

Der Philosoph Immanuel Kant entschloß sich 1766 (fünfzehn Jahre vor der *Kritik der reinen Vernunft*), angeregt durch befreundete Personen, Swedenborg, der mit seinen Geistererscheinungen und -gesprächen einiges Aufsehen erregt hatte, einen Essay zu widmen.

> „Kant bedenkt Swedenborg mit nur wenig Wertschätzung und spricht ihm sehr wenig, um nicht zu sagen gar keine Geltung zu. Das geht so weit, daß er erst im zweiten Teil namentlich erwähnt wird … dieses Pamphlet ist von Anfang bis Ende durchdrungen von beißender Ironie über die Leichtgläubigkeit der Leute.“[26]

Der Kantsche Essay kann auf dem ersten Blick den Leser zum Irrtum verleiten, zu glauben, Kant gebe die Echtheit der Erscheinungen zu. Aber nachdem er sein subtiles Spiel mit der Bedeutung des Begriffes „Geist“ geführt und eingestand, sehr geneigt zu sein, die Existenz immaterieller Naturen zu bestätigen, „wirft [Kant] plötzlich seine Argumentation über den Haufen, um zu behaupten“[27], daß jene, die bekunden, sich mit Gespenstern zu unterhalten, ihre Wahrnehmungen träumen.

Es muß jedoch bedacht werden, daß die philosophische Kritik Kants unter einem psychologischem Aspekt betrachtet sehr schwach war. Allerdings ist dies auch verständlich, da Kant ein Mann seiner Zeit war, und es nicht möglich ist, mehr von ihm zu verlangen.

Spiritismus und Freimaurerei

Bei den Freimaurern kennt man den „Swedenborg-Ritus" oder den schwedischen Ritus. Der „Ritus" entstand in Schweden als Folge der Verbreitung der Lehren Swedenborgs, den der bekannte Okkultist Gerard Encausse (Papus) als den wahren Schöpfer der Hohen Grade der Freimaurerei betrachtete. Swedenborg wurde dazu gebracht

> „eine para-freimaurerische Bewegung (wie einige glauben eine Theosophisch-christliche Kirche) zu gründen, sowie ein phantastisches religiöses System zu verbreiten."[28]

Swedenborg wird als Erfinder einer Reihe von Illuminatengraden priesterlichen Charakters betrachtet, die als Ergänzung zur Blauen Maurerei galten.

> „Der Swedenborg-Ritus bildet heute, begrenzt auf die skandinavischen Länder, eine regelrechte Institution des Staates und wird noch heute von den schwedischen Freimaurern praktiziert ... Der berühmte Visionär war, entgegen der von Alexandre Dumas ausgeschmückten Legende, nie ein Anhänger der Freimaurerei."[29]

Folgt man anderen Autoren, so soll die rituelle Ordnung auf das Werk eines Prinzen und großen Bewunderers Swedenborgs zurückzuführen sein.

Wie auch immer, der Swedenborg-Ritus hat eine Reihe von Freimaurerlogen beeinflußt, die sich bis in unsere Tage von dem Denken des Visionärs inspirieren ließen.

Der Spiritismus taucht noch in manchen Ausläufern der Freimaurerei auf. Im Jahre 1768 gründete der „Zauberer" J. G. Schröpfer aus Leipzig die Bruderschaft des Goldenen Rosenkreuzes, unter dessen Mitgliedern auch Friedrich Wilhelm I. von Preußen war. Derselbe Schröpfer gründete zwischen 1771 und 1778 in Leipzig und Frankfurt am Main parafreimaurerische „Magische Logen", deren beherrschende Themen die Magie und der Spiritismus waren.

Im Jahre 1754 in Lyon stellte Martinès de Pasqually (dessen Schüler Claude de Sain-Martin, der Vater des Martinistischen Freimaurerordens war) als Voraussetzung für den Zugang zu den höheren Graden die Erscheinung zahlreicher Geister. Man formte einen großen magischen Kreis, der mit Safran, Weihrauch, Schwefel, Zimt, Gewürznelken und Mohnblumen gereinigt wurde. Nach einem komplizierten Ritus legte sich der Neubekehrte beim Schein einer Fackel auf den Boden, in Erwartung, das „Etwas" zu sehen, eine Erscheinung verschiedener Gespenster und Phänomene.

Es kann noch der Orden der Wahren Freimaurer oder der Reformierte Rosenkreuzorden erwähnt werden, der eine Art Höherer Schule für okkulte Wissenschaften darstellte und 1776 von dem Theosophen Ludwig von Schöder gegründet worden war. Ebenso darf der ägyptische Ritus des Cagliostro nicht vergessen werden. Giuseppe Balsamo (mit Künstlernamen Graf von Cagliostro), Schein-Heiler, Weissager, Betrüger und Totenbeschwörer, trat 1776 in London den Freimaurern der „Loge zur Hoffnung", Matrikelnummer 289, bei. Ihm wird die Gründung verschiedener Logen zugeschrieben, die sich auf die Kulte des alten Ägypten beriefen.

Cagliostro wurde 1789 in die Festung von San Leo eingesperrt und blieb dort bis zu seinem Tod.

Eine erste Bilanz über die Kommunikation
mit den Verstorbenen

Der Vergleich zwischen verschiedenen Kulturen, von der Vorgeschichte zur ägyptischen, römischen, buddhistischen, tibetanischen, afrikanischen Kultur, der Kultur der Mayas und Christen, vermittelt uns ein wirres Bild einer Praxis, die uns zur Gestaltung der jenseitigen Welt verschiedene und gegensätzliche Herangehensweisen offenbart, die offensichtlich Produkt der pathologischen Kreativität des Menschen sind.

Die Erforschung der Widersprüche der Geschichte des Spiritismus hat kaum begonnen. Die Untersuchung fährt fort mit der Analyse des spiritistischen „Sturms" des 19. und 20. Jahrhunderts, um in die heutigen Tage zu gelangen.

Es wird immer deutlicher, wie die spirititische Idee immerwährend in der Gesellschaft anwesend ist, da jede Generation auch das Bedürfnis weitergibt, den Schemata der Normalität zu entkommen. Daher werden Phänomene, die einen Bruch mit der herrschenden Kultur bedeuten, – wie der Spiritismus – immer wieder sowohl Zeugnis von Freiheit sein als auch von der Naivität des Menschen.

Im Christentum versinkt die Hölle und die Verstorbenen tauchen auf.
Eine historisch-psychologische Analyse

Wir haben die Besessenheit von der Kraft des Bösen kennengelernt, den Schrecken vor der Bestrafung im Jenseits und eine apokalyptische Vision von der Hölle, die wissentlich zur Rettung der Seele gebraucht wurde. Sonderbarerweise war im 7. und 8. Jahrhundert, trotz einer Vielzahl von praktizierenden Nekromanten, Zauberern und Okkultisten, die Totenbeschwörung in den Hintergrund gedrängt worden. Weder entstand eine Literatur noch entwickelten sich Predigten über die Kommunikation mit den Verstorbenen. Es scheint fast, als hätte das ganz auf die Hölle konzentrierte Interesse, die psychologische, soziale Funktion der Katharsis und Befreiung von der atavischen Todesangst aus der Pflicht genommen und diese Angst in die Tiefe der menschlichen Seele verdrängt. Während die, in den Köpfen der Menschen begrabenen, Ungeheuer bis 1700 eine passende emotionale Repräsentation in den Höllenqualen fanden, begann sich im 18. Jahrhundert eine vehemente Kritik an der sadistischen Art und Weise zu entwickeln, in der die Hölle als Anreiz zur Tugendhaftigkeit diente. Da man sich ein bißchen auf die Liebe Gottes, ein wenig auf die Aufklärung und ein wenig auf die entstehende Quasi-Psychologie (noch unter dem Dominium der Philosophen) berief, verlor die Hölle langsam an Aggressivität, Grausamkeit und Glaubwürdigkeit (1981 glaubten nur mehr 23 % der Europäer an die Hölle)[30]. Im Jahre 1979 vertrat die katholische Kirche die Ansicht, daß es für den Sünder eine ewig andauernde Strafe gäbe, die darin bestehe, daß ihm der Anblick Gottes vorenthalten werden würde.[31] Diese Position, die sich in etwas mehr als einem Jahrtausend von volkstümlichen und fürchterlichen Vorstellungen zu einem offiziellen Dokument gewandelt hat, zeugt von großer Menschlichkeit und stellt eine rein spirituelle Strafe in Aussicht.

Mit dem Untergang der Hölle, so kann man feststellen, taucht noch in den gleichen Jahrhunderten (1700 und 1800) zunächst schrittweise und dann sehr stürmisch der Glaube an die Kommunikation mit dem Jenseits auf. Wir haben bereits von Swedenborg gesprochen und werden uns jetzt mit den Schwestern Fox beschäftigen, sowie mit Jackson Davis, Kardec, den Medien der physischen Wirkungen und den Botschaften, die die Existenz des Jenseits offenbaren.

All dies setzt sich bis in unsere Tage fort, fast als bedürften die Ungeheuer, das heißt die in unserem Unbewußten begrabenen Ängste, einer emotionalen Repräsentation, die das Verlangen verrät, das Geheimnis des Lebens enthüllen zu wollen. Ausgehend von einer ungeschliffenen Volkstheologie, die unter Androhung der gefürchteten Folter versuchte, ein eher unerreichbares Tugendideal durchzusetzen, entwickelte die Kirche eine wirklich spirituelle Haltung zum Jenseits. Aber die psychologischen Bedürfnisse des menschlichen Unbewußten brauchen ein Forum, um sich selbst darstellen zu können. Daher existiert der Spiritismus weiterhin und wird auch noch in Zukunft fortbestehen werden. Wenden wir uns also der Geschichte des modernen Spiritismus zu, die ich mich anschicke, wenn möglich eher auf eine leichte, anschauliche Art, zu erzählen als nach den starren Regeln der Geschichtsschreibung.

Die Inflation der Kommunikation mit den Verstorbenen im 19. Jahrhundert und am Anfang des 20. Jahrhunderts

USA: Die Geburtsstunde des Spiritismus

In Dibbelsdorf in Deutschland hätte sehr wohl bereits im Jahre 1762 eine spiritistische Bewegung entstehen können, denn der „Klopfgeist" antwortete auf exakt dieselbe Weise den Fragen (nämlich mit Klopfzeichen), wie der Geist der Fox-Schwestern, der im Jahre 1847 im amerikanischen Hydesville die Geburtsstunde des modernen Spiritismus einläutete. Aber warum entzündete sich dieser Funke, der sich wie ein Flächenbrand ausbreitete, in Amerika und nicht etwa in Deutschland?

Weil er in Amerika ein passenderes Umfeld als irgendwo sonst vorfand. Es gab mindestens drei Bedingungen, die eine solche Entwicklung begünstigten:

– Der Pioniergeist hatte die von den komplexen und organisierten, europäischen Kulturen geerbte Mentalität verändert, und durch die Berührung mit der Natur die Improvisation zur Gewohnheit gemacht. Er hatte eine neue Einstellung zu Solidarität und Gemeinschaft sowie ein gesteigertes Interesse an religiösen Innovationen entstehen lassen.

– Dieses Interesse wurde zudem durch den alten, polemischen Widerspruchsgeist verstärkt, der mystisch-spiritistische Sekten im Jahre 1774 zum Auswandern nach Amerika bewogen hatte, wie die Sekte der *Shakers*, die dem Klima politischer und religiöser Kompromißlosigkeit entfliehen wollten. Darüber hinaus führte dies – wie wir gesehen haben – mit Hilfe der „Instrumente" (*Medien*) zur Beschwörung zahlreicher Persönlichkeiten.

– Die Reaktion auf den wissenschaftlichen Absolutismus, das heißt den jeden Sinn für das Geheimnisvolle und die unbewußten Wünsche, sich der Religiösität zuzuwenden, erstickenden Materialismus, hatte in den weiten Gegenden Amerikas geringere Bedeutung (aufgrund der einfachen Mentalität ihrer Bewohner) als in den großen Zentren Amerikas und Europas. Um die Mitte des 19. Jahrhunderts triumphierte die Wissenschaft und errichtete eine Barriere gegen die spirituellen Bestrebungen der Menschen.

Unter diesen Umständen genügte der kleine und eher bescheidene Funken der Fox-Schwestern, um einen großen Brand auszulösen.

Der französische Okkultist und Essayist, René Guénon (1866–1951) schreibt:

> „Den Spiritismus zu bemühen, um den Materialismus zu bekämpfen, bedeutete soviel wie einen Irrtum mit dem anderen austreiben zu wollen ... Was uns betrifft, so glauben wir nicht, daß der Spiritismus weniger schädlich ist als der Materialismus, auch wenn seine Gefahren von vollkommen anderer Art sind."[1]

Die Fox-Schwestern und der Anbruch einer „neuen Ära"

Im Hause Fox brach im März des Jahres 1848 große Aufregung aus, als die beiden jüngeren Töchter, die siebenjährige Kate und die zehnjährige Margaret, in Folge geheimnisvoller Klopfgeräusche in dem Holzhaus der Familie, zum Mittelpunkt unerklärlicher Phänomene wurden. Die kleine Kate bemerkte, daß, jedesmal wenn der Vater an einem Fenster rüttelte, um zu sehen, ob es geschlossen war, ein Klopfen zu vernehmen war. Sodann sagte sie: „Herr Teufel, mach' das, was ich mache", und klatschte daraufhin mehrmals in die Hände. Das Klopfen folgte dem Klatschen des Mädchens, und es begann ein Dialog, in dem ein Schlag „Ja" bedeutete und zwei Schläge „Nein". So erfuhr man, daß die Seele eines Handelsvertreters mit ihnen kommunizierte, der in diesem Haus ausgeraubt, ermordet und im Keller begraben worden war. Die Nachricht von diesem Ereignis verbreitete sich wie ein Lauffeuer.

Sechsundfünfzig Jahre später, im Jahre 1904, wurde während einer Renovierung im Keller eine Trennmauer eingerissen, ungefähr eineinhalb Meter von der eigentlichen Grundmauer entfernt, und in diesem Zwischenraum wurde ein menschliches Skelett und der Kasten eines Hausierers entdeckt.

Sofern die Tatsachen der historischen Realität entsprechen und nicht reine Phantasieprodukte sind, kann die Erklärung dieses Falles darin liegen, daß die Fox-Schwestern unbewußt telepathisch die Informationen der Psyche des Mörders aufgefangen und das Ereignis dramatisch übersteigert haben.

Die analphabetischen Geister

Es war einmal eine Person, die einem „Geist" vorschlug, mit ihm Kontakt aufzunehmen, und zwar indem der Geist für jeden Buchstaben die Anzahl von Schlägen klopfen sollte, die der Stellung des Buchstabens im Alphabet entspräche. So entstand die *Tiptologie*. Wenn die Geister nicht Analphabeten gewesen wären, hätten sie selbst einen Weg finden können, das Alphabet, das vor Tausenden von Jahren erfunden worden war, zu verwenden! Jedenfalls fand 1849 in Rochester das erste Treffen von Spiritisten statt. In demselben Jahr läutete eine Pseudo-Botschaft die Geburtsstunde der neuen spiritistischen Religion ein, die für ihre Anhänger gleichzeitig Wissenschaft und Glaube war:

> „Liebe Freunde, ihr müßt diese Wahrheit der Welt verkünden. Dies ist der Anbruch einer neuen Ära; ihr dürft nicht versuchen, es zu verheimlichen. Wenn ihr diese eure Pflicht erfüllt, wird Gott euch beschützen und die guten Geister werden über euch wachen."[2]

Erste öffentliche Sitzungen wurden veranstaltet und der Herausgeber der „New York Tribune" versprach Kate ein Jahresgehalt von 1 200 US-Dollar. Sofort entzündeten sich heftige Auseinandersetzungen, und verschiedene Persönlichkeiten aus dem Bereich der Wissenschaft traten auf den Plan, mit dem Ziel, mögliche Betrügereien aufzudecken. 1855 gab es mehr als 1,5 Millionen Amerikaner, die überzeugte Spiritisten waren. Im

Jahre 1867 zählte man 11 Millionen Sympathisanten. Es bildete sich sogar eine spiritistische Gruppe (1862), die auf Anweisung der „Geister" die freie Liebe predigte. Durchaus verständlich, bedenkt man, daß jedes Medium, mehr oder weniger kontrolliert, einerseits seine eigene Kreativität entwickelte und andererseits seinen eigenen Instinkten freien Lauf ließ.

Die „guten Geister" wachten aber, so scheint es, nicht über die Fox-Schwestern, denn diese verstarben, nachdem sie die ganze Welt für öffentliche oder private Vorführungen bereist hatten, aufgrund ihrer Alkoholabhängigkeit in Armut. Der „Washington Daily Star" beschreibt am 7. März 1893 Kates Zustand wie folgt:

„… Sie ist eine Frau um die sechzig, die von Almosen lebt; eine arme Kreatur, in völliger geistiger und körperlicher Auflösung begriffen, die keine anderen Freuden kennt, als sich dem Genuß vergiftender Liköre hinzugeben … Dieses Unglückskind war einst häufiger Gast der Paläste und Höfe, der Fakultäten der Universitäten in Amerika, Europa und Australien. Diese Lippen, die heute nichts anderes als schamlose und unanständige Worte hervorbringen, verkündeten einst eine neue Religion …"[3]

Nach dem Tod Margarets am 28. April 1893, schrieb James Burns in der Zeitschrift „Medium and Daybreak":

„Sie besitzt keinen Sinn für Moral mehr, noch ist sie Herrin über ihre Gedanken und Wünsche. Bedenkt man diesen Zustand, Trunkenheit und Begierde noch hinzukommend, braucht man sich nicht wundern, daß dieser Haufen Abfall die spiritistische Sache in den letzten 45 Jahren mit Skandalen nur so überhäufen konnte."[4]

In dieser geistigen Verfassung gaben die Schwestern den lockenden finanziellen Angeboten von Denunzianten nach und bezichtigten sich 1899 selbst des Betrugs. Dabei beschrieben sie ihren Schwindel so, daß sie die Hypothesen dreier Mediziner der Universität Buffalo bestätigten, die bereits 1851 behauptet hatten, daß die Geräusche mittels der Bewegung der Fußgelenke zustande gekommen waren. Zornerfüllt warfen ihnen die Spiritisten vor, verrückt zu sein, und erpreßten sie, indem sie Kate androhten, ihr ihre Kinder wegzunehmen. Es ist an dieser Stelle unerheblich, daß die Fox-Schwestern im Nachhinein ihr Geständnis zurückgezogen haben. Mit Sicherheit haben sie gelegentlich betrogen, wenn es ihnen nicht gelang ein Phänomen zu wiederholen, dessen – vielleicht manchmal ungewollte – Ursache sie waren.

Tatsache ist, daß die harten, hin und wieder sehr lauten Schläge reale Phänomene natürlicher Herkunft bzw. „psychomiletischen" Ursprungs sind. Ähnliche Erscheinungen konnte ich gelegentlich in mystischen, spiritistischen oder psychopathologisch (*Poltergeist*) belasteten Kreisen beobachten, sei es im Zuge von Experimenten, sei es bei spontan auftretenden Phänomenen. Ihre Bedeutung ergibt sich immer aus der ihnen zugrunde liegenden unbewußten Kommunikation, die mit einem Zustand des *Pathos* verbunden ist und ein Ausdruck von ausgelösten Psychodynamismen ist.

Andrew Jackson Davis und die zwei Wahrheiten des Spiritismus

Wenn die Fox-Schwestern der „ausführende Arm" waren, so war Andrew Jackson Davis (1826–1910) der Kopf oder der „Prophet" des amerikanischen Spiritismus.

Von Kindheit an zeigte Davis einen besonderen Hang zu der damals noch geheimnisvollen Welt der Hypnose. Er war mit Sicherheit Schlafwandler, denn im Jahre 1844 verließ er eines Nachts sein Haus und fand sich am darauffolgenden Tag in den Bergen umherirrend wieder. Er behauptete, dort den Geistern Swedenborgs und Galenos begegnet zu sein, die ihm okkulte Wahrheiten anvertraut hätten. 1845 führte er mit der Hilfe zweier Personen Untersuchungen durch: Dem Musiker Lyon, der ihn hypnotisierte, und dem protestantischen Pfarrer Fischbourg, der alles mitschrieb, was Davis unter Hypnose sagte. Davis „spaltete" sich psychisch und rückte eine andere Persönlichkeit in den Vordergrund, die

„Offenbarungen" diktierte, die nichts anderes waren als Ausdruck der durch den Hypnosezustand angeregten Kreativität Davis'. So entstand das Buch *Prinzipien der Natur, ihre göttlichen Offenbarungen und ihr Appell an die Menschheit*, das 1847 veröffentlicht wurde.

Der erste Teil dieser „Phantasiegeburt" enthüllt den Ursprung des Universums, in dem Materie und Macht verschmolzen waren. Die Materie beinhaltete potentiell das gesamte Universum, während die Macht in sich Weisheit, Güte, Barmherzigkeit, Gerechtigkeit und Wahrheit vereinte. Aus der Spaltung von Materie und Macht gingen die Universen und die Lebewesen hervor. Davis bestand auf der Wahrhaftigkeit der Kommunikation mit den Geistern und ebenso auf der Annahme einer Weiterentwicklung der menschlichen Seele, die nach dem Tod immer höhere Vollkommenheitsgrade erreichen würde.

Der zweite Teil des Buches handelt von der Heiligen Schrift, die zwar als Ausdruck der Weisheit anerkannt wird, die jedoch lediglich für weniger entwickelte Epochen Gültigkeit habe. Ferner wird Christus als ein Reformator dargestellt, dem aber die göttliche Natur abgesprochen wird und dessen Lehren überwunden werden müssen.

Im dritten Teil wird eine sozialistische Organisation der Menschheit beschrieben (der Einfluß des utopischen Sozialismus ist nicht zu verkennen), deren höchstes Ideal im Streben nach Weisheit, Gerechtigkeit, Barmherzigkeit und Wahrheit liegt.

Dieses Buch, in dem der Einfluß Swedenborgs ganz offen zutage tritt, entwickelte sich zur heiligen Schrift des amerikanischen Spiritismus des 19. Jahrhunderts. Es stand für Davis' Entschlossenheit, den Materialismus mit der Formulierung einer ethisch-religiösen, auf die spiritistischen Thesen aufbauenden Doktrin zu bekämpfen. In Wirklichkeit aber kümmerte sich Davis wenig darum, die Authentizität der spiritistischen Erscheinungen zu überprüfen.

Eine Tatsache von grundlegender Bedeutung bleibt noch hervorzuheben: Andrew Jackson Davis leugnete die Reinkarnation. Und in diesem Punkt stimmte er mit dem Franzosen Allan Kardec, dem Propheten des europäischen Spiritismus, der die Lehre der Reinkarnation verfocht, nicht überein. Jede *Strömung* wurde im Jenseits von „Geistern" unterstützt, die sich mit schweren Geschützen gegenübertraten und ihren Anspruch auf die rechte Lehre verteidigten.

Wie man leicht feststellen kann, haben auch die Geister inhaltliche Meinungsverschiedenheiten, sogar bezüglich der Art ihres Daseins!

Abraham Lincoln, die Ratschläge der Geister und die Zirkel der Errettung

Selbst Präsident Lincoln scheint sich für den Spiritismus interessiert zu haben, um dort Rat zu suchen. Die Zeitung „Plaindealer" aus Cleveland veröffentlichte, daß das Medium Conklin, als Lincoln gewählt wurde, in ihm einen Ratsuchenden erkannt hatte, der seine Sitzungen besuchte. Der Präsident dementierte diese Nachricht nicht. Oberst S. P. Kase schrieb im „Spiritual Scientist", daß das Medium Conklin anläßlich mehrerer spiritistischer Sitzungen Gast des Präsidenten war, was diesen in seiner Entscheidung, die Sklaverei abzuschaffen, beeinflußt haben soll. Das Medium Maynard, das Kase zufolge von Lincoln aufgesucht wurde, veröffentlichte im Jahre 1891 das Buch: *War Abraham Lincoln ein Spiritist?*

Die Indizien sprechen für sich und es scheint nicht allzu gewagt, wenn man annimmt, daß sich auch Lincoln, wie viele andere Menschen seiner Zeit, für den Spiritismus interessiert hat.

Kein Zweifel herrscht jedoch darüber (und dies scheint geeignet, das kulturelle Klima der zweiten Hälfte des 19. Jahrhunderts in den USA zu beschreiben), daß damals *Zirkel der Errettung* gebildet wurden, die den Zweck verfolgten, schädliche Geister auszutreiben. Die Vorgehensweise dieser Zirkel, deren Prototyp höchstwahrscheinlich ein von der Ehefrau Oberst Daskins 1860 in Baltimore gegründeter Kreis war, scheint von der religiösen Praxis der Quäker abgeleitet worden zu sein. Die Quäker, die zu Beginn des 19. Jahrhunderts mit Pseudo-Geistern von Indianern in Kontakt getreten waren, welche auch im Jenseits ihre primitiven religiösen Glaubensvorstellungen beibehalten hatten, beschlossen, jene Geister zu erlösen und sie mit Hilfe spiritistischer Sitzungen zum Christentum zu bekehren.

Diese Zirkel der „Errettung" verbreiteten sich rasch und operierten noch in den ersten Jahrzehnten des 20. Jahrhunderts, was für die große Einfalt ihrer Anhänger spricht (auch wenn sie offensichtlich in guter Absicht handelten).

Frankreich: Allan Kardec, der Begründer des Spiritismus

Im Jahre 1774 brachen die *Shakers* zur Eroberung der Neuen Welt auf und verbreiteten mit Hilfe ihrer „Instrumente" (*Medien*) die Keime einer neuen spiritistischen Religion. Fast achtzig Jahre später, im Jahre 1852, landeten die ersten Anhänger des Spiritismus in Europa. 1853 veröffentlichte die französische Zeitung „L'Illustration" eine Karikatur mit einer Landkarte Europas, die die Verbreitung der spiritistischen Manie unter der europäischen Bevölkerung zu jener Zeit aufzeigt. Die Karikatur gibt Einblick in das damalige Verhalten der Menschen, die völlig verrückt schienen nach der neuen Mode, mittels Medien Tische, Stühle, Hüte und Körbe kreisen zu lassen.

In der Tat war in den ersten Monaten des Jahres 1853 in Frankreich eine Art Manie ausgebrochen: In allen größeren Städten und in jedem Salon wurde das „Spiel" der Geisterbeschwörung praktiziert.

Allan Kardec, der als Begründer des Spiritismus gilt, interessierte sich zu diesem Zeitpunkt noch nicht für dieses Thema, obgleich bereits heftige öffentliche Auseinandersetzungen darüber entbrannt waren. Marquis de Mirville veröffentlichte noch im selben Jahr sein Buch *Von Geistern und ihren Zeichen*, das ganz im Sinne der tausendjährigen, christlichen Tradition von Teufeln (als den Auslösern der Phänomene) und vom Antichrist handelte, der sich mit Hilfe der Dämonen den Weg in das Bewußtsein der Menschen bahnte. De Mirville wies die Kirche auf diese Gefahren hin.

Graf Agenor Gasparin widersprach der These Marquis de Mirvilles vom teuflischen Eingreifen und erklärte das Phänomen mit der Theorie des „Fluidums", das vom Willen des Mediums abhänge.

Das offene Tor des Unbewußten

Heute können wir wohl guten Gewissens behaupten, daß es sicherlich nicht der Teufel war, der die Tische bewegt hatte. Dem Teufel genügte die Unwissenheit der Menschen und deren unklare Vorstellungen über die tatsächlichen Ursachen des Phänomens (gegründet auf unbewußten Automatismen). Diese Ignoranz, von der unbewußten Kreativität der Menschen noch unterstützt, ermöglichte Allan Kardec, seine gegen Christus und die Kirche gerichtete Theorie zu verbreiten. Seine Thesen reiften in einem tendenziell unchristlichen kulturellen Umfeld heran. Es ist naiv genug zu behaupten, der Teufel würde die Tische bewegen und getarnt als Verstorbener Botschaften überbringen, aber es ist noch viel einfältiger, nicht begreifen zu wollen, daß der Mensch sich mit seinen Phantasien selbst betrügt und so Satans Spiel treibt. Das *Unbewußte* ist der Ort über den die verschiedensten Kräfte das spirituelle Leben beeinflussen können. Es hängt von der freiwillig eingenommenen Haltung, der menschlichen Intelligenz ab, ob sich das Unbewußte positiven oder negativen Kräften öffnet. Die Möglichkeit des Menschen, sich frei zu entscheiden, und seine Unkenntnis von den psychologischen Mechanismen können dazu führen, daß die unbewußte Kreativität widersprechenden spirituellen Einflüssen ausgeliefert ist. Das Unbewußte (der nicht bewußte Teil der Psyche) bildet über den Geist ein offenes Tor für die Gnade Gottes bzw. eben auch einen Zugang für das Böse. Die spirituelle Seele bzw. der unsterbliche Geist ist uns von Gott gegeben und muß (für den, der glaubt) die Folgen des menschlichen Verhaltens aufsichnehmen und beim jüngsten Gericht vor Gott treten.

Während sich diese Auseinandersetzungen ereigneten, betrat Hippolyte Leon Denizard-Rivail die Bühne, der das Pseudonym Allan Kardec annahm, und in nur wenigen Jahren zum führenden Kopf der spiritistischen Szene Europas wurde.

Die Reinkarnation eines Druiden

Rivail wurde im Jahre 1804 in Lyon als Sohn eines Anwalts geboren und katholisch getauft. Er war Schüler des damals berühmtesten Pädagogen in der Schweiz: Jean Henri Pestalozzi. Später heiratete er, gründete in Paris das Lehrinstitut Rivail und publizierte ein Buch über Arithmetik. Das Institut mußte jedoch bald schließen, und er und seine Frau hatten schwer zu kämpfen, um wirtschaftlich wieder auf die Beine zu kommen.

> „Gleichwohl es keine Hinweise gibt, die für eine Initiation sprechen würden, gilt es als sicher, daß er den Freimaurern angehört hatte ... Seinen Traum von einer Freimaurerloge mit dem Schild „Eintritt frei" an der Eingangstür verwirklichte er sich als er selbst eine spiritistische Organisation gründete."[5]

Die ersten fünfzig Jahre seines Lebens standen im Zeichen der bürgerlichen Normalität der Epoche, und doch gelang es diesem Mann, einen Keil in das Christentum zu treiben, indem er die Existenz Gottes und die Unsterblichkeit der Seele beweisen wollte. Ebenso wie Andrew Jackson Davis wollte auch Rivail den Materialismus vernichten.

Das Ergebnis: Er hatte eine materialistische Religion bzw. eine spiritistische Wissenschaft geschaffen und glaubte, infolge der Enthüllung eines Mediums, die Reinkarnation eines antiken Druiden zu sein.

Entstehung des Buches der Geister, die Bibel Kardecs

Im Jahre 1854 wurde Rivail von Freunden in das spiritistische Milieu eingeführt. Zunächst war er etwas skeptisch und fühlte sich herausgefordert, die Geheimnisse, die sich hinter diesen Phänomenen verbargen, zu verstehen. Im Mai 1855 begann er, an spiritistischen Sitzungen teilzunehmen und nahm experimentelle Forschungen dazu auf. Seine Methodologie und Genauigkeit überzeugten eine Gruppe von Personen, ihm ungefähr fünfzig Hefte zu überlassen, die Protokolle, Dialoge und Gedanken unzähliger Sitzungen mit Cèline Bequet, bekannt als *Japhet*, und mit verschiedenen anderen Medien beinhalteten. Damit sollte Rivail versuchen, den fehlenden roten Faden aufzuspüren und eine verbindende Logik in den Botschaften auszumachen, die ein Verständnis der Welt der Geister ermöglichen würden. Der Gruppe, die Rivail die Hefte übergeben hatte, gehörte Victorien Sardou an, der berühmte Dramaturg, der die Vorlage für die von Giacomo Puccini vertonte *Tosca* geschrieben hatte.

Rivail begann das Material zu untersuchen, und sein erster Impuls war, aufgrund der verworrenen Texte sein Vorhaben aufzugeben. Aber seine Bedenken wurden durch ein unvorhergesehenes Ereignis zerstreut. In einer Sitzung des Mediums *Japhet* manifestierte sich ein Wesen, das erklärte „Z" zu heißen und behauptete, Rivail schon in einem früheren Leben gekannt zu haben, und zwar als dieser ein Druide namens Allan Kardec war. Das Wesen „Z" beschwor Rivail, die Arbeit wiederaufzunehmen, da es sich dabei um eine Mission handelte, die eine außerordentliche Bedeutung für die Menschheit haben sollte. Außerdem würde das Wesen selbst mit Rivail zusammenarbeiten und ihm bei seiner Arbeit behilflich sein. Rivails Zweifel waren auf diese Weise vollständig beseitigt worden.

An dieser Stelle drängt sich eine psychologische Lesart der Handlungen der beiden Protagonisten der Geschichte, Japhet und Rivail, auf. – Das Medium *Japhet*, Verfasserin der meisten Botschaften, hatte den unbewußten Wunsch, ihr eigenes Werk aufzuwerten, und brachte mittels Dissoziation das nicht existierende Wesen „Z" zur Welt (folgt man einer äußerst wohlwollenden Interpretation, denn es besteht ja auch die Möglichkeit, daß Rivail einer simplen Täuschung zum Opfer gefallen ist).

– Der Idealist Rivail konnte gar nicht anders, als auf die Idee, die Reinkarnation eines Priesters zu sein, einzugehen. Vor allen Dingen aber konnte er den Missionsauftrag nicht zurückweisen, der eine außerordentliche Bedeutung für die Menschheit haben sollte. Die Geschichte der Kommunikation mit den Verstorbenen kennt viele Geister, die andere mit einer Mission beauftragen oder aber sich selbst eine Mission zusprechen. Typisch und stets wiederkehrend ist der Auftrag, „das Fortleben der

Seele zu beweisen". Das Leben vieler Väter und Mütter, die ein Kind verloren haben und sich an die Kreativität eines Mediums klammern, wird
so durcheinander gebracht und aufgewühlt, während das Medium damit
unbewußt sein Missionsbewußtsein und Machtstreben befriedigt.

Die Tatsache, daß daraufhin das Wesen „Z" Rivail in seinem Tun bei-
stand und beriet, indem es gewisse Dinge präzisierte und klärte, verdeutlicht, daß die Kontrolle in der Hand des Mediums oder besser dessen
Kreativität lag.

Im Jahre 1857 wurde als Ergebnis dieser Zusammenarbeit das *Buch der
Geister* veröffentlicht.

Die spiritistische „Doktrin" Kardecs

Das Buch beginnt mit einer Präambel, in der von den Botschaften vieler
„Geister" berichtet wird, die Rivail ermutigten, der Kritik zu widerstehen;
die dem armen Rivail gleichzeitig aber auch von vornherein der Möglichkeit beraubten, neben den Reaktionen des gesunden Menschenverstan-
des, die der Wissenschaft und der christlichen Religion, ernst zu nehmen.
Ich zitiere:

> „Die Eitelkeit derjenigen, die glauben, alles zu wissen und die alles
> auf ihre Weise erklären wollen, wird zu Meinungsverschiedenheiten
> Anlaß geben: Aber all jene, die den Lehren Jesu folgen wollen, wer-
> den sich uns anschließen ...."[6]

Das Tragikomische daran ist, daß diese Botschaft von dem Heiligen
Johannes dem Evangelisten, dem Heiligen Augustinus, dem Heiligen
Vinzenz De Paoli, dem Heiligen Ludwig, dem Geist der Wahrheit,
Sokrates, Platon, Franklin, Swedenborg, etc. unterzeichnet ist.

Das Lächeln kann einem auf den Lippen gefrieren, wenn man erfährt,
daß die Brasilianische Bischofskonferenz im Jahre 1996 ein Dokument
veröffentlicht hat, aus dem zu ersehen ist, daß es in Brasilien mehr als
4 000 000 Jünger des als Religion konstituierten Kardecschen Spiritismus

gibt[7]. Zunächst genügt es uns festzustellen, daß sich der Spiritismus solange als Religion reproduzieren wird, als sich die Menschheit nicht darüber bewußt wird, daß sie sich selbst mit ihren eigenen psychologischen Dynamiken hinters Licht führt. Die vollständige Aufklärung über diese Mechanismen zu erreichen, liegt in äußerst weiter Ferne und scheint mir mehr noch eine Utopie zu sein.

Die Doktrin Rivails gleicht in manchen Punkten den Ideen Davis'. Das Universum setzt sich aus zwei Elementen zusammen: Dem „Geist" und der „Materie". Beide sind durch ein drittes, teils materielles, teils spirituelles, „fluides" Element verbunden mit dessen Hilfe Gott alle Lebewesen formt. Die Stärke der Doktrin liegt in der Idee der Reinkarnation. Kardec modifiziert das Christentum, das auf dem Glauben an die Auferstehung beruht. Er behauptet, daß Christus die Wiedergeburt gepredigt hätte und verkündet: „Die Reinkarnation zu leugnen bedeutet, das Wort Christi zu leugnen"[8]. Gemäß Rivail reinige sich der Mensch, indem er verschiedene irdische Existenzen durchlebt, sprich: durch Reinkarnationen. Diese Art der Reinkarnation unterscheidet sich jedoch von der hinduistischen, da sie keine Wiedergeburt als Tier vorsieht.

Davis in Amerika verwarf die Idee der Reinkarnation und vertrat dagegen die Auffassung, daß die Vervollkommnung der Geister im Zuge des Übergangs von niedrigeren zu höheren Sphären und somit in der Welt des Jenseits geschehe.

Für Kardec ist das irdische wie auch das jenseitige Leben auf den *Perispirit* (Seelenhülle) konzentriert, der so definiert wird:

> „Semi-materielle Hülle der Seele. Bei den Inkarnierten dient sie als Bindeglied oder Vermittlerin zwischen Geist und Materie; bei den umherirrenden Geistern, besteht sie im fluiden Körper des Geistes."[9]

Der Geist besitzt demnach eine Art semi-materielles Gewand, genannt *Perispirit*, das er benötigt, um mit den Medien zu kommunizieren. Der Verstorbene trifft im Himmel viele Geister, die ihm helfen und über seine auf Erden begangenen Fehler aufklären.

Es gibt höhere, mittlere und niedere Geister, zu denen auch die leichtfertigen, spöttischen und possenreißenden Geister zählen, die arglistig und launisch sind und auf alles antworten, ohne sich unbedingt um die Wahrheit zu kümmern[10]. Unter die höheren Geister reiht Kardec auch Jesus Christus ein, womit er ihn implizit seiner Göttlichkeit beraubt.

Ein höherer Geist tritt mit einem Medium nur über einen Führergeist (schwächer entwickelter Geist) in Kontakt. Dieser Führergeist ist der Schutzgott eines Mediums. Kardec schreibt:

> „Der Spiritismus ist die neue Wahrheit, die den Menschen mit unwiderlegbaren (!) ‚Beweisen' die Existenz der Geisterwelt offenbaren will (aber war die Offenbarung nicht mit Christus beschlossen? – Anm.d. Autors) …, er stellt die spirituelle Welt nicht mehr als eine übernatürliche Sache dar."[11]

Der Spiritismus liefert uns einen „Geist" aus feiner Materie, mit der Materie (mit dem *Perispirit*) verwoben, und eine „nicht-übernatürliche", spirituelle Welt, eine Unsterblichkeit der Seele, die an eine Evolution gebunden ist. Mehr und mehr tritt so seine materialistische Konzeption des Lebens zu Tage. Man beachte, daß der Spiritismus aus einer Art christlicher Alchimie hervorgegangen ist, die vom Christentum die Vorstellung von der Liebe zwischen allen Lebewesen übernommen hat und die den Umstand mißbilligte, daß die materialistische Wissenschaft den Geist zu erdrücken drohte. Dennoch tritt sie praktisch als spiritualistische Wissenschaft mit materialistischer Grundlage in Erscheinung.

Rivail hat sich von der Euphorie über seine „Mission" tragen lassen, und wie viele „Gurus" unserer Tage fällt auch er der Paranoia zum Opfer. Er versteht sich als legitimer Nachfolger Christi und schreibt:

> „Das Gesetz des Alten Testament wird von Moses verkörpert, das des Neuen Testaments von Christus: Der Spiritismus ist die dritte Offenbarung des Reichs Gottes."[12]

Offensichtlich können all die verschiedenen spiritistischen Gruppen und Bewegungen, die heute und auch morgen noch entstehen werden, als direkte Nachkommen Kardecs betrachtet werden. Auch wenn diese katholisch oder christlich sein wollen (z. B. durch Nicht-Anerkennung der Reinkarnation), werden sie immer die Erben Kardecs bleiben, da sie nach einem wissenschaftlichen Beweis für das Leben nach dem Tod suchen. Dies läßt sich nicht mit dem Glauben vereinbaren, der impliziert, daß der Gläubige das „Risiko" an Christus zu glauben, eingeht.

Rivail schreibt weiter:

> „Der Spiritismus sagt: ‚Ich komme durchaus nicht, um das christliche Gesetz abzuschaffen, sondern um es zu ergänzen. Ich lehre nichts, was Christi Lehren widersprechen würde'."[13]

Hier irrt Rivail, berücksichtigt man folgende Punkte: a) die Reinkarnation; b) die semi-materielle Seele; c) die Neu-Interpretation der Evangelien; d) die Verkündigung einer „neuen Offenbarung". Der rechte Glaube rechtfertigt keine intellektuelle Inkohärenz und keinen Selbstbetrug.

Ein berühmtes Medium, mit dem wir uns in Kürze beschäftigen werden, der Engländer Douglas Home, schreibt über Kardec:

> „Ich zähle die Doktrin Kardecs zu den Illusionen dieser Welt, wofür ich gute Gründe habe … Denn wie konnte Pythagoras Griechisch, seine Muttersprache, völlig verlernt haben?"[14]

Was die Sprache anbelangt, so nennt Rivail folgendes Kriterium, um klären zu können, von welcher Art Geist die Kommunikation stammt:

> „Die Sprache der Geister unterscheidet sich gemäß dem jeweiligen Entwicklungsgrad, den die Geister erreicht haben."[15]

Zur Illustration zitiere ich einige „Botschaften" von „höheren" Pseudo-Geistern:

„Jesus Christus persönlich lenkt jegliche Art von Tätigkeit, um die Ära der Erneuerung einzuleiten ... die euch eure geistigen Führer predigen."[16] (*Chateaubriand*)

„Eure Doktrin ist schön und geheiligt; der erste Stein ist gesetzt und zwar auf solide Weise ..."[17] (*Der heilige Benedikt*)

„Gott hat mich beauftragt, eine Mission zu erfüllen, für die Gläubigen, die er mit medialen Fähigkeit ausstattet."[18] (*Jeanne D'Arc*)

„Ich bin es, der kommt, ich dein Erlöser. Hört mich an. Der Spiritismus ... muß den Materialisten in Erinnerung rufen, daß über ihnen die unveränderliche Wahrheit herrscht, der gütige Gott."[19] (*Jesus von Nazareth*)

Ich verstehe nicht, warum die Materialisten, die den Jesus Christus der Evangelien nicht anerkannt haben, an einen falschen „Jesus" glauben sollten, der sich zum Werbemanager des Spiritismus aufschwingt!

Es mag hierbei noch interessant sein, zu erfahren, daß die „schuldigen" Geister, die sich Swedenborgs Vorstellungen zufolge in den Schlund der Hölle stürzen (der sich in den Felsspalten öffnet), bei Kardec in den Welten und auf den weniger entwickelten Planeten des Universums zu finden sind.

Mesmer bereitet Kardec den Weg

Rivail begründete den Spiritismus, aber es war der österreichische Arzt Franz Anton Mesmer (1734–1815), der ihm den Weg bereitet hatte. Mesmer gilt als Vater der Hypnose. In der Tat fußt der Spiritismus auf Selbsthypnose, auf verschiedenen Bewußtseinszuständen und auf den daraus folgenden Suggestionen.

Beiden Wissenschaftler widerfuhr ein trauriges Schicksal: Mesmer war davon überzeugt, über ein persönliches, magnetisches Fluidum zu verfügen. Vor diesem Hintergrund behandelte er als Arzt die Kranken. Er wollte nicht begreifen, daß er sich dabei die Suggestion zu Nutze machte und hat nie erfahren, daß er als Erfinder der Hypnose gilt. Rivail war davon überzeugt, mit den Verstorbenen zu kommunizieren, und verstand nicht, daß er sich eigentlich mit dem kreativen Unbewußten des Mediums, das unter Hypnose aktiviert wurde, unterhielt. Beide verwendeten die Hypnose und nutzten die verschiedenen Bewußtseinszustände, aber keinem der beiden gelang es, dies zu durchschauen.

Mesmer galt im Europa des 18. Jahrhunderts als eine herausragende Persönlichkeit auf dem Gebiet des Heilens. Er behauptete, alle Körper würden ein feines Fluidum ausstoßen, das jedoch universell sei. Er begann die Schmerzen der Patienten mit Hilfe eines Magneten zu behandeln (was zu dieser Zeit für ein magisches Mineral gehalten wurde) und heilte so den einen oder anderen Patienten. In den Händen seines Assistenten jedoch hatte der Magnet keine Wirkung mehr auf die Kranken. Mesmer begriff nicht, daß die Regression der Symptome seiner autoritären, selbstsicheren und starken Persönlichkeit zu verdanken war, die auf die Kranken wie ein Placebo wirkte. Stattdessen erfand er eine neue Theorie: Das universelle Fluidum, das sich in seinen Händen konzentrierte (siehe die modernen Handaufleger)[20].

Mesmers Persönlichkeit wies paranoide Züge auf und ihm gelangen, dank seiner suggestiven Fähigkeiten, einige authentische Placebo-Wunder. Er war sich seiner Überlegenheit so gewiß, daß es ihm gelang, die Patienten von seinen wundertätigen Kräften zu überzeugen. Er wollte als einzigartiges Genie seines Jahrhunderts gelten und so behauptete er:

„eine magnetische Kraft zu besitzen, die der der Sonne gleichkomme und ihm ermöglichte, jeden Kranken zu heilen."[21]

Mesmer fühlte sich der Sonne gleich und Rivail sorgte für die „dritte Offenbarung". Die beiden Persönlichkeiten stehen sich in ihren Verdiensten zweifellos in nichts nach.

Um die enorme Anzahl von Kunden zu behandeln, erfand Mesmer eine Gemeinschaftstherapie: Er baute einen Bottich, füllte ihn mit Feilstaub und Wasserflaschen, verschönerte ihn mit Samttüchern und ließ aus dem Bottich Eisenstangen herausragen. Zu jener Zeit befand man sich noch in der Vorgeschichte der Elektrizität, und Mesmers Konstruktion verkörperte jene Elektrizität, die für eine enge Verwandte des universellen Fluidums gehalten wurde, das er durch Berührung seiner Patienten verbreitete (wobei er glaubte, sie zu magnetisieren). Die Patienten waren durch eine Schnur miteinander verbunden, um das Fluidum fließen zu lassen.

Die Patienten reagierten mit hysterischen Anfällen, Lachkrämpfen, Seufzern, Stöhnen, Ohnmachts- und Schüttelanfällen, wie dies auch bei den *Shakers* zu beobachten war. Es gab auch Fälle, in denen die Suggestion keine befreienden nervösen Krisen auslöste, sondern Hypnosezustände.

Die sozio-kulturelle Wirkung der Theorien Mesmers in Europa war so durchschlagend, daß sogar der Autor der *Promessi Sposi* (*Die Verlobten*), Alessandro Manzoni (1785–1873), zum Experimentator wurde[22].

Rivail übernahm die Ideen Mesmers, um seinen Begriff des *Perispirit*, sprich des „Fluidum", zu bilden.

Das Ergebnis dieser Mixtur war, daß sich Rivail in späteren Jahren rühmte, zu über tausend weltweit verstreuten, spiritistischen Zentren Kontakt zu unterhalten, und daß er bei seinem Tod 600 000 Adepten in Frankreich und 1 000 000 in ganz Europa hinterließ.

Der Kampf zwischen französischen und englischen Geistern

Für einen außenstehenden Betrachter ist der komischste Aspekt des Spiritismus, der Streit, der zwischen französischen und englischen Geistern bezüglich der Reinkarnation entbrannte. Wie bereits erwähnt, leugnete Davis die Möglichkeit der Reinkarnation. Davis bestand vielmehr auf einer Evolution der Geister, die nach dem Tod im Jenseits stattfinden sollte, wo die Geister von niederen in höhere Sphären aufsteigen würden, während Rivail – alias Kardec – an der irdischen Reinkarnation festhielt.

„Jede Gruppe beteuerte, mit höheren und natürlich intelligenteren Geistern in Kontakt treten zu können … Die anglo-amerikanischen

Geister begannen, die alleinigen Wahrheiten über den Kosmos zu diktieren, wobei sie die Reinkarnation leugneten, die in ihrem stark biblisch und jüdisch-christlich geprägten Kulturkreis kaum akzeptabel gewesen wäre."[23]

Die französischen Geister, die von einem sozialistischen Milieu beeinflußt waren, verbreiteten, den Theorien der französischen Sozialisten Fourier und Pierre Leroux folgend, die Wahrheit der Reinkarnation. Demzufolge würde sich die irdisch-progressive Evolution im Jenseits mit der Reinkarnation fortsetzen. Dieser ideologische Einfluß wird durch die Aufschrift auf dem Grabstein Rivails auf dem Pariser Friedhof Père-Lachaise nochmals hervorgehoben:

„Geboren werden, sterben, wiedergeboren werden und unaufhörlich dem Fortschritt entgegenschreiten."

Victor Hugo und die spiritistische Kreativität

Victor Hugo versuchte während seines Exils auf der Insel Jersey mit Hilfe des Tischerückens in Kontakt zu seiner Tochter Leopoldine zu treten, die mit ihrem Ehemann in der Seine ertrunken war. Als Medium fungierte Charles, Hugos Sohn. Leopoldine erschien nur selten, während sich zwischen 1853 und 1855, Andrea Chenier, Aristophanes, Byron, Äschylos, Molière, Platon und Shakespeare offenbarten. Diese beeindruckten mit ihren sowohl intellektuell als auch moralisch hochwertigen Reden. Rivails Kriterien zufolge hätten es „höhere" Geister sein müssen, aber es zeigten sich auch Wesen, die nur in der Phantasie existieren konnten. Denn sogar Entitäten wie: Das Drama, Der Roman, Die Kritik, Der Tod, Der Löwe des Androklus und Der Schatten des Grabes diktierten ihre Botschaften.

Auffällig ist, daß sich alle Wesen im Stile Victor Hugos ausdrückten und oft sogar Verse im Stil des Dichters diktiert wurden. Victor Hugo setzte sich niemals zu den anderen an den Tisch, auch wenn er fast immer anwesend war. Oft gestand er, daß er sich bereits dieselben Gedanken zu bestimmten Begriffen gemacht hatte oder er suggerierte geeignetere Begriffe. Dieser Fall beweist ohne jeden Zweifel die Kreativität des Sohnes Hugos (der die Gedanken des Vaters sehr gut kannte), aber auch die Möglichkeit einer psychischen Integration (die das erste Stadium der Telepathie darstellt) zwischen dem Schriftsteller und seinem Sohn.

Deutschland: Frederike Hauffe, das erste „untersuchte" Medium

Frederike Hauffe wurde 1801 in dem kleinen Dorf Prevorst nahe Löwenstein/Württemberg geboren. Sie war als „Seherin" bekannt, da sie Ereignisse vorhersehen konnte und im Mittelpunkt einer Reihe teils banaler, teils beeindruckender Ereignisse stand. Sie starb 1829, nachdem sie ein Leben lang unter psychischen Störungen gelitten hatte. Drei Jahre lang, vom 25. November 1826 bis zum 2. Mai 1829, war sie Gast des Arztes und Dichters Justinus Kerner (in Weinsberg), der sie behandelte, beobachtete und die auftretenden Phänomene beschrieb. Aufgrund der beschränkten wissenschaftlichen Erkenntnisse der damaligen Zeit war es Kerner jedoch nicht möglich, die Phänomene richtig einzuordnen und zu interpretieren. 1829 veröffentlichte Kerner ein Buch mit dem Titel *Die Seherin von Prevorst*[24].

Die „Seherin" als Wegbereiterin Kardecs

Frederike Hauffe war eine Frau ihrer Zeit und als solche glaubte sie an die Doktrin Mesmers vom universellen Fluidum. So bestand sie auch darauf, im Laufe ihrer Krankheit von Doktor Kerner „magnetisiert" zu werden. Magnetisieren, wie es Mesmer praktizierte, bedeutete, mit den Händen oder einem Glasstab über den Körper des Kranken zu gleiten und daran zu glauben, universelles Fluidum zu spenden und fließen zu lassen. Mesmers Patienten wurden von hysterischen Anfällen geschüttelt, manche schliefen aber auch einfach nur ein. Frederike Hauffe wurde ruhig, war wie betäubt und erlangte einen anderen Bewußtseinszustand. Dies alles beruhte auf Suggestion und Placebo-Wirkungen, aber mit Hilfe jenes traumähnlichen Zustands erfand sie die Einzelheiten ihres Glaubens an das „Fluidum", der im Grunde dem Kardecs glich, auch wenn Frederike Hauffe eine „christlichere" Sicht des Jenseits vermittelte. Das Buch über Frederike Hauffe wurde in Deutschland im Jahre 1829 veröffentlicht. Es erfuhr eine große Resonanz und erschien in mehreren Auflagen. Rivail sammelte sein Material um das Jahr 1855 und publizierte sein *Buch der Geister* im Jahre 1857.

Tatsächlich sprach auch Frederike Hauffe von einem nervlichen Fluidum, das die Verbindung von Seele und Körper darstellen sollte.

„Das nervliche Fluidum ist unsterblich und begleitet die Seele nach dem Tod."[25]

Stirbt eine Person im Zustand der Reinheit, nimmt sie das nervliche Fluidum nicht mit sich. Das Fluidum umhüllt die Seele nach dem Tod mit einer Art luftiger Hülle, die Frederike Hauffe als ätherische Form bezeichnet[26].

Es ist interessant festzuhalten, daß Begriffe wie „ätherische Form" oder „nervliches Fluidum" in verschiedenen Zivilisationen oder kulturellen Vorstellungen immer wieder auftauchen, zwar mit unterschiedlichen Charakteristiken, aber in ihrer Bedeutung immer auf ein Abbild oder eine Umhüllung verweisend.

Kulturelle Umwelt	Bezeichnung
Altes Ägypten	Ka, feine Form
Griechische Antike	Eidolon (Doppel)
Spiritismus Kardecs	Perispirit
Okkultismus	Astralkörper, Elementarkörper
Theosophie	Schale oder Larve, Astralleichnam

Eine Nervenkranke

Von Doktor Kerner erfahren wir, daß in Hauffes Geburtsort Prevorst

> „Unter den Jugendlichen häufig nervöse Störungen auftreten, eine befremdliche Tatsache in einer so robusten Gemeinschaft ... an einem Ort, genannt Neuhütte ... beobachtet man eine Art Veitstanz, der besonders rasch unter den ganz jungen Menschen Verbreitung findet, die davon vorübergehend befallen werden ... sie fallen Schüttelkrämpfen zum Opfer und bewegen sich für mehr als eine Stunde mit verblüffender Gleichmäßigkeit und der Genauigkeit erfahrener Tänzer.“[27]

In einem kulturellen Umfeld, das die eben beschriebenen Ereignisse ermöglicht – die als „Automatismen“ klassifiziert werden können und in einem Dämmerzustand oder unter Selbsthypnose auftreten –, entstanden die psychischen Störungen Frederikes, die besonders im Zusammenhang mit Begräbnissen eine maßlose Erregbarkeit zeigte. Es lassen sich an ihr Zyklen beobachten, in denen sich Phasen der Normalität und Phasen der Trauer oder pathologischer Freude abwechseln.

Vor ihrem 16. Lebensjahr verbrachte sie ein Jahr euphorischen Überschwang.

Nach ihrem neunzehnten Lebensjahr, kurz nachdem sie die Verlobung mit einem Herrn Hauffe eingegangen war, fiel sie in einen Zustand tiefer Depression. Den ganzen Tag über weinte sie in der Kornkammer des Elternhauses und verbrachte fünf Monate ohne zu schlafen. Der Depression folgte ein Zustand der Überschwenglichkeit.

An Frederikes Hochzeitstag fand das Begräbnis des Priesters von Oberstenfeld statt, der mit seinen Predigten, Lehren und aufgrund seiner persönlichen Beziehung einen bestimmenden Einfluß auf Frederike ausgeübt hatte.

Frederike folgte den sterblichen Überresten des Priesters auf den Friedhof, und nur mühsam konnte man sie vom Begräbnis entfernen: Von diesem Augenblick an wurde sie allen Dingen dieser Welt gegenüber völlig gleichgültig.

Die zyklisch auftretenden Phasen der Überschwenglichkeit, Depression und Gleichgültigkeit legen die Diagnose nahe, daß es sich um eine reaktive Psychose vom sogenannten Typ Zyklothymie handelte, die sich eben durch jene ungewöhnlichen Stimmungsschwankungen auszeichnet. Die Psychose ist eine Art Geisteskrankheit, die von schweren Persönlichkeitsveränderungen begleitet wird. Sie wird als reaktiv bezeichnet, weil sie eine Reaktion auf emotive oder passionale Stimuli darstellt.

Kerner glaubte in seiner Naivität, Frederike würde diese Symptome aufweisen, weil sie in Verbindung mit der Welt der Verstorbenen stünde und ein in sich gekehrtes Leben führte. Er verstand nicht, daß Frederike all ihr Verlangen nach Sensibilität, Zuneigung und Sicherheit auf den verstorbenen Priester projiziert hatte.

Von jeher schon sehr zerbrechlich, fühlte sie sich nun durch den Tod des Priesters der einzigen Bezugsperson beraubt, die ihr etwas Stabilität hatte vermitteln können. Offensichtlich übte der ihr aufgenötigte Ehemann keinerlei Anziehungskraft auf sie aus, noch schien er in anderer Weise das Interesse der Neunzehnjährigen zu erwecken. Tatsächlich war ihr die Beerdigung des Priesters wichtiger als ihre eigene Hochzeit. Welche frischgebackene Ehefrau verschließt sich schon in Gleichgültigkeit gegenüber den Dingen dieser Welt, wenn nicht aufgrund der Trauer über den Tod ihres Ehemannes? Aber der Ehemann war jedoch recht lebendig.

Doktor Kerner glaubte weiterhin an eine Entscheidung zugunsten eines in sich gekehrten Lebens, aber schließlich mußte er anerkennen, daß sie in Bezug auf die Erfüllung ihrer Pflichten als Ehefrau eines Geschäftsmannes bereits die Schwelle zum Tod überschritten hatte und jede „Verstellung" Tag für Tag schwieriger wurde.

Die Psychose entwickelte sich zur Verwirrtheit, und so legte sich die junge Ehefrau ins Bett und lebte in einer Art Dämmerzustand vor sich her. Sie ließ sich von den Lebenden und auch von den ihr erscheinenden Toten magnetisieren. Doktor Kerner schreibt, daß die Frau in einem traumwandlerischen Zustand lebte und verwechselte dies mit einem „spirituellen Leben", wobei es sich doch lediglich um Selbsthypnose handelte. Sieben Jahre lang litt Frederike Hauffe unter Fieber, Durchfall,

Krämpfen, Schweißausbrüchen, hysterischen Anfällen, Visionen und dem Wahn, von Zauberern und dem Teufel verfolgt zu sein.

Der verstorbene Priester war in ihren Träumen und ihrem Bett bei ihr, und sie schrie im Schlaf:

„Laßt mich alleine in der Nähe dieses toten Mannes; nur er kann mich heilen, die Ärzte werden nichts erreichen!."[28]

Im Rahmen dieser Geisteskrankheit konnte man auch weniger auffällige Phänomene beobachten, die aber durchaus bedeutungsvoll waren: Dazu gehörten Phänomene mit Placebo-Charakter: So ließ sie sich von dem Dienstmädchen für eine Stunde in die Bauchhöhle blasen, um Brustkrämpfe zu lindern; oder Phänomene phobischen Charakters, wie beispielsweise der Umstand, Nägel in den Wänden nicht zu ertragen, die sie mit ihrem „Magnetismus" störten und daher entfernt werden mußten; Phänomene, die Merkmale der Besessenheit aufwiesen, so die Rituale, die sich um die Zahl Sieben drehten (sie wollte sieben Magnetisierungsbehandlungen, sieben Tage lang, jeweils morgens um sieben Uhr); Phänomene suggestiven Charakters, die sie erstarren ließen, sobald sie mit Sand oder Steingut in Berührung kam (was in der Mesmerschen Kultur auf Hysterie zurückgeht); selbsthypnotisch-kreative Phänomene, die sie drei Tage lang in Versen sprechen ließen; Phänomene, die auf Hysterie verweisen, wie in dem Fall, als der Arzt, der sie behandelte, ihr einen Magneten auf den Kopf legte und ihr Kopf sich daraufhin zur Seite drehte, sie den Mund wie bei einer Lähmung verzog (in der Tat handelte es sich um eine hysterische Lähmung), und dies alles erst nach zwei Tagen vorüberging; schließlich pseudo-halluzinatorische Phänomene, die sie eine Stimme hören ließen, die aus ihrer Magengegend kam (welche sie als den Sitz der Seele betrachtete), oder sie behauptete, ihre Seele in den Nerven zu spüren.

Die Aufzählung der verschiedenen Ereignisse und Situationen, die das geistige Durcheinander dieser armen Frau verdeutlichen soll, ist damit noch nicht beendet.

Im Jahre 1827 wies die geisteskranke Frau auch Anzeichen von Persönlichkeitsspaltung auf:

„Sie sagte, es schien ihr, als würde in ihr ein *Kampf* zwischen *zwei Gegnern* stattfinden, wobei einer behauptete, sie sei in Weinsberg und der andere die Meinung vertrat, in Löwenstein zu sein."[29]

Sodann sagte sie, sie würde sich fühlen, als wäre sie aus einem langen Schweigen erwacht und fügte hinzu:

„Wie werde ich mich erschrecken, wenn ich aufwache! Wenn die Geister, die ich gewöhnlich sehe, zu mir kommen werden, werde ich sie nicht wiedererkennen und ihr Besuch wird mir Angst machen."[30]

Doktor Kerner schreibt, daß Frederike Hauffe darum bat, aus dem traumwandlerischen Zustand, der seit einem Jahr andauerte, erweckt zu werden. Er kam ihrem Wunsch nach, indem er sie mit einem Kristallstück berührte (gemäß den magischen Vorstellungen dieser Zeit), was tatsächlich bewirkte, daß sie aus dem Zustand der Persönlichkeitsspaltung befreit wurde. Dieser Zustand kann Ergebnis einer Autohypnose gewesen sein, mit deren Hilfe Frederike Hauffe einen Teil ihrer Persönlichkeit ausdrückte. Sobald sie erwacht war, erkannte sie nur diejenigen wieder, die sie ein Jahr zuvor bereits gekannt hatte, und zwar vor dem 26. Oktober 1826, also bevor sie von Kerner als Gast aufgenommen worden war.

Die Geister und die psychomiletischen Phänomene der Frederike Hauffe

Der Führergeist Frederike Hauffes war ihre Großmutter Schmidgall. Frederike sah sie häufig und einmal hatte die Verstorbene sie sogar magnetisiert. Genauer gesagt, ihre Großmutter hatte sie darum gebeten, aufzustehen und die Anweisungen für ihren behandelnden Arzt aufzuschreiben, so daß dieser die Magnetisierungsbehandlung an ihr fortsetzen würde.

Die Geistervisionen treten sehr häufig auf, aber alle sind so unwahrscheinlich, wie die, die ich soeben beschrieben habe: Ein Führergeist, der eine Suggestionsbehandlung beginnt (daß es sich um eine solche handelte, wußten weder die Hauffe, noch der Geist ihrer Großmutter – der zudem eine Halluzination der Kranken war), aber dann die Behandlung nicht fortsetzt, um der Kranken die Möglichkeit zu geben, ihrem Arzt zu erklären, wie er sie suggestiv beeinflussen könne. Sie war bereit, sich einer solchen Suggestion auszusetzen, die das Produkt ihrer gespaltenen Persönlichkeit war.

Frederike Hauffe, die sich dank der Vielfalt unverstandener und gefälschter Phänomene zu einer der herausragendsten Protagonisten des Spiritismus entwickelte, ging auf tragische Weise unter, denn in Wirklichkeit handelte es sich bei den genannten Phänomenen meistens um Produkte ihrer Geisteskrankheit.

Auch im Falle Frederike Hauffes begegnen wir psychomiletischen Phänomenen, diese sind aber eher selten und sehr leicht zu erklären.

Die Großmutter, die ihr im Augenblick ihres Todes erscheint, die Vision vom Tod des Großvaters, die *Raps* (Geräusche offensichtlich unbekannter Herkunft), die Doktor Kerner gehört haben will, sind – wenn sie nicht auf irgendwelchen Tricks beruhen – in der Geschichte der Kasuistik keine seltenen Vorkommnisse. Erstere werden von der unbewußten Botschaft des Sterbenden ausgelöst, die von demjenigen empfangen wird, der dem Sterbendem gefühlsmäßig am nächsten stand. Der Empfänger der Botschaft visualisiert den Sterbenden und inszeniert seinen Auftritt: Der Kommunikationsfaktor bildet die grundlegende Einheit der nichtsprachlichen Kommunikation psychomiletischen Charakters.

Der zweite Typ von Erscheinungen ist ebenfalls das Ergebnis des von der Psyche Frederikes ausgelösten „Kommunikationsfaktors", und war bereits durch die Geschichte des Poltergeistes von Dibbelsdorf aus dem Jahre 1761 den meisten zu jener Zeit ein vertrautes Phänomen.

Frederike Hauffe paßt somit, wie alle spiritistischen Menschen, perfekt in mein „psychomiletisches" Modell, das „echte" Phänomene als Produkte von Individuen deutet, die in einem Zustand des *Pathos*, des

Leidens oder in einem Zustand bestimmt von Psychopathologien leben. Die Phänomene werden von den betroffenen Individuen unbewußt hervorgebracht, da ihr Leiden (das oft selbst den Angehörigen unbekannt ist) den Auslöser für einen „Kommunikationsfaktor" konstituiert, der sich auf verschiedene Weise manifestieren kann: in der Wahrnehmung, der Halluzination (die eine Wahrnehmung ohne objektiven, äußeren Stimulus darstellt), der Illusion (die auf der falschen Wahrnehmung von real existierenden Gegenständen beruht) und der Psychokinese (Wirken auf die Materie). Nur die Konfrontation mit der Wirklichkeit, die Zeugenberichte und die heutigen Dokumentationsmethoden können „psychopathologische", und deswegen nicht reale Phänomene von „psychomiletischen" unterscheiden, die, obgleich sie von derselben geistigen Umwelt erzeugt werden, in Wirklichkeit echte unbewußte Kommunikationen darstellen.

Der Geist des Herrn M. K.

Um dieses Modell zu illustrieren, werde ich in groben Zügen von einem der bekanntesten Ereignisse berichten, in dessen Zusammenhang Frederike Hauffe die Hauptrolle gespielt hat.

Frederike Hauffe sah im Zustand magnetischer Trance einen Mann, der eigentümlich mit dem rechten Auge blinzelte und den Eindruck erweckte, als wolle er etwas mitteilen. In den darauffolgenden Tagen – Frederike befand sich immer noch in *Trance* – zeigte ihr der Mann ein Paket mit Zeichnungen. Eines der Blätter war an der oberen Ecke gefaltet, und unter der ersten Reihe mit Zeichnungen waren eine 8 und eine O zu erkennen. Die Erscheinung sagte, sie solle Doktor Kerner davon berichten.

Als dieser darauf angesprochen wurde, erkannte er in der Beschreibung den verstorbenen Herrn M. K. wieder. Tags darauf schilderte Frederike Hauffe das Innere einer Wohnung, die 60 Schritte von ihrem Bett entfernt gelegen war und die sie noch nie gesehen hatte. Sie beschrieb einen Mann, der in einem Zimmer arbeitete, und die Einrichtung dieses Zimmers. Sie sagte, auf dem Tisch würden drei Papierhaufen liegen und darunter auch das gezeigte Blatt.

Der Doktor ersah aus der Schilderung, daß es sich um das Haus des Vogtes, des Amtsvorstehers der Stadt, handeln mußte. Er ging zu ihm, um mit ihm zu reden. Der hohe Beamte, beeindruckt von der Genauigkeit mit der Frederike Hauffe sein Haus beschrieben hatte, willigte ein, nach dem Blatt zu suchen. Die Nachforschungen verliefen jedoch ergebnislos und wurden beendet.

Daraufhin erschien Herr M. K. dem Medium erneut im *Trancezustand* und erklärte – diesmal etwas präziser- , das Blatt sei in dunkleres Papier eingewickelt. Doktor Kerner versuchte ein Ablenkungsmanöver und gab dem Medium ein Blatt mit Zeichnungen und den besagten Ziffern 8 und 0, aber Frederike Hauffe bestand darauf, daß sich das Blatt noch an seinem Platz befände. Herr M. K. erschien erneut:

„Der Mann droht mir, mich meines Lebens zu berauben, wenn das Blatt nicht gefunden würde … Wenn sich das Blatt jedoch finden sollte, könne er durch Gebete meine Errettung erreichen."[31]

Doktor Kerner kehrte zum Vogt zurück und erneut begaben sie sich auf die Suche. Endlich fanden sie das Blatt mit der umgeknickten Ecke und es erwies sich, daß es viele Jahre zuvor beschrieben worden war.

Auf dem Blatt stand geschrieben: „In mein besonderes Buch zu übertragen". Somit war der Beweis der Existenz einer „geheimen Akte" des Herrn M. K. erbracht, die ein Geschäftsmann, ein gewisser M. F., seit langem gesucht hatte, um tausend Gulden geltend machen zu können, die er während der Abwicklung eines Geschäfts wegen M. K. verloren hatte. Die Akte ist jedoch niemals wieder aufgetaucht.

Die Geschichte ist sehr verwickelt, entscheidend aber ist, daß mit Hilfe Frederike Hauffes ein Beweis für die Existenz dieses geheimen Dokuments, über das nicht einmal die Ehefrau M. K.'s Bescheid gewußt hatte, erbracht worden war.

An diesem Punkt der Geschichte lassen sich drei Vermutungen anstellen, nämlich:

1) Daß Frederike Hauffe heimlich, und obgleich sie wegen ihres schlechten Gesundheitszustandes unter Kerners Aufsicht stand, Herrn M. F. empfangen hat (der daran interessiert war, die Akte zu finden) und daher die Erscheinung nur vortäuschte. Diese Überlegung ist theoretisch zulässig, unter der Bedingung, daß ein Beauftragter des Herrn M. F. ein falsches Dokument unter die Unterlagen des Vogts geschmuggelt hat, dessen Archiv jedoch nur sehr schwer zugänglich war.

2) Daß der Geist des Herrn M. K. tatsächlich erschienen ist, können wir wohl ausschließen, denn das Jenseits würde allzu lächerlich wirken, stellte man sich einen Verstorbenen vor, der vorgibt mit seinen Gebeten die Errettung der Frau zu erreichen, die er doch selbst mit dem Tod bedroht.

3) Die dritte Hypothese stützt sich auf die Annahme, daß es sich um ein psychomiletisches Phänomen handeln muß. Voraussetzung dafür ist, daß wir es nicht mit dem Ergebnis eines Betrugs zu tun haben. Wenn die Geschichte tatsächlich wahr ist, reduziert sich alles auf die Tatsache einer „unbewußten Kommunikation", da die in *Trance* erhaltenen Informationen bereits Teil der Realität der Lebenden waren: Herr M. F. suchte das Dokument; Doktor Kerner kannte M. K.; die finanziellen Schwierigkeiten des Herrn M. K. waren vielen bekannt; und schließlich das Dokument, das zu jener Zeit wirklich existierte und somit für den Kommunikationsfaktor erreichbar war.

Das Phänomen kann daher von irgendeiner Person ausgelöst worden sein, die dem Medium von dem Fall M. K. erzählt hatte.

Schopenhauer und die „Seherin" von Prevorst

Arthur Schopenhauer (1788–1860) war ein Anhänger der philosophischen Lehren Platons und Kants und stand unter dem Einfluß des Orientalisten Friedrich Majer. Zwischen 1845 und 1851 verfaßte Schopenhauer, im Rahmen seiner beiden Bände *Paraperga* und *Paralipomena*, den Aufsatz *Versuch über Geistersehn*, in dem er auch den Fall der „*Seherin*" von Prevorst behandelte. Die Überlegungen des Philosophen zeugen von besonderer geistiger Klarheit und Intelligenz. Vergleicht man einige seiner Gedanken mit den Theorien so mancher Parapsychologen unserer Tage, so kann man ihn eindeutig zur Avantgarde der Parapsychologie zählen. Bezüglich jener Fälle, in denen soeben verstorbene Personen erscheinen, schreibt er:

> „Nach dem Gesagten versteht es sich von selbst, daß einem auf diese Weise erscheinenden Gespenste nicht die unmittelbare Realität eines gegenwärtigen Objekts beizulegen ist …, nämlich was man da sieht, ist keineswegs der Abgeschiedene selbst, sondern es ist ein *Eidolon* (das *Doppel*), ein Bild dessen, der ein Mal war, entstehend im Traumorgan eines hiezu disponirten Menschen; auf Anlaß irgend eines Ueberbleibsels, irgend einer zurückgelassenen Spur.“[32]

Schopenhauer schreibt die Erscheinung der Verstorbenen nicht dem Geist des Toten zu, sondern dem *Eidolon* der antiken Griechen, also einer von dem Verstorbenen hinterlassenen Spur. Aber diese Spur (nicht zu verwechseln mit der antiken griechischen Vorstellung) entspricht in meinem Modell dem, was ich als bewußtes Vergangenheitsarchiv definiere[33], das mit dem Tod ins Unbewußte abgleitet. Es gehört den vergangenen Generationen an und ist das Relikt, die Spur der Psyche der Verstorbenen. Es handelt sich um die Annahme eines unbewußten Archivs, dem man auf unbewußter Ebene Informationen entnehmen kann, wie man von einem photographischen Archiv Gebrauch macht. Diese These trifft auch auf die angeblichen Offenbarungen Verstorbener während mediumistischer Sitzungen zu. Es ist offensichtlich, daß all dies vom unbewußten, intelligenten Ich, das heißt durch die Persönlichkeitsspaltung des Mediums angeregt wird.

Es ist demnach auch einsichtig, daß der „Kommunikationsfaktor", statt sich auf den Geist des Lebenden zu beziehen, vielmehr aus dem unbewußten Archiv schöpft.

Schopenhauer schrieb auch von einem „Bild … entstehend im *Traumorgan* eines hiezu disponirten Menschen". Diese Vorstellung, eine geniale Intuition des Philosophen, entspricht meines Erachtens heute dem, was wir als veränderte (unterschiedliche) Bewußtseinszustände bezeichnen.

In der Tat handelt es sich um einen veränderten Bewußtseinszustand (verbunden mit dem *Pathos*), der erlaubt, unbewußte Botschaften zu empfangen und in Bilder zu übersetzen, die mit Hilfe der eigenen Kreativität geschaffen werden.

Schopenhauer schreibt über Hauffes Visionen von Verstorbenen:

„die Gespraeche aber, die sie mit ihnen gefuehrt hat, sind als das Werk ihrer eigenen Einbildungskraft anzusehen … Demnach war die Seherin selbst, ohne es zu wissen, der Soufleur jener ihr erscheinenden Gestalten, wobei ihre Einbildungskraft in derjenigen Art unbewußter Thaetigkeit war, womit wir, im gewöhnlichen, bedeutungslosen Traum…"[34]

Schopenhauer schreibt in Bezug auf einen anderen Fall der spiritistischen Kasuistik:

„Die scheinbare Zerspaltung der eigenen Persönlichkeit in drei verschiedene…, gieng hier so weit, daß ich die Schlafende damals gar nicht davon überzeugen konnte, sie mache alle drei Personen selbst. Dieser Art also sind, meiner Meinung nach, auch die Geistergespräche der ‚Seherin' von Prevorst, und findet diese Erklärung eine starke Bestätigung an der unaussprechlichen Abgeschmacktheit des Textes jener Dialoge und Dramen, welche allein dem Vorstellungskreise eines unwissenden Gebirgsmädchens entsprechen."[35]

Wir können also festhalten, daß Schopenhauer den Begriff des „Unbewußten" in treffender Weise gebraucht und eine sehr genaue Vorstellung von der „Persönlichkeitsspaltung" entwickelt. Ich glaube sagen zu dürfen, daß Schopenhauer mit seinen Versuchen, den Spiritismus zu entmythisieren, zur Avantgarde auf dem Gebiet der Psychologie gezählt werden kann.

Aber Schopenhauer greift auch Doktor Kerner an, den er als „befangen" und „leichtgläubig" bezeichnet:

> „Hätte er nicht, mit so unverantwortlicher Leichtfertigkeit, überall und jedes Mal unterlassen haben, den von den Geistern angezeigten, materiellen Gegenständen (begrabenen Kindern in Pferdeställen, goldenen Ketten in Burggewölben) mit allem Ernst und Eifer nachzusuchen... Denn das hätte Licht auf die Sachen geworfen."[36]

Johann Heinrich Jung-Stilling und die Geisterwelt

Johann Heinrich Jung-Stilling (1740–1817), Vertreter des Pietismus, Romancier, religiöser Autor, Zeitgenosse Mesmers und Anhänger von dessen Ideen, behauptete, daß mit Hilfe des „Magnetismus" die Seele eine neue Freiheit erlangen würde. Durch den magnetischen Schlaf könne sie aus dem Gefängnis des Körpers in die Einheit mit der Geisterwelt gelangen. Dieselben Ideen verbreitete auch Frederike Hauffe, die diese möglicherweise aus Stillings Buch übernommen hatte, das 1808 veröffentlicht worden war[37]. Ihre Krankheit führten sie dazu, diese Ideen noch viel eindringlicher zu formulieren. Wie man leicht feststellen kann, bilden die Phantasien Mesmers und Stillings den kulturellen Nährboden, auf dem Gestalten wie Frederike Hauffe gedeihen können. Die Geisterwelt stützte sich, bis zu diesem Zeitpunkt, auf Phantasien, und zusätzlich sorgte Kardec mit seinem Ansehen und seinem kreativen Geist für die entsprechenden Mythologien (ohne seine Vorläufer „Anna, das Wort" und Swedenborg zu vergessen).

An dieser Stelle zeichnet sich folgende Konstruktion ab:

Todesangst + Kreativität + suggestive Phänomene
+
psychomiletische, falsch interpretierte Phänomene
=
Spiritismus

Für Stilling sind wir umgeben: von bösen Geistern, die sich als Engel verkleiden und den Menschen so vom rechten Weg abzubringen versuchen; von Geistern, die sich ihrer begangenen Fehler nicht bewußt sind; von anderen Geistern, die Sehnsucht nach der Erde haben und den Lebenden erscheinen, um das zu erhalten, was sie wollen.

All diese Deutungen sind Erfindungen Stillings, die sowohl auf der traditionellen Kultur beruhen, als auch auf religiösen Phantasien oder aus der Notwendigkeit heraus entstehen, Phänomene erklären zu wollen, die andernfalls im Geheimen verbleiben würden. Stillings Ideen haben jedenfalls teilweise auch auf Kardec abgefärbt: Der zeitliche Rahmen dafür war gegeben, denn Stillings Veröffentlichung geht auf das Jahr 1808 zurück und Kardecs erste Schrift auf das Jahr 1857.

England: Sir Oliver Lodge, der Gründer einer Schule

Der englische Physiker, Lehrbeauftragte an der Universität Liverpool und Rektor der Universität Birmingham, Sir Oliver Lodge (1851–1940), war Autor wichtiger Studien über Thermoelektrizität und Wärmeleitfähigkeit sowie der Hauptverantwortliche für die Verbreitung des Spiritismus in England. Im Jahre 1889 unternahm er mit dem amerikanischen Medium Leonore Piper einige Versuche, wobei das Medium Verstorbene mittels „automatischen Schreibens" in Erscheinung treten ließ. Lodge erlangte mit Hilfe dieser Experimente die Gewißheit über das Leben nach dem Tod. Das „automatische Schreiben" war jedoch nur Ausdruck eines natürlichen Automatismus, bei dem sich die Persönlichkeit spaltete (je nach Umständen mit unterschiedlicher Intensität), und einzig und allein zum Selbstzweck kreative Energie freisetzt wurde. Es handelte sich um einen Automatismus in dessen Zusammenhang entweder Dinge enthüllt wurden, die das Medium nicht wissen konnte, die aber in den Gedanken der Anwesenden präsent waren (psychische Integration), oder aber Dinge, die keiner der Anwesenden zu wissen glaubte (sie aber vielleicht nur vergessen hatten, so daß das Medium unbewußt in der Tiefe der Psyche danach „gefischt" haben konnte), oder auch Dinge, von denen tatsächlich keiner wußte. Kurz gesagt, die Phänomene lassen sich alle entweder mit Hilfe des „Kommunikationsfaktor" (Telepathie) oder mit Hilfe anderer, im Modell der Psychomiletik beinhalteter Mechanismen erklären.

Leonore Piper war es dann auch, die im Jahre 1899

„den Geist Mose [erscheinen ließ], der den großen Krieg prophezeite und verkündete, daß in diesem Konflikt sich Rußland und Frankreich gegen England und Amerika vereinen würden, während Deutschland neutral bliebe!"[38]

Daß er ein Anhänger spiritistischer Theorien war, gab Lodge im Jahre 1908 offiziell bekannt. Am 14. September 1915 fiel sein Sohn Raymond im Krieg. Am 25. September hatte der Vater bereits, mit Hilfe des Mediums Leonard Gladys Osborne zu seinem Sohn „Kontakt" aufgenommen. Aus diesen Sitzungen produzierte Lodge das Buch *Raymond*, das ein Klassiker der spiritistischen Bewegung dieser Epoche wurde. Angesichts der Tatsache, daß sich die Spiritisten von wenigen „Beweisen" überzeugen ließen, die vor dem Hintergrund der psychomiletischen Theorie völlig gegenstandslos werden, überlasse ich es dem Leser, über den phantasievollen Inhalt dieser Unterhaltungen zu urteilen:

„*Sir Lodge*: Mein Sohn, hast du Augen und Ohren?
Sohn: Ja…, ich habe jetzt sogar einen neuen Zahn…
Medium: Er sagt, daß er jetzt das Bedürfnis zu essen nicht mehr verspürt. Er sieht aber viele, die das tun … Vor ein paar Tagen kam einer, der eine Zigarre wollte. Hier gibt es Werkstätten … Manche wollen Fleisch, andere starke Getränke, Whiskey … Er hat ein aus Backsteinen gebautes Haus."[39]

Petazzi berichtet, daß Lodge später „erklärte, daß an diesen Unterhaltungen nichts wahr sei"[40].

Aber der Schaden war bereits angerichtet.

Daniel Home: Das berühmteste Medium

In Europa wurde der Spiritismus von amerikanischen „Medien" verbreitet, und eines der ersten Medien war im Jahre 1852 eine gewisse Frau Hayden aus Boston, die eine Art Klopfzeichenmethode (Tiptologie) praktizierte. Frau Hayden war von einem gewissen Stone magnetisiert worden. Einfach ausgedrückt: Sie ließ sich, anstelle der für ein Medium üblichen Selbsthypnose, von einem Hypnotiseur in *Trance* versetzen. In der Presse entwickelte sich eine öffentliche Auseinandersetzung über die Praktiken des Mediums, das von dem Physiker Ashburn, dem Mathematiker De Morgan und von dem Sozialisten Robert Owen verteidigt wurde. Knapp ein Jahr nach der Ankunft Haydens in Europa, erschien auch schon eine Zeitschrift mit dem Titel „Die spiritistische Welt".

Aus Amerika war auch Daniel Dunglas Home nach England (1833–1886) gekommen, ein gebürtiger Schotte, der mit neun Jahren ausgewandert war und als das stärkste Medium angesehen wurde, zumindestens nach den physischen Kräften zu urteilen, die er auslösen konnte. Ohne Zweifel war er als Medium zu großer Berühmtheit in Europa gelangt: Er war Gast des Zaren Nikolaus des Ersten, Kaiser Napoleons des Dritten und heiratete schließlich eine russische Gräfin, ein Patenkind des Zaren.

In seiner Autobiographie berichtet Home von den Wundern, die er angeblich bewirkt hatte. Einige der sogenannten Wunder stützen sich lediglich auf seine eigenen Aussagen, so die Erzählungen von den Visionen, die er in seiner Kindheit erlebt hatte: Die Vorahnung des Todes eines Freundes und der Mutter, oder die Geschichte, daß er in Italien das Klavier, auf dem die Gräfin Orsini spielte, in der Luft frei schweben ließ. Seine Aussagen, die die Wahrheit jener Ereignisse bestätigen sollen, können wohl kaum als ernstzunehmende Beweise erachtet werden. Andere Geschehnisse hingegen werden durch Erzählungen von Zeugen bestätigt, so im Falle der ersten Sitzung in England, die für Lord Brougham und Sir David Brewster abgehalten wurde, als der Tisch vibrierte, an verschiedenen Stellen Klopfgeräusche produzierte und ein Glöckchen klingelte, das sich frei im Raum bewegte.

Es wurden sogar wissenschaftliche Experimente durchgeführt, so zum Beispiel von Sir William Crookes, Nobelpreisträger für Physik. Es handelte sich um ein genaues und methodisches Experiment, und der Forscher fertigte eigens dafür bestimmte Vorrichtungen an. Zweifelsohne handelte es sich dabei um einen der bestorganisiertesten, wissenschaftlichen Versuche im Zusammenhang mit objektiven, psychokinetischen Phänomenen, ein in eine Art Käfig eingeschlossenes Akkordeon spielen zu lassen, ohne es zu berühren. Crookes verfaßte darüber einen Bericht, der von der Welt der Wissenschaft bekämpft wurde.

Schließlich fand noch eine Sitzung im Jahre 1867 statt, während der Home laut Augenzeugen aus dem Fenster geschwebt sei.

Home wurde diffamiert und in Florenz sogar Opfer eines schweren Anschlags auf sein Leben, ausgeführt von Bauern, die in ihm einen frevelhaften Zauberer sahen. Home wurde nie des Betrugs überführt, auch wenn darüber Gerüchte kursierten. Wahrscheinlich waren diese jedoch unterdrückt worden, um Napoleon den Dritten nicht in Verlegenheit zu bringen, für den Home, im Beisein von dessen Ehefrau Eugenie, die Geister Karls des Großen und Ludwigs des XVI. beschwor. Ein Wachposten mußte sich bereithalten, eine Öllampe auf ein Zeichen des Kaisers hin anzuzünden. Plötzlich stieß die Kaiserin einen Schrei aus, die Lampe wurde angezündet und man sah einen Fuß Homes, mit Samt bekleidet, der das Gesicht der Frau berührte.

Es gibt keine Beweise dafür, daß die Vorwürfe begründet gewesen wären. Es gibt aber Beweise, daß Home in London eine siebzigjährige Frau namens Lyon hintergangen haben soll, die sich an ihn gewandt hatte, um mit ihrem Ehemann zu kommunizieren.

Dieser „informierte" seine Ehefrau aus dem Jenseits darüber, daß Home sein Adoptivsohn sei. In kurzer Zeit entlockte Home der Frau, auf ausdrücklichen „Wunsch" des Ehemanns, 30 000 Pfund, was für die damalige Zeit eine enorme Summe darstellte. Im Verlauf des Prozesses unterliefen der Frau, die offensichtlich ein Kurzzeitgedächtnis hatte, allerdings einige Fehler, dennoch fiel das Urteil zu ihren Gunsten aus.

Vielleicht beichtete Home aus diesen Gründen auf dem Sterbebett seinem Freund Philip David, daß er niemals mit Geistern kommuniziert habe[41].

Aber dieses Geständnis stellt nicht in Frage, daß Home nicht wirklich authentische, psychomiletische Phänomene erzeugt hat. Diese Phänomene sind durchaus mit dem Umstand vereinbar, daß er sich von Zeit zu Zeit sein tägliches Brot erschwindelt hat. Der Aufrichtigkeit wegen muß festgehalten werden, daß Home niemals eine Bezahlung verlangt hat, sondern sich darauf beschränkte, die Geldbörsen jener Bewunderer zu erleichtern, die ihn freiwillig mit Aufmerksamkeiten überhäuften. Klar ist auch, daß, wenn er den Verstorbenen mitteilen ließ, man solle sich gegenüber dem Medium „erkenntlich zeigen" (wie ich das heute noch bei einigen Medien erlebe), die Sache beendet war.

Die tiefliegenden Ursachen
der psychomiletischen Phänomene im Falle Homes

Bei dem Medium handelt es sich um eine Person, die heftigen, unbewußten Konflikten ausgesetzt ist; es sehnt sich nach Bestätigung und befriedigt das geheime Verlangen nach Macht dadurch, daß es, zumindest in den Augen seiner Anhänger, die Funktion des Vermittlers zwischen ihnen und der übernatürlichen Welt ausübt. Viele Medien übernehmen die Rolle einfacher und williger Diener der Geisterwelt, täuschen aber vor allem sich selbst damit.

Wenn Home, wie es sein letztes Geständnis vermuten läßt, selbst nicht an Geister glaubte und immerzu betrogen hatte, dann wären die Phänomene, die er ausgelöst hat, nur unter der Voraussetzung der Existenz eines enormen, unbewußten Konflikt erklärbar. Die Phänomene selbst wären die „nonverbale Kommunikation" dieses Konflikts gewesen.

Die Analyse seiner Persönlichkeit bestätigt die Wahrscheinlichkeit dieser Erklärung. Home stammte aus einer sehr armen Familie, die unter dem Alkoholproblem des Vaters litt, und wurde von einem Onkel adoptiert. Bei seiner Rückkehr aus Amerika gab er sich, eine Namensähnlichkeit ausnutzend, als Adliger aus. In Amerika trieb man ihm dreimal, wegen der von ihm ausgelösten, beunruhigenden Phänomene, die bösen Geister aus. Frank Podmore, Historiker des Spiritismus, unterstreicht Homes Narzißmus und seine grenzenlose Eitelkeit. Er weidete sich an der Bewunderung, die ihm andere entgegenbrachten und bezweifelte jemand seine Kräfte, wurde er aggressiv. Er hegte eine maßlose Leidenschaft für Edelsteine und trug an allen Fingern Ringe, die ihm von Herrschern geschenkt worden waren. Andererseits zeichnete ihn eine eher kränkliche Natur aus, was ihm die Befriedigungen anderer Bedürfnisse verwehrte. Er verlebte eine von Erniedrigungen, Träumen und Einschränkungen geprägte Jugend, die in ihm einen heftigen Drang aufzusteigen erzeugte. Dies würde einerseits die spiritistischen Phänomene aber auch den Betrug erklären.

Arthur Conan Doyle, Feen und Geister

Sir Arthur Conan Doyle (1858–1930), der Schöpfer von Sherlock Holmes, war ein wirklicher Missionar auf dem Gebiet des Spiritismus. Sein Engagement war so groß, daß er den Beinamen „Heiliger Paulus" des Spiritismus erhielt. Er hielt Konferenzen im gesamten englischen Empire ab, und die Menschen strömten, angezogen von seinem Namen, in Massen herbei.

Er nutze seine Phantasie in verschiedenen, dem Okkulten zuzurechnenden Bereichen und sein Name bleibt mit dem Glauben an Feen verbunden, deren Existenz Doyle mit hartnäckiger Leichtgläubigkeit verteidigte.

Die Weihnachtsausgabe des „Strand Magazine" des Jahres 1920 veröffentlichte einen Artikel von Sir Arthur Conan Doyle, mit dem Titel: *Ein Ereignis, das eine neue Ära eröffnet: Die photographierten Feen.*

Die Nachricht verbreitete sich auf der ganzen Welt und für einige Zeit wurden die Photographien ergebnislos allen möglichen Untersuchungen unterzogen. Sogar Privatdetektive wurden eingesetzt[42].

Erst im Jahre 1980 konnte – mit Hilfe einer neuen Vergrößerungs-technik -geklärt werden, daß die vor den Augen zweier Mädchen umher-flatternden Feen und Gnome von Haltevorrichtungen getragen wurden, und sechzig Jahre später wurde endlich auch das Märchenbuch aus dem achtzehnten Jahrhundert gefunden, aus dem die Figuren ausgeschnitten worden waren.

Im Jahre 1921 schrieb Sir Arthur das Buch *Die Ankunft der Feen*[43], in dem er die Existenz der Feen verteidigte.

Die Photographien und die dazugehörigen Negative wurden von einer Frau Wright aus Cottingley, in der Nähe von Bradford, per Post an Edward Gardner geschickt, mit der Erklärung, die Bilder seien von ihrer Tochter Elsie Wright im Garten aufgenommen worden. Mit der Zeit kamen noch die Bilder einer anderen Heranwachsenden hinzu: Frances Griffiths.

Doyle war Ehrenpräsident des Internationalen Kongresses für Spiri-tismus, der 1925 in Paris abgehalten wurde.

Nach seinem Tod nahmen viele Medien für sich das Privileg in Anspruch, Botschaften von Doyle erhalten zu haben. Insbesondere ist Grace Cook zu nennen, die ein Buch publizierte, das Sir Arthur aus dem Jenseits diktiert hatte[44]. Natürlich korrigierte das Medium Sir Arthur gemäß ihrer eigenen Vorstellungen. Sie ließ Doyle mitteilen, daß er sich im Hinblick auf gewisse Aspekte seiner Theorien getäuscht habe und daß sie jetzt im Jenseits die echten Wahrheiten des Spiritismus verstanden habe, und daher öffentlich Abbitte leiste.

Italien: Eusapia Palladino, ein häufig untersuchtes Medium

Eusapia Palladino (1854–1918), geboren in Minervino Murge und später nach Neapel übergesiedelt, hatte sich, dank all der körperlichen und psy-chischen Traumata unter denen sie litt, das Recht erworben, in das Be-rufsregister zukünftiger Medien eingetragen zu werden. In ihrem ersten

Lebensjahr brach sie sich das Scheitelbein; mit acht Jahren wohnte sie dem von Räubern verübten Mord an ihrem Vater bei. Sie litt aufgrund dieser Erfahrung, die sie immer wieder neu durchlebte, an halluzinatorischen Visionen.

„Daraus ging ein ganz offensichtlich traumatisiertes Kind hervor, von reger Intelligenz, jedoch widerspenstig, wunderlich und unfähig, sich dem Lernen oder den Hausarbeiten zu widmen."[45]

Als sie fünfzehn Jahre alt war, heiratete sie einen umherziehenden Taschenspieler, und es gibt gute Gründe anzunehmen, daß ihr Ehemann auch ihr Lehrmeister all jener Tricks war, die in der Folge noch viel Aufsehen erregen sollten.

Im Alter von sechzehn Jahren, als sie als Haushälterin angestellt war, wurde sie von ihrem Arbeitgeber in den Spiritismus eingeweiht: Ein Tisch hob vom Boden ab, ein Klavier bewegte sich. Damiani, ein Spiritist, der von ohrenbetäubenden *Raps* und im Zimmer umhertanzenden Lichtern erzählte, nahm sie unter seine Fittiche. Aber Damiani trennte sich von Eusapia, als in den Zimmern, in denen die Sitzungen stattfanden, sich wertvolle Gegenstände aus den Taschen der Teilnehmer zu „entmaterialisieren" begannen. Daraufhin wechselte Eusapia ihren Beschützer. Die Reihe war nun an Ercole Chiaia, der mit dem Medium dem Streich einiger Musikwissenschaftler des Konservatoriums von Neapel zum Opfer fiel. Diese hatten sich einen falschen Geist namens „Chicot" ausgedacht und führten damit den „Führergeist" der Palladino in die Irre, einen gewissen John King, englischer Seeräuber, der „Chicot" grüßte und ihn stets wiedererkannte. Dieses Ereignis belastete weniger die Glaubwürdigkeit der Jenseitskontakte (auf deren Zuverlässigkeit man in der Geschichte des Spiritismus selten bauen konnte, ungefähr so selten, wie man auf die Wahrscheinlichkeit hoffen konnte, daß einem „Phönix" oder der „Stein der Weisen" begegnet), sondern stellte vielmehr das Wahrnehmungsvermögen der Palladino in Frage, die tölpelhaft in die Falle ging.

Eusapia Palladino bewährte sich als erfolgreiche Trophäenjägerin, und in ihre Trophäenecke stellte sie den ausgestopften Kopf des Anthropologen und Kriminologen Cesare Lombroso, der ihretwegen zum Spiritismus übergetreten war. Der Astronom Schiapparelli, der spätere Nobelpreisträger Charles Richet und Ochorowicz untersuchten das Phänomen Palladino, teils mit Mißtrauen, teils mit Begeisterung. Ochorowicz bemerkte, daß die Frau Hände und Füße benutzte, um den Tisch zu bewegen. Das Problem mediumistischer Sitzungen ist, daß sie im Dunklen abgehalten werden. Richard Hodgson konnte beobachten, wie es der Frau gelang, obwohl ihre Arme und Beine von anderen Personen festgehalten wurden, einen Arm zu befreien (um ihre Tricks auszuführen), ohne daß es ihre Bewacher bemerkten. Dies gelang ihr mit einem geschickten Manöver: Zum Beispiel ermöglichte es ihr ein absichtlich inszeniertes Gähnen, die Hand an den Mund zu führen, so daß sie die fremde Hand nehmen konnte, um sie auf den anderen Arm zu legen. So hielten also zwei Personen denselben Arm fest, während sie einen frei hatte. Mit Hilfe anderer Ablenkungsmanöver gelang es ihr, auf ähnliche Weise auch ihren Fuß zu befreien.

Gewiß, das Bild der Eusapia Palladino verändert sich, beachtet man, daß der Psychiater Enrico Morselli zahlreiche Phänomene feststellte, die wahrhaftig zu denken geben[46]. Hier kehrt ein bereits mehrmals formulierter Gedanke wieder: Jedes Medium ist versucht, zu täuschen, da es immer darauf bedacht ist, seinem Ruf gerecht zu werden. Jedoch gerade wegen seiner medianischen Pathologie und ihrer Ursachen – auf die ich des öfteren hingewiesen habe – ist das Medium in der Lage, auch authentische Phänomene hervorzubringen.

Die Sitzung im Dunklen:
Eine trügerische, psychologische Bedingung

Die Dunkelheit, ein ausgeprägtes Halbdunkel, die Verwirrung, die entsteht, wenn man nicht gut oder nur sehr schlecht sieht, sind die Bedingungen, unter denen alle Medien, mit wenigen Ausnahmen, ihre Sitzungen abhalten. Die Notwendigkeit der Dunkelheit ist eine Lüge der spiritistischen Kultur. Die zahlreichen Fälle spontaner, physischer und nicht-spiritistischer Phänomene, z. B. *Poltergeister,* oder mystischer und heimsuchender Erscheinungen, beweisen, daß jene sich auch am hellichten Tage manifestieren können.

Die Angewohnheit, die Sitzungen im Dunklen abzuhalten, entwickelte sich, um besser betrügen zu können. Seitdem hat sich eine regelrechte kulturelle und psychologische Abhängigkeit aufgebaut, weshalb sich ein Medium per Gesetz gezwungen fühlt, die Sitzungen im Dunklen abzuhalten, selbst wenn es diese sehr gut auch bei Licht durchführen könnte.

Die notwendigen Bedingungen für ein wissenschaftliches Experiment

Als Forscher und Experimentator halte ich es für unbedingt notwendig, daß eine zu untersuchende Sitzung den strengen, wissenschaftlichen Bedingungen des psychomiletischen Modells unterliegt:

1) Die Sitzung muß den Zweck der Herbeiführung eines bestimmten Phänomens und nur diesen erfüllen, so daß das Medium nicht frei improvisieren und dadurch täuschen kann;

2) Wenn beispielsweise die Sitzung einen „Apport" herbeiführen soll, das heißt einen Gegenstand erscheinen lassen soll, der sich zuvor noch nicht im Zimmer befunden hat, ist es nötig:

  a) daß alles in einem erleuchteten Raum geschieht (um nicht auf komplizierte Techniken zurückgreifen zu müssen);

  b) daß sich das Objekt unter der Kontrolle von Kameras auf einer vorher festgelegten Auflagefläche materialisiert;

  c) daß das zu materialisierende Objekt allen Anwesenden unbekannt ist und erst zu Beginn der Sitzung von dem Versuchsleiter bestimmt wird;

  d) daß das Experiment an einem von dem Versuchsleiter ausgewählten Ort stattfindet.

Der eventuelle „Apport" würde jedoch in keiner Weise einem spiritualistischen Zweck dienen, das heißt er würde nicht den Eingriff Verstorbener beweisen, da die Mechanismen der Kreativität, die jene Phänomene erzeugenden Konflikte und folglich auch die rein schöpferische Funktion der „theologischen" Aspekte des Spiritismus bekannt sind. Der „Apport" würde hingegen dazu dienen, zu beweisen, daß eine an Geister glaubende Person, die mit einem starken, unterdrückten und unbewußten Bedürfnis nach Macht, mit Konflikten, Traumata und Pathos belastet ist und die sich als Leader einer spiritistischen Mission begreift.

Dieser Entwurf einer Versuchsgestaltung wurde hier nur der wissenschaftlichen Seriosität wegen erwähnt, ohne jedoch auch nur die geringste Hoffnung auf Verwirklichung zu haben, denn das mediumistische Milieu ist, psychologisch betrachtet, nur auf das Ziel, neue Anhänger zu gewinnen, gerichtet.

Cesare Lombroso: Vom Materialismus zum Spiritismus

Cesare Lombroso (1835–1909), Psychiater, Anthropologe und Professor für Kriminalanthropologie an der Universität Turin, gründete seine Forschungen auf einem materialistischen Menschenbild. Als Materialist war er ein Gegner des Spiritismus, aber nur solange bis er im Jahre 1891, auf eine öffentliche Herausforderung Ercole Chiaias antwortend, an einer Reihe von Sitzungen der Eusapia Palladino teilgenommen hatte. Er war so sehr davon beeindruckt, daß er schrieb:

> „Ich bin verwirrt und beschämt darüber, daß ich mit solcher Inbrunst die Möglichkeit der sogenannten spiritistischen Tatsachen bekämpft habe. Ich spreche von Tatsachen, denn ich bin immer noch gegen die Theorie. Aber die Tatsachen existieren, und ich schätze mich glücklich, ein Sklave der Tatsachen zu sein."[47]

Nach und nach näherte er sich dem Spiritismus an, bis er auch dessen theoretische Grundlagen anerkannte, und das Ergebnis seiner Wandlung (entgegen der Meinung seiner Kollegen und Freunde)[48] publizierte.

Dieses Phänomen, nämlich daß viele Ungläubige und Agnostiker vor Dingen (egal ob es sich nun um gefälschte oder authentische handelt) kapitulieren, die sie nicht erklären können, ist auch für unsere Tage typisch. Die Folge ist die Konvertierung zum Spiritismus oder Sektenwesen.[49]

Lombroso ist nicht der einzige berühmte Italiener, der ein Opfer des Spiritismus geworden ist. Angefangen von Graf Camillo Benso di Cavour (Regierungschef), der ein Förderer der Spiritisten war, (Vincenzo Scarpa, republikanischer Pädagoge, enger Mitarbeiter von Cavour und Direktor der „Jahrbüchern des Spiritismus"), bis hin zu Massimo D'Azeglio, Schriftsteller, Maler und Politiker, der mit der Geistern Cavours und Cesare Balbos kommunizierte. Der Schriftsteller Luigi Capuana unterhielt sich mit dem Geist des Dichters Ugo Foscolo, während Giuseppe Garibaldi, der Held der zwei Welten, Ehrenpräsident einer spiritistischen Gesellschaft in Venedig war.

Giuseppe Mazzini, Vorkämpfer der Einheit Italiens und der republikanischen Staatsform, verfocht, obwohl er den Spiritismus ablehnte, die Idee der Reinkarnation, entsprechend dem Prinzip des „andauernden Fortschritts".

Mazzini glaubte an eine:

> „Reihe von Existenzen, aufeinanderfolgende und fortschreitende Perioden des Lebens: ein Wiedererscheinen auf der Erde, solange bis das moralische Gesetz der Menschheit erfüllt ist: Die Umwandlung in höhere Wesen."[50]

Die Leitgedanken des Spiritismus in Italien entsprachen denen, die von Davis in den USA und von Rivail in Frankreich propagiert wurden. So schreibt Enrico Dalmazzo in den „Jahrbüchern des Spiritismus":

> „Der Materialismus, welcher der Menschheit in der Vergangenheit soviel Schlechtes angetan hat, ist vom Spiritismus endgültig bezwungen und besiegt worden."

Aber der italienische Spiritismus wurde auch durch die politischen Verhältnisse genährt. So strebte Cavour danach, beseelt von einem antikatholischen Geist, seine Idee durchzusetzen, den Herrschaftsbereich des Hauses Savoyen auf ganz Italien, und damit gegen die weltliche Macht der Kirche, auszudehnen.

Der Spiritismus spiegelt stets die Gesellschaft (oder zumindest Teile davon) wider, in der er gedeiht und deren kulturelles Produkt er darstellt. Deshalb unterstützten die Geister die Sache der Savoyer gegen die säkulare Macht der Kirche, der im übrigen nichts anderes übrig blieb, als den Spiritismus zu bekämpfen.

Enrico Bozzano: Der größte Gelehrte

Enrico Bozzano (1862–1943) ist der bedeutendste Forscher auf dem Gebiet des italienischen Spiritismus. Der Autodidakt aus wohlhabender Familie, dessen Vorbild Herbert Spencer war, betrachtete die Welt aus einer, dem Spiritismus entgegengesetzten, streng positivistischen Perspektive. Gegen 1890 begann er, sich für „Gedankenübertragung" zu interessieren. Bozzano leugnete das Phänomen, aber ein Artikel erschienen in der „Revue Philosophique", in dem Richet versuchte, die Existenz dieser Phänomene wissenschaftlich zu beweisen, brachte ihn dazu, an mediumistischen Sitzungen teilzunehmen.

Als im Jahre 1893 während einer Sitzung „automatisches Schreiben" praktiziert wurde, erschien der Pseudogeist seiner Mutter Attilia Montaldo, die ein Jahr zuvor verstorben war und die Bozzano sehr fehlte. Und wie schon so oft geschehen, offenbarte sich eine Botschaft, die ihn mit einer Mission beauftragte. Dabei handelt es sich um eine besondere Art von Botschaft, welche die Medien gebrauchen, wenn sie unbewußt spüren, daß die anwesende Person der Sache des Spiritismus und ihrem persönlichen Vorteil zuträglich sein könnte. So hinterließ der vermeintliche Geist der Mutter die folgende Botschaft:

„Führe die ehrenvolle Sache, die du angefangen hast, fort. Dies ist deine Mission auf Erden."[51]

So wie Rivail und Swedenborg, die ähnliche Botschaften erhalten hatten, wurde auch Bozzano zum Spiritisten. Alles, was er danach tat, stand unbewußt im Dienste dieses Missionsauftrages und der Figur der Mutter. Einige dafür empfängliche Individuen werden von dem Gefühl, mit einer „Mission" beauftragt zu sein, vollkommen verändert und mit neuer Lebenskraft erfüllt. Bozzano, der nicht das Zeug zum Wissenschaftler hatte, weder über die Methoden, noch über das Wissen eines Wissenschaftlers verfügte, wurde zu einem außergewöhnlichen Forscher und Theoretiker, der die umfangreiche, spiritistische Kasuistik der Vergangenheit analysierte und neu ordnete. Aus dem gesammelten Material ersah er, daß die Beweise – so behauptet er jedenfalls -, die die Kommunikation mit den Geistern demonstrierten, miteinander übereinstimmten. Es handelte sich zweifellos um eine beeindruckende Arbeit, der Bozzano sein ganzes Leben in der „Villa Rosa" in Savona gewidmet hatte. Er veröffentlichte zahlreiche Bücher und Artikel. Aber seine gesamte Arbeit weist einen grundlegenden Mangel auf: Er wollte die Beweise für die Kommunikation mit den Verstorbenen finden, und so zog er manchmal etwas naive Folgerungen aus seinen Beobachtungen.

Elena Blavasky: Spiritismus und Wahrheit über den Religionen

Helena Petrowna (1831–1891) wurde in Rußland als Kind einer adeligen Familie geboren und nahm den Namen Blavasky an, als sie mit siebzehn Jahren einen sechzigjährigen General heiratete. Bereits als Jugendliche widerfuhren ihr *Poltergeist*-Phänomene, die einen unbewußten Konflikt enthüllen. Sie reiste viel und sammelte exotische, esoterische und okkulte Erfahrungen. Ohne Zweifel handelt es sich bei Elena Blavasky um ein Medium im kreativen Sinne des Wortes, auch wenn sie an einem bestimmten Punkt ihres Lebens behauptete, eine „Eingeweihte" zu sein. Sie begann und sollte nicht mehr damit aufhören, Dinge zu „erfinden", die ihr ihre Kreativität diktierte und ihr Bedürfnis nach

Anerkennung befriedigten! In der Tat stellte sie ihre Manie, im Mittelpunkt stehen zu wollen, unter Beweis, als sie sich vor den Augen der ganzen Welt als Begründerin einer neuen Religion in Szene setzte. Einer neuen Religion, die nichts anderes als eine Mixtur verschiedener Glaubensinhalte darstellte, und die sie zu einer Vorläuferin des heutigen *New Age* werden ließ .

Die Theosophie, die Blavaskys Schöpfung war, erhielt durch sie ihre „monistische" Prägung, was bedeutet, die Vielfältigkeit an Erfahrungen auf ein einziges Prinzip zurückzuführen. Die orientalischen Religionen handeln von einer einzigen „göttlichen Realität", die sich in Form vieler Götter manifestiert. Die Theosophie entstand als Verschmelzung gnostischer Doktrinen der „Selbsterlösung", die man erreicht, indem man mit Hilfe der Selbsterkenntnis und Initiation zur göttlichen Erkenntnis gelangt. Auch der Einfluß der Rosenkreuzer ist nicht zu verkennen.

Die Theosophie stellt sich als Wahrheit über die Religionen. In ihrem ersten Werk *Die entdeckte Isis*[52] versucht Elena Blavasky die Wahrheit des Christentums zu Gunsten des Buddhismus' zu untergraben, von dem sie sich inspiriert fühlte und zu dem sie sich bekehrte. Sie behauptet darin, daß die biblischen Patriarchen Tierkreiszeichen seien; daß die christliche Lehre des Opfers Christi unlogisch sei; daß Jesus nicht Christus-Gott, sondern ein Mythos sei und deshalb Petrus auch keine Autorität übertragen konnte; daß dieser nie in Rom gewesen sei; daß Gott nicht Person ist; daß die Bibel eine wenig authentische, heilige Schrift sei; daß Moses ein Priester der Osiris gewesen sei; daß der Teufel die wichtigste Unterstützung der Pfarrer darstelle usw.

Elena Blavasky begann 1873 in New York mit dem Spiritismus, mit dem „automatischen Schreiben" und mit den Sitzungen am Tisch des „Miracle Club" im Jahre 1873 in New York. Dort trat sie als Medium mit einem Führergeist auf, der sich „John King" nannte, ein alter Seeräuber, der damals sehr in Mode (in der Tat handelte es sich um denselben Führergeist, der auch schon Eusapia Palladino zur Seite stand). Sie wandelte den „Club" in die „theosophische Gesellschaft" um und verlegte den Hauptsitz der Gesellschaft im Jahre 1882 nach Adyar bei Madras in Indien. Mit einem geschickten Manöver versuchte sie sich vom Spiritismus zu lösen, der in der Zwischenzeit zu gewöhnlich geworden war. Daher gab sie vor, eine „Eingeweihte" zu sein, die ihre Botschaften nicht mehr von Geistern, sondern nur mehr von den *Mahatma* erhält, also von Meistern, höheren und entwickelten Wesen, die den Menschen während ihrer gegenwärtigen Evolution zur Seite stehen.

Sie veröffentlichte *Die Briefe der Mahatma*. Diese Briefe seien vom Himmel gefallen oder an den merkwürdigsten Orten gefunden worden. Die Veröffentlichung markierte aber auch den Anfang vom Ende des Mediums Blavasky. Unschwer war zu erkennen, daß die Frau und die „Meister" ein und dasselbe waren:

> „Ein Briefkasten, der dazu diente, daß jeder sich an die *Mahatma* wenden und von diesen Antwortbriefe erhalten konnte, hatte auf der Rückseite eine Öffnung zum Schlafzimmer der Blavasky."[53]

Im Jahre 1884 beauftragte die *Society for Psychical Research* in London Richard Hodgson mit der Untersuchung der Authentizität der Phänomene, denn Elena Blavasky nutzte ihre vermeintlichen Wunder zu propagandistischen Zwecken. Der Experte stellte fest, daß:

> „die sogenannten Wunder der *Mahatma* nur auf einfachen Tricks beruhten."[54]

Es ergab sich, daß die Handschriften der Mahatma mit der Handschrift der Blavasky übereinstimmten[55]. Aber auch ohne diese Nachforschungen war es offensichtlich, daß die Frau das „automatische Schreiben" für ihre „Erzeugnisse" nutzte, die sie dann mit Geschichten von den vom Himmel gefallenen Briefen anreicherte.

Elena Blavasky verteidigte sich mit dem Argument, es würde sich um eine Art „psychischer Telegraphie" handeln, das heißt einer elektromagnetischen Verbindung zwischen den *Mahatma* und ihr selbst. Der *Mahatma* habe eine Art astraler Klingel „geläutet", um ihr anzukündigen, wann sie sich für das Schreiben bereithalten solle. Die Gedanken des *Mahatma* seien so in die Fingerspitzen der Frau gelangt ...

Im Jahre 1884 verließ Elena Blavasky Indien, da sie begann, ihre Glaubwürdigkeit zu verlieren. 1885 bewies Prof. Kiddle aus New York, daß es sich bei der angeblich „vom Himmel gefallenen" Botschaft, um nichts anderes als die Wiedergabe einer seiner Reden handelte, die in einer spiritistischen Zeitschrift veröffentlicht worden war[56].

In diesem Zusammenhang wird deutlich, warum ich oben geschrieben habe, daß das Medium nie aufhörte, Dinge zu schreiben, die ihr ihre Kreativität diktierte; wenngleich ich jetzt hinzufügen möchte, daß sie ihre Geltungssucht sogar dazu verführte, aus den Arbeiten eines Spiritisten zu schöpfen. Oder soll man davon ausgehen, der *Mahatma* habe aus Mangel an Einfallsreichtum abgeschrieben?

Die Reinkarnation zwischen Spiritismus und Theosophie

Die Reinkarnation nimmt im Spiritismus eine andere Position ein als in der Theosophie.

Gemäß Rivail-Kardec, der die Ideen Charles Fouriers aufgesogen hatte – eines utopistischen Sozialisten, der das jenseitige Leben aus achthundert Reinkarnationen bestehend beschrieb –, hatten die Reinkarnationen eine reinigende Funktion. Die Reinigung erfolgte, indem die Sünden aus früheren Existenzen abgebüßt wurden, um so die Vervollkommnung zu erreichen. Die Abfolge der Reinkarnationen war immer auf eine Verbesserung ausgerichtet, insofern jede Reinkarnation einen höheren Vollendungsgrad gegenüber dem vorherigen voraussetzte.

Im Falle der Theosophie stehen die Dinge anders. Hier erfolgt in Abwandlung der hinduistischen Lehre vom Gesetz des *Karma* (Handlung) eine andere und der spiritistischen entgegengesetzte Form der Reinkarnation. Die „Handlungen" würden sich auf den „feinen Körper" auswirken, der als Bindeglied zwischen physischem Körper und Seele fungiert und der die Folgen („Fingerabdrücke") der vollzogenen Handlungen zu tragen hat. Das Ergebnis dieser „Handlungen" bestimmt, der Theorie des *Karmas* zufolge, die Qualität des neuen Lebens. All dies geschieht gemäß dem unerbittlichen Gesetz der Belohnung, weshalb zwar jedes Individuum eine Wiedergeburt verdient, dies aber eine Verbesserung oder Verschlechterung im Vergleich zum vorherigen Leben bedeuten kann. Dem Hinduismus zufolge ist es deswegen möglich, in einem menschlichen oder tierischen, in einem gesunden oder kranken Körper, reich oder arm, etc. wiedergeboren zu werden.

Elena Blavasky schreibt, daß das Gesetz der Verteilung „blind, automatisch und gefühllos" sei und „Reue überhaupt nichts nütze".

Ich erinnere nur, daß die Reinkarnation, wie auch immer sie verstanden wird, mit der christlichen Auferstehung unvereinbar ist.

Wissenschaft, Betrug und die Geisterwelt

Der „magnetisch-spiritistischen" Periode, geprägt durch das Auftreten Mesmers und schließlich Kardecs in Europa, folgte die Periode des wissenschaftlichen Spiritualismus, der sich vom Spiritismus aufgrund seiner kritischen und methodologischen Herangehensweise unterschied. Im Jahre 1867 wurde in London die *Dialectical Society* gegründet, die sich als Aufgabe die wissenschaftliche Erforschung des Spiritismus gestellt hatte. Die eigentliche Hauptrolle zu dieser Zeit spielte der Physiker und Nobelpreisträger Sir William Crookes (1832–1919), der das Element Thallium und das Radiometer entdeckt sowie die Kathodenröhre erfunden hatte. Er arbeitete an der Erforschung der physischen Erscheinungen des Spiritismus und hatte dafür eigens bestimmte Vorrichtungen und Kontrolgeräte erfunden. Crookes nahm auch wichtige Positionen in den Wissenschaftseinrichtungen Großbritanniens ein.

> „Die ersten Berichte Crookes' zeigen, daß der Wissenschaftler eine ganze Reihe von Erscheinungen, die das Medium Home hervorgebracht hatte, für glaubwürdig erachtete, so daß er glaubte, Täuschung oder Betrug ausschließen zu können."[57]

Aufgrund jener Berichte wurde er von seinen Kollegen der offiziellen Wissenschaft heftig kritisiert, dennoch setzte er seine Studien für mehrere Jahre fort. Denn als aufrichtiger Mensch und Wissenschaftler, der über die notwendigen Kenntnisse verfügte, die physischen Phänomene zu untersuchen, war er in diesem historischen Augenblick die geeignetste Person, um die vom Spiritismus hervorgebrachten Phänomene wissenschaftlich anzugehen.

> „Bis ans Ende seiner Tage, hielt er an seiner Meinung fest und nahm nicht eine veröffentlichte Zeile zurück."[58]

Die Enthüllungen Dritter, die nach dem Tod der Betroffenen versuchten, Crookes' Schwäche für ein Medium (Florence Cook) bloßzulegen, deren Phänomene ich hier, um es kurz zu machen, nicht besprochen habe, bleiben zweifelhaft.

Dagegen wurde einem, am 1. August 1874 von Crookes an eine russische Frau geschriebenen Brief eine gewisse Bedeutung zuteil. In diesem Brief erklärte er, daß er nach vierjährigen Forschungen, einschließlich der Monate praktischer Erfahrungen mit Home, Katie Fox und Florence Cook,

> „keinen befriedigenden Beweis [gefunden habe], daß die Verstorbenen mit uns kommunizieren können."[59]

Mit dieser Aussage ist es mir möglich, einen klaren Trennungsstrich zwischen natürlichen Phänomenen und Theorien zu ziehen, die mit Hilfe der Kreativität und der Phantasie erzeugt werden.

Was das Medium Home betrifft, mag es interessant sein zu erfahren, was Sir William Crookes darüber schreibt:

> „Home selbst hatte es stets abgelehnt, im Dunkeln zu bleiben, da er der Auffassung war, daß die Phänomene mit der nötigen Beständigkeit und Ausdauer, auch sehr gut bei Licht zu erzeugen seien, und auch wenn sie teilweise weniger stark auftreten würden, entscheidend

sei, alles mit eigenen Augen zu sehen. Während der meisten Sitzungen mit Home schien das Licht so hell, daß ich alles, was geschah, sehen konnte und meine Notizen ohne Schwierigkeiten aufzeichnen konnte."[60]

CICAP: Das Phänomen und die heutigen Auseinandersetzungen darüber

Es dient der Wahrheit, die Existenz des psychomiletischen Phänomens im Spiritismus zu verteidigen. Wir haben es derzeit mit einer weltweiten Kampagne der Entmystifizierung bezüglich des „Paranormalen" zu tun. In Italien hat sich dieser Aufgabe das CICAP (Italienisches Komitee für die Überprüfung der Aussagen über das Paranormale) angenommen. Ihre Ziele, sofern sie die Magie und den konsumistischen Spiritismus betreffen, kann ich hundertprozentig unterschreiben. Dennoch muß ich diese hundertprozentige Unterstützung in einem Punkt einschränken: Das CICAP leugnet die Existenz des paranormalen Phänomens (für die mein psychomiletisches Modell die fortgeschrittenste Erklärung liefert). Im Rahmen dieser Meinungsverschiedenheit möchte ich auf ein kürzlich erschienenes Buch Prof. Polidoros (des CICAP) hinweisen[61], in dem er zweifelsohne durch eine Reihe von Berichten über spiritistische Betrügereien dazu beiträgt, die Diskussion von einigen Illusionen über medianischen „Kräfte" zu befreien (darin stimme ich völlig mit ihm überein). Auf jeder Seite seines Buches bemüht sich Polidoro, keinen Zweifel aufkommen zu lassen, daß er eine Bozzano völlig entgegengesetzte Einstellung vertritt. Jener wollte um jeden Preis aufzeigen, daß es Phänomene gebe, die die Kommunikation mit den Verstorbenen beweisen würden. Prof. Polidoro hingegen scheint an dem Phänomen der Geisterkommunikation nicht interessiert zu sein, sondern vielmehr daran, systematisch jeden Forscher (ob er an den Spiritismus glaubt oder nicht), der versucht hat, diese Phänomene experimentell nachzuweisen, zu demontieren. Eine solche Haltung erscheint mir, vom wissenschaftlichen Standpunkt aus betrachtet, wenig orthodox zu sein, da sie offensichtlich von einem Geist der „Hexenverfolgung" beseelt ist und so der Forschung keinen

Raum läßt, die in den letzten 100 Jahren tüchtige Wissenschaftler gesehen hat und ebenso viele Medien (so viele Psychopathen, Geltungssüchtige oder wenig zuverlässige Gestalten sich auch darunter befinden mochten), die ohne Zweifel Phänomene hervorgebracht haben, von denen sie selbst nicht wußten, wie sie zustande gekommen waren. Diese Phänomene finden ihre Erklärung in einem Konzept wissenschaftlicher Erkenntnis, das sich in andauernder Entwicklung befindet und grundlegende Veränderungen und Umgestaltungen erfahren wird, wenn es die Erkenntnisse der Psychomiletik berücksichtigen werden wird. Glücklicherweise ist keine wissenschaftliche Erkenntnis ein ewiges Dogma, und so wie jeder Tag der Vorabend eines neuen Tages ist, so befindet sich auch die Wissenschaft in einem ständigen Prozeß des Werdens.

Mit Hilfe des psychomiletischen Modells können die ausschlaggebenden, unbewußten Beweggründe, die der Erzeugung der Phänomene vorgelagert sind, benannt werden. Die Argumente der Physik zu beurteilen liegt nicht mehr in meinem Kompetenzbereich.

Der Betrug im Spiritismus

Daß Eusapia Palladino auch betrogen hat, kann wohl als gesichert angenommen werden, aber wie geht man mit den Ausführungen des Psychiaters und Anthropologen Cesare Lombroso um?

> „Ich, der ich dem Spiritismus gegenüber so feindlich eingestellt war, daß ich nicht einmal an einem Experiment teilnehmen wollte, sollte im März 1891 einem am hellichten Tage stattfindenden Experiment beiwohnen, bei dem ich mich allein mit Eusapia Palladino in einem Hotel in Neapel befand. Dort sollte ich beobachten, wie sich ein Tisch weit vom Boden abhob und sehr schwere Gegenstände durch die Luft schwebend ihren Platz wechselten. Von da an, willigte ich ein, mich damit zu beschäftigen."[62]

Und am Ende einer weiteren Sitzung:

„Ich zündete die Leuchter wieder an, und als alle aufbrechen wollten, sah man einen großen Schrank, ungefähr zwei Meter von uns entfernt, der sich langsam auf uns zu bewegte; er erschien wie ein großer Dickhäuter, der sich langsam anschickte, uns anzugreifen.“[63]

Es läßt sich leicht nachvollziehen, daß der Materialist Lombroso, als er nicht mehr ein noch aus wußte, vor der spiritistischen Theorie kapitulieren mußte. Alle anderen Skeptiker werden weiterhin alles abstreiten, solange bis sie es selbst sehen werden, aber sie sollten zumindest anerkennen, daß die Existenz noch unbekannter Naturgesetze nicht ausgeschlossen werden kann.

Die spiritistische Erklärung der Phänomene hält einer sinnvollen Analyse nicht mehr stand. Sie wird nur mehr von jenen Personen verfochten, die an diese Lehren aus Gründen tiefer Verzweiflung (weil sie einen lieben Menschen verloren haben) oder Unwissenheit glauben.

Lombrosos Äußerungen bestätigen zwar, daß es authentische Phänomene gibt, sie können aber die Möglichkeit eventueller Betrügereien nicht ausschließen.

Verschiedene Überlegungen können zu diesem Thema des Betrugs angestellt werden:

1) Es gibt den professionellen Betrug, mit wirtschaftlichem Hintergrund. Dieser betrifft jene, die als Medium tätig sind, um damit ihren Lebensunterhalt zu bestreiten. Jene Art von Betrug stützt sich auf die Psychologie der Täuschung, die darin besteht, auf geschickte Art für unbestreitbare Fakten zu sorgen (z.B. dem Ratsuchenden wahre Informationen zu liefern, die auf irgendeine Weise vorher erhalten worden sind). Auf diesem Weg erlangt das Medium die Glaubwürdigkeit, die dazu dient, daß alle weiteren Tricks, auch die physischer Natur, unkritisch angenommen werden. Die Grundlage der Täuschung bildet eine gezielte und geplante Mischung aus wahren und trügerischen Tatsachen. Die wahren Tatsachen geben allen anderen Dingen den Anschein, ebenso der Wahrheit zu entsprechen.

2) Es gibt den Betrug, der ausschließlich dem Prestigegewinn oder dem missionarischen Streben des Mediums dient. Es handelt sich dabei um

Personen, die aufgrund innerer Konflikte die Phänomene als Lebenszweck betrachten, oder sie aus dem gezielten Drang berühmt zu werden heraus leben, oder sich tatsächlich auf einem „Kreuzzug" glauben, um der Welt die Wahrheit zu verkünden.

Die Betrügereien konnten von zweierlei Art sein:

a) Der bewußte und willentlich vom Medium begangene Schwindel, das zu betrügen versuchte und dafür die Dunkelheit nutzte. Dabei muß man etwas klarstellen: Mit der Entstehung des wissenschaftlichen Spiritualismus entwickelte sich eine echte Besessenheit der Forscher, sich Apparate und experimentelle Bedingungen auszudenken, um einen Schwindel ausschließen zu können. Selbst wenn kein Betrug festgestellt werden konnte zögerten die Forscher des öfteren, Versuchsberichte zu unterschreiben, die bei den Gegnern Anlaß zu Vermutungen über eventuelle Betrügereien hätten aufkommen lassen können, was ihrem Ansehen als Wissenschaftler nur geschadet hätte. In einem solchen Klima lebten die ernstzunehmenden Forscher des 19. und frühen 20. Jahrhunderts.

Eine Überlegung zu den möglichen Tricks der Medien sollte hier noch angeführt werden: Jene Betrügereien mußten, abgesehen von wenigen Ausnahmen, zwangsläufig plump und leicht aufzudecken gewesen sein, denn es gab dafür keine „Berufsschulen" wie für die Zunft der Zauberer.

b) Desweiteren gab es den unbewußten Schwindel: Jener trat dann auf, wenn es dem Medium im Trancezustand nicht mehr gelang, ein bestimmtes Ergebnis zu erreichen und somit geneigt war, sich einfältige Tricks auszudenken. Denn ein Medium übt seine suggestive Kraft nicht nur auf andere aus, sondern ist in erster Linie selbst Opfer der Erwartungen seiner Umwelt:

„Die Medien sind keineswegs Heilige, wie gewisse fanatische Spiritisten glauben machen wollen, die diese mit einem echten Kult umgeben. Es handelt sich vielmehr um Kranke …, das Medium, bzw. der Hysteriker, verspürt ein unwiderstehliches Bedürfnis zu lügen …, es genügt, von ihm die Erzeugung eines bestimmten Phänomens zu erwarten, um es dahin zu bringen, dieses automatisch zu simulieren."[64]

Spiritistische Mystik und Homosexualität

Henry Sidgwick (1838–1900), Professor für Moralphilosophie an der Universität Cambridge, war einer der Gründer der *Gesellschaft für psychische Forschungen.* Ihr Ziel war es, die spiritistischen Phänomene zu erforschen, die in bestimmten kulturellen Kreisen vorkamen. In Sidgwick begegnet uns ein gewissenhafter Forscher mit einer sehr skeptischen Einstellung gegenüber den registrierten Phänomenen, die jeder wissenschaftlichen Kritik standhalten und daher als gesichert und unangreifbar gelten mußten. In seiner Funktion als Vorsitzender der *Gesellschaft für psychische Forschungen* sandte er daher Hodgson nach Indien, um Elena Blavasky zu entlarven, und er testete Eusapia Palladino, die er des Betrugs bezichtigte.

Sidgwick zeigte aber auch Interesse daran, Beweise für das Leben nach dem Tod zu finden. Während er zu einem gewissen Zeitpunkt noch bemerkte:

„ein Abend mit Geistern hat für mich denselben Reiz wie ein Roman …, ich rede mit Arabern, Hindus, Spaniern und mit Cavour."[65]

gestand er in einem späteren Rückblick, den er verfaßte als er auf sein fünfzigstes Lebensjahr zuschritt, die disasträse Wirkung ein, die

„das Scheitern seiner Anstrengungen, einen Beweis der Unsterblichkeit zu finden [gezeitigt hatte]."[66]

Den Mittelpunkt des universitären Lebens in Cambridge bildete das Trinity College. In diesem College waren anspruchsvolle intellektuelle Freundschaften entstanden und religiöse und philosophische Probleme diskutiert worden. Hier entwickelte sich auch die Freundschaft zwischen Sidgwick, Myers, Gurney und Walter Leaf.

Frederick Myers (1843–1901) war und ist einer der bedeutendsten Theoretiker spiritistischer Phänomene. Als Lehrer für Altgriechisch und Latein war er in Cambridge als Schulinspektor tätig und verpaßte keine Gelegenheit, das hellenistische Schönheitsideal zu feiern. Er träumte von der absoluten Vollendung, der „berauschenden Freude" der Poeme der Sappho und verlangte nach der Ewigkeit des Geistes. Diese spiritualistische Berufung brachte ihn dazu, sich für den Spiritismus zu interessieren.

Im Zusammenhang mit dem Trinity College sollte noch erwähnt werden, daß:

„Während die persönliche Geschichte Sidgwicks einen einmaligen Fall moralischer Integrität und Aufrichtigkeit darstellte."[67]

konnte man dasselbe nicht von den *Fellows* seiner Gruppe behaupten. Germana Pareti schreibt in ihrer Arbeit:

„Die gegen die Mitglieder der Gruppe um Sidgwick vorgebrachte Kritik hat dazu beigetragen, den Schleier zu lüften, hinter dem sich einige Geheimnisse der viktorianischen, akademischen Welt verbargen … Indem sie die Erwürdigkeit mystischer Verzückung und hellenistischer Ideale aufs Spiel setzten, blieb vom Intimleben einiger Freunde und Kollegen Sidgwicks nur ein dunkles Chaos aus Sinnlichkeit und Perversion."[68]

Die Homosexualität war in den gebildeten und erlesenen, viktorianischen Kreisen eine realtiv verbreitete Gewohnheit. Sie wurde weder behindert noch gefördert, aber man dachte, sie begünstige im Einklang mit den Idealen der Epoche die Entwicklung einer psychologischen und spirituellen Dimension des Menschen.

„In der viktorianischen Geschichte taucht eine ganze Reihe von solchen Liebesverhältnissen zwischen Männern auf. Im Falle der Gruppe

Sidgwicks provozierte die Homosexualität (sowohl die als gesichert anzunehmende seines Bruders Arthur, als auch die angebliche Gurneys und Myers) böswillige Urteile und eine erbarmungslose Kritik …, während sie innerhalb der Gruppe, insbesondere in der Poesie, gefeiert wurde."[69]

Auch Podmore, einer der ersten Erforscher spiritistischer Phänomene, war mit von der Partie. Es offenbart sich so ein Gewirr bestehend aus abweichenden Leidenschaften, Spiritualismus und Intellektualismus, das man auch heute in einigen Strömungen des *New Age* wiederfindet.

Wissenschaftliche und religiöse Kritik am Spiritismus im 19. Jahrhundert und Anfang des 20. Jahrhunderts

Frankreich: René Guénon, Irrtümer und Gefahren des Spiritismus

Der französische Essayist und Esoteriker René Guénon (1866–1951) gelangte aufgrund diverser Erfahrungen – unter anderem die Begegnung mit dem Okkultismus Papus' und mit der Freimaurerei (Großloge von Frankreich) – am Ende seiner Suche zum Islam (genauer zur mystischen Strömung des Sufismus), und lebte fortan unter dem Namen Abdul Wahed Yahya in Kairo. Guénon war einer der heftigsten Gegner des Spiritismus. 1923 veröffentlichte er *Irrtümer des Spiritismus*, wo er entsprechend seiner Sicht und seines kulturellen Hintergrunds die spiritistischen Überzeugungen demontiert.

Guénon behauptet, daß

> „es sich bei der Kommunikation mit den Verstorbenen um eine reine und simple Unmöglichkeit handelt."[1]
> „den Spiritismus zu bemühen, um den Materialismus zu bekämpfen, letztlich bedeutet, einen Irrtum mit einem anderen auszutreiben."[2]
> „der Spiritismus nicht weniger verderblich als der Materialismus ist, auch wenn seine Gefahren von ganz anderer Natur sind."[3]

Guénon vertieft in Bezug auf verschiedene spiritistische Schulen das Thema der „Banalität" der spiritistischen Kommunikation und ihrer Widersprüchlichkeit: Er bezieht sich dabei auf die französische Schule, die sich für die Reinkarnation entschieden hatte und auf die angelsächsische, die gegen eine Möglichkeit der Reinkarnation argumentierte.

Die Reinkarnation bei Kardec als Produkt des „utopischen" Sozialismus

Guénon stellt heraus, daß Rivail sich die Idee der Reinkarnation (sehr verschieden von derjenigen der östlichen Religionen) im Umfeld jenes eigentümlichen Sozialismus angeeignet und entwickelt hat, den Friedrich Engels als „utopisch" bezeichnete.

Rivail, der zu den Freimaurern gehörte, verkehrte mit vielen Führern sozialistischer Strömungen und hatte die Werke derjenigen, die er nicht persönlich kannte, gelesen:

> „Daher stammt der Großteil der Ideen, die er und seine Gruppe propagierten, und im Besonderen die Idee der Reinkarnation."[4]

Unter den Protagonisten des vom Reinkarnationsgedanken geprägten Sozialismus waren Charles Fourier und Pierre Leroux.

Der französische Denker, Schriftsteller und Verfechter des utopischen Sozialismus Fourier (1712–1837) erfand das *Phalansterium*, die erste Art von ländlicher Kommune, in der Eigentum und Erbrecht nicht abgeschafft waren. Die verschiedenen *Phalansterien* wurden in Einheiten zusammengefaßt, die für die Verrichtung allgemeiner Arbeiten von öffentlichem Nutzen sorgten. Sie waren nach steigenden Graden gegliedert, das heißt sie waren in einer Hierarchie angeordnet.

Ein Zeitgenosse Revails, Doktor Dechambre, schrieb:

> „Die unsichtbaren Lehrer Allen Kardecs mußten nur für einen Augenblick mit Pierre Laroux oder auch Fourier plaudern. Der Erfinder der *Phalansterien* hätte sich geschmeichelt gefühlt, ihnen beibringen zu dürfen, wie unsere Seele, während sie die achthundert Existenzen, für die sie bestimmt ist, durchlebt, nach und nach einen immer ätherischeren Körper annimmt."[5]

Dechambre zeigt, daß die Idee der Reinkarnation evolutionär und sehr eng an Leroux gebunden ist, für den die Lebensformen einer Person

„in jeder neuen Existenz nichts anderes darstellen als eine weitere Etappe des Fortschritts. Diese Vorstellung war für Kardec von so großer Bedeutung, daß er sie in eine einprägsame Formel faßte: ‚Geboren werden, sterben, wiedergeboren werden und unaufhörlich dem Fortschritt entgegenschreiten, das ist das Gesetz‘."[6]

In Übereinstimmung mit dieser Formel lehrt Rivail-Kardec, daß der Geist, wenn es ihm auch nicht gegeben sein mag, sich fortzuentwickeln, sich keinesfalls zurückentwickeln kann, und daß der Weg der Geister immer einen Fortschritt und nie einen Rückschritt bedeute. Daß die Materie, aus der sich der Geist zusammensetzt, im Laufe eines Reinigungsprozesses immer mehr an Dichte verliert und sich nicht mehr mühsam über die Erde schleppt! Diese materialistische Idee der Reinkarnation ist eine pseudo-intellektuelle Schöpfung der westlich-positivistischen Phantasie und hat nichts mit der Reinkarnation, wie sie von östlichen Religionen verstanden wird, da das Gesetz des *Karma* auch eine Wiedergeburt als Tier oder Mitglied einer niedrigeren Kaste vorsieht. Guénon war kein Christ und erklärte die spiritistischen Thesen für nichtig, die einige biblische Stellen als Hinweis auf den darin enthaltenen Reinkarnationsgedanken interpretieren wollten. Die Worte Jesu zu Nikodemus: „Amen, amen, ich sage dir: Wenn jemand nicht von neuem geboren wird, kann er das Reich Gottes nicht sehen"[7], kommentiert Guénon wie folgt:

„Es bedarf der ganzen außerordentlichen Ignoranz der Spiritisten, um glauben zu können, daß es sich hier um Reinkarnation handeln könne, während es doch um die in einem rein spirituellen Sinn verstandene ‚zweite Geburt‘ geht."[8]

Niedere und höhere Geister und die Gefahren des Spiritismus

Guénon stellt fest, daß Rivail-Kardec allzu voreilig das Problem der enormen intellektuellen Unterschiede der Mitteilungen löst, indem er Botschaften mit anspruchsvollerem Gehalt den „höheren Geistern" zurechnet, während banale Botschaften unentwickelten „niederen Geistern" zugeschrieben werden. Triviale oder betrügerische Botschaften hingegen seien das Vorrecht „schalkhafter" Geister. Es ist höchst naiv, an eine so einfältige Erklärung zu glauben, die zu sehr an der weltlichen Kultur und den irdischen Erfahrungen orientiert ist. Es handelt sich um Schlußfolgerungen, die aus der Beobachtung der menschlichen Natur und der verschiedenen Erscheinungsformen menschlicher Kulturen gezogen werden.

Guénon betont, daß sich jede spiritistische Gruppe den jeweiligen Mitteilungen, die sie erhält, völlig ausliefert, während sie den von anderen erhaltenen Botschaften mißtraut. Denn jede Gruppe verfügt über ein Medium, das für sich das „Recht auf dieses Amt" behauptet und:

> „die Medien bekunden eine unglaubliche Eifersucht gegenüber ihren Mitbrüdern, denn sie beanspruchen für sich das Monopol über einige Geister und bestreiten die Authentizität der Kommunikationen der anderen."[9]

Die Widersprüche treten verschärft zum Vorschein, wenn gegensätzliche Lehren übermittelt werden, und deswegen die „höheren" Geister der einen Gruppe von der anderen zu „niedrigen" oder „schalkhaften" Geistern herabgewürdigt werden. Zählt eine Gruppe zu den Anhängern Kardecs, so beruft sie sich auf die eigenen „Führer", die in den Gruppen angelsächsischer Ausrichtung „Kontrollen" genannt werden. Kurz gesagt: Diese spiritistische Religion, die vorgibt eine Wissenschaft zu sein, erweist sich letztlich als ein Gewirr von Streitereien, die man nicht weiter beachten sollte.

Die größte Gefahr, der sich die Spiritisten ausliefern, besteht in der geistigen Verwirrung, die ihnen drohen kann, nicht nur wegen der widersprüchlichen Botschaften, die als Wahrheit unterbreitet werden (und alle völlig trügerisch sind), sondern auch weil die spiritistischen Schulen ihre neuen Anhänger einem Training unterziehen, das dazu dient, angebliche medialen Fähigkeiten zu entwickeln. Guénon betont:

„die Gefahren, die solche psychischen Übungen begleiten und im Wesentlichen dazu dienen, jene aus dem Gleichgewicht zu bringen, die sich ihnen widmen."[10]

Laut Guénon gibt es viele Fälle von Wahnsinn, Obsessionen und Ereignissen, die durch spiritistische Überzeugungen ausgelöst wurden. Diese sind letztlich nichts anderes als Auswirkungen des „Unterbewußten" der Teilnehmer und des Mediums sowie Resultat gefährlicher Suggestionen, da:

„der Spiritismus in den Medien und in jenen, die an ihren Unternehmungen beteiligt sind ... schwere Neurosen und schwere organische Nervenkrankheiten auslöst. Es ist bekannt, daß die meisten berühmten Medien und eine große Anzahl derer, die die spiritistischen Praktiken emsig verfolgen, dem Wahnsinn verfallen, gestorben sind oder an ernsthaften nervlichen Störungen litten."[11]

Guénon betont, daß die Mehrheit der Spiritisten, Okkultisten und Theosophen die Existenz Satans verneinen. Sollte in einer Sitzung eine Botschaft auftauchen, die die Unterschrift Satans oder Luzifers trägt, dann schreiben die Spiritisten sie einem der „schalkhaften" Geister zu[12].

Guénon bewertet den Spiritismus und andere vergleichbare Bewegungen als unbestreitbar aus dem „Wirkungskreis des Anti-Christen" herstammend (auch wenn diese Bezeichnung symbolisch verstanden werden kann). Er bemerkt, daß sich sicherlich viele Spiritisten von ihrer Bewegung

„mit Entsetzen [lösen würden], wenn sie erkennen könnten, daß sie sich zu Dienern dunkler Mächte erniedrigt haben ... Aber ihre Blindheit ist nicht zu heilen; wir erlauben uns daher zu behaupten, daß die größte Leistung des Teufels darin besteht, die Menschen zu verführen, seine Existenz zu leugnen."[13]

Michel-Eugène Chevreul und das Tischerücken

Der französische Chemiker und Entdecker des Kreatin, Michel-Eugène Chevreul (1786–1889), beschäftigte sich um 1830 mit dem Phänomen des „Pendels", mit jenem Instrument, das aus einem an einem Faden befestigten Gewicht bestand. Über einer Scheibe schwingend, an deren Rand Buchstaben des Alphabets aufgezeichnet waren, setzte es so Wörter zusammen, die auf unpersönlich gestellte Fragen antworteten. Das Pendel war eine Kunst des Wahrsagens, eine Technik, die seit der Antike bekannt war.

Der Wissenschaftler unternahm eigene Experimente, wobei er sich vergewisserte, daß die Antworten nicht vom Willen des Subjekts abhingen. Er dachte über die Experimente nach und schloß scharfsinnig, daß sich das Pendel aufgrund der Wirkung der Bewegung nicht bekannter Muskeln bewegte. Es war das Subjekt selbst, daß, „ohne sich darüber bewußt zu sein", auf die ihm gestellten Fragen antwortete.

Als das „Tischerücken" in Mode kam, das zur vermeintlichen Kommunikation mit den Verstorbenen diente, interessierte sich die Akademie der Wissenschaften von Paris für das Phänomen und benannte eine Kommission, deren Referent Chevreul war. Der Wissenschaftler wandte dieselbe Erklärung an, wie schon beim „Pendeln", das heißt die der unbewußten, unfreiwilligen Muskelbewegungen.

Wenn wir uns dieser Interpretation anschließen, müssen wir anerkennen, daß in der Realität authentische psychomiletische Ereignisse stattfinden. Vorgänge, wie das Verrücken von Gegenständen, sind möglich, ohne daß sie auf den geringsten menschlichen Kontakt zurückzuführen wären, und können ohne das Eingreifen von Geistern Verstorbener entstehen.

In die Kontroverse, die die Interpretation Chevreuls auslöste, mischte sich auch der französische Physiker Léon Foucault (1819–1878), Erfinder des gleichnamigen Pendels zur Demonstration der Erdumdrehung. Er meldete sich wie folgt zu Wort:

„An dem Tag, an dem sich nur ein Halm unter dem alleinigen Einfluß meines „Willens" bewegen lassen sollte, würde ich vor Schreck erstarren. Wenn der Einfluß des Geistes auf die Materie nicht an der Oberfläche der Epidermis haltmacht, besteht für niemanden mehr Sicherheit.“[14]

Foucault beging drei Fehler: Der erste Fehler war, nicht zu erkennen, daß Halme und andere Gegenstände sich nicht durch den „Willen“ des Subjekts bewegen, sondern durch seine „unbewußte Pathologie“. Der zweite Fehler lag darin, daß es nichts gibt, das uns veranlaßt, vor Schreck zu erstarren. Wir müssen vielmehr diese Erscheinungen anerkennen, deren Ursprünge in den Naturgesetzen gründen. Der dritte Fehler bestand darin, daß die Phänomene weder Folge der Einwirkung der Psyche (der psychologischen Seele) noch des Geistes (der spirituellen Seele) auf die Materie sind, auch wenn sich, unter den tieferen Ursachen dieser Phänomene, sehr viele *Inputs* spirituellen Charakters finden lassen.

Deutschland: Friedrich Engels als Gegner des Spiritismus

Der deutsche Philosoph und Sozialist Friedrich Engels, der mit Karl Marx gemeinsam den sogenannten wissenschaftlichen Sozialismus und die „materialistische Geschichtsauffassung“ begründete, reagierte selbstverständlich nicht gerade sanft auf die Einführung des Spiritismus und auf deren Vertreter (egal ob mit oder ohne wissenschaftliche Zielsetzung). Denn der Spiritismus war eine Religion mit dem Ziel, die Unsterblichkeit der Seele zu beweisen.

Diese Unsterblichkeit schien sich mit der Vorstellung des „ewigen Lebens“ im Christentum zu decken, wobei letzteres im übrigen nichts beweisen wollte, sondern nur einen immensen Glaubensakt erforderte. Der Spiritismus entstand in Opposition zur Aufklärung und zum Positivismus. Ein Ausdruck des Positivismus war der Materialismus.

In der knappen historischen Darstellung haben wir gesehen, wie der Spiritismus Swedenborgs sich mit der Methode der Aufklärung vereinte, der Spiritismus Rivail-Kardecs sich auf die fortschrittlichen Vorstellungen des Sozialismus eines Fourier und Leroux (den Engels als utopisch bezeichnete) stützte, und wie der amerikanische Spiritismus an den Pioniergeist der Amerikaner gebunden war und einen Bruch mit Tradition und Dogmatismus zur Folge hatte.

In diesem Zusammenhang wird deutlich, daß der Spiritismus eine laizistische, positivistische und antichristliche Grundlage hatte. Dennoch stellte er sich antipositivistisch dar, und zog sich damit die harsche Kritik Engels zu.

Engels, der Mesmerismus und die Schädelkarte des Gall

In der *Dialektik der Natur* leitet Engels das Thema des Spiritismus ein, indem er mit einer Abrechnung der Theorien Mesmers beginnt, die wie wir schon gesehen haben, dem Spiritismus den Weg bereitete. Vor allem Mesmers Theorie der Suggestionen, also der erregten Bewußtseinszustände – so wie des Fluidums, das die konstituierende Materie des *Perispirit* darstellen sollte –, war hier die geistige Grundlage.

Engels erster Angriff galt dem Zoologen und Botaniker Alfred Russel Wallace, der zur gleichen Zeit wie Darwin die Theorie der Modifikationen der Spezies durch natürliche Auslese entwickelte. Engels beschuldigte Wallace, sich dem Spiritismus verschrieben zu haben. Um der Wahrheit willen muß gesagt werden, daß Wallace den spiritistischen Lehren nicht anhing, aber die Existenz solcher Phänomene nicht leugnete, was für Engels dasselbe war.

Engels, der sich auf ein Buch von Wallace[15] stützte, betonte, daß jener seine Forschungstätigkeit als Schüler Spencer Halls (einem Experten der Mesmerismus) begann, den Engels im Winter 1843–1844 kennengelernt hatte wie folgt beschrieb:

„Er war ein ganz ordinärer Scharlatan, der unter der Protektion einiger Pfaffen im Land umherzog und an einem jungen Mädchen magnetisch-phrenologische Schaustellungen vornahm, um dadurch die Existenz Gottes, die Unsterblichkeit der Seele und die Nichtigkeit des ... Materialismus zu beweisen."[16]

Die Kritik Engels trifft völlig den Kern, denn das Vorhaben, die Existenz Gottes und die anderen oben genannten Dinge mittels Hypnose beweisen zu wollen, ist wissenschaftlich und spirituell ein Verbrechen. Diese Annahme ist übrigens von unseren Zeitgenossen übernommen worden, die mittels der hypnotischen Regression die Existenz der Reinkarnation beweisen wollen.

Genau zu diesem Zeitpunkt taucht ein Kleinod auf, ein Phantasiestück, das im 19. Jahrhundert in Mode kam: die Schädelkarte des Gall. Es handelte sich um eine imaginäre Karte, auf der verschiedene Punkte des Schädels Organen des Körpers und bestimmten Gefühlen entsprachen. Wenn der „Magnetiseur" eine Zone des Schädels berührte, entstanden entsprechende suggestive Wirkungen. Spencer erklärte dem Publikum, daß, wenn er eine bestimmte Zone des Schädels berühren würde, in dem jungen Mädchen das „Organ der Anbetung" erwachen würde. Und tatsächlich kniete sich das Mädchen, nachdem sie dies vernommen hatte, mittels hypnotischer Suggestion nieder, faltete die Hände und nahm die passende Haltung ein. Laut Spencer war in diesem Augenblick die Existenz Gottes bewiesen!

Der Enthusiasmus, den Wallace für diese Experimente aufbrachte, machte Engels die Kritik sehr leicht, der nun selbst in die Rolle eines Experimentators schlüpfte, mit dem Ziel, die Gallsche These der „Schädelpunkte" zu widerlegen. Es gelang ihm vortrefflich, die Gallsche Karte umzustürzen, da er ein zwölfjähriges Mädchen als Subjekt für den Gegenbeweis heranzog:

„Wir gingen noch viel weiter: Wir konnten sie nicht nur vertauschen und über den ganzen Körper verlegen, sondern wir fabrizierten noch eine beliebige Menge anderer Organe, des Singens, Pfeifens, Tutens, Tanzens, Boxens, Nähens, Schusterns."[17]

Die wissenschaftliche Forschung in der Geisterwelt

Engels gelang es, den Mesmerismus zu entmythisieren, indem er sich in einen Experimentator verwandelt hatte und direkte Erfahrungen machte. Hinsichtlich des Spiritismus blieb seine Kritik jedoch nur eine Auflistung aller bereits bekannten Informationen. Der berühmte Wissenschaftler Wallace blieb Ziel von Engels Attacken:

> „Herr Wallace endigte mit dem Glauben an die magnetisch-phrenologischen Wunder und stand nun schon mit einen Fuß in der Geisterwelt. Den anderen Fuß zog er nach im Jahr 1865. Zurückgekehrt von seinen zwölfjährigen Reisen ... führten ihn Tischrückexperimente in die Gesellschaft verschiedener ‚Medien‘ ."[18]

Wallace wurde angegriffen, weil er die Sitzungen Homes und Davenports für bare Münze nahm. Als Wallace mit dem Medium Guppy-Nicholis experimentiert wurde er von Engels als naiv bezeichnet, da er die Fotografien von Geistern der Guppy als authentisch akzeptiert hatte. In der Tat ist der Fotograf Hudson (Urheber der Photos mit der Guppy) wegen der Fälschung von Geisterphotographien öffentlich verurteilt worden.

Engels kritisiert auch die Guppy, die im Juni 1871 in einem Zustand von Unbewußtheit von ihrem Haus in Highbury Hill Park in die Lambs Conduit Street Nr. 69 transportiert worden war, um auf einem Tisch inmitten einer spiritistischen Sitzung abgelegt zu werden. Die Türen des Zimmers waren geschlossen.

Der Einwand Engels beschränkt sich auf die Tatsache, daß weder im Dach, noch in den Türen Löcher für den Einlaß derjenigen war, die scherzhaft die „dickste Frau Londons" genannt wurde.

Es handelt sich um eine sehr dürftige Anfechtung, die zum einen Engels Ignoranz in Bezug auf das Wesen der Phänomene widerspiegelt, und zum anderen seine Unmöglichkeit, eine Interpretation zu liefern oder eine glaubhafte Interpretation als Betrug aufzudecken, zeigt.

Engels Kritik galt auch William Crookes, über den nur Klatsch-Enthüllungen überliefert sind, und zwar von Personen, die auf der Suche nach öffentlicher Geltung waren und schließlich nach dem Tod des Wissenschaftlers berühmt wurden.

Engels beschließt seine Abhandlung mit einem Zitat von Aldous Huxley, der dem Spiritismus keinerlei moralische Hoffnung läßt:

„Lieber als Straßenkehrer leben, denn als Verstorbener Blech schwätzen durch den Mund eines Mediums, das sich für eine Guinea per Sitzung vermietet!"[19]

Eduard von Hartmann,
der philosophische Begründer des Animismus

In den letzten dreißig Jahren des 19. Jahrhunderts erlaubte das Studium der Hypnose und der Individuation, welche immer mehr auf den Begriff des Unbewußten zurückgeführt wurden, dem Spiritismus eine psychologische Theorie entgegenzusetzen.

Der Urheber dieser Theorie war der deutsche Philosoph Eduard von Hartmann (1842–1906), der in seinem Hauptwerk *Philosophie des Unbewußten* Kenntnisse Hegels, Schopenhauers und Schellings zusammenführt. Das komplexe wissenschaftliche Modell Hartmanns interessiert uns hier nicht, sondern nur die vom Autor selbst vollzogene Anwendung auf den Spiritismus[20]. Diese beeinflußte Gelehrte wie William James, Flournoy, Morselli und Richet.

Nach Hartmann sind im universalen Unbewußten die Elemente der Vergangenheit, der Gegenwart und der Zukunft enthalten.

Die psychischen, paranormalen Phänomene wären ein Produkt der psychischen Tätigkeit der Lebenden und im Besonderen des Mediums, daß, wenn es ins universale Unbewußte eintaucht, Kenntnisse erlangt, die mit den normalen Sinnen nicht zu erhalten sind und mit denen die Persönlichkeit des Verstorbenen rekonstruiert werden kann.

Diese Theorie wurde als Animismus bezeichnet, denn unter Berufung auf wissenschaftliche Elemente hätte er sich nicht um den Begriff der „Seele" bemühen sollen.

„Der Animismus stellt ein bemerkenswertes Zugeständnis an den Positivismus dar … Er gestand zwar eine psychische Energie zu, aber er krankt an seinem mangelhaften Wissen über die physische Energie.“[21]

Hartmann, einer der heftigsten Gegner des Spiritismus, betrachtete die Wirkung auf die Materie schließlich als Halluzinationen. Die Ausarbeitung seines Modell hatte aber den Fehler, daß er das spiritistische Experimentieren nicht beherrschte. Aber auch wenn er sich bei der Frage nach der Existenz der physischen Phänomene irrte, gebührt ihm der Verdienst, neue allgemeine Perspektiven der Betrachtung des Spiritismus eröffnet zu haben.

England: Der Fall Gordon Davis

Im Jahre 1922 unternahm Samuel Soal (1889–1966), Dozent für Mathematik an der Universität London und Begründer sehr wichtiger quantitativer Experimente über die Präkognition, Versuche mit dem Medium Blanche Cooper. Dabei bediente er sich der Methodik der „phonischen Trance“, was konkret bedeutet, daß das Medium sich spaltete und die Persönlichkeit der Verstorbenen interpretierte. In der spiritistischen Tradition wird diese Methodik als „Besessenheit“ bezeichnet, da man glaubt, daß der Verstorbene den Geist des Mediums besäße und über es kommuniziere. Das Medium hatte als kontrollierende Persönlichkeit (was im französischen Spiritismus als „leitender Geist“ bezeichnet wurde) eine Frau namens Nada erwählt, die manchmal einen Mann namens Frank mit ins Spiel brachte, den im Krieg 1918 verstorbenen Bruder Soals.

Ich gebe im folgenden einen Auszug eines Sitzungsprotokolls wieder, das 1925 von Professor Soal in den Berichten der *Society for Psychical Research* veröffentlicht worden war und eine enorme Bedeutung hatte, da es ein für alle mal klärte, daß eine mediumistische Sitzung nichts anderes ist als eine theatralische Interpretation, die von der Persönlichkeit des Mediums, das unbewußt gespalten ist, ausgeführt wird.

Ich werde die auffallendsten Punkte des Protokolls kommentieren:

FRANK: (Bruder Samuel Soals): Sam, ich führe dir jetzt jemanden zu, den du kennst.

SOAL: Sehr gut, sprich nur.

STIMME: Nun gut Soal! Ich habe wirklich nicht erwartet, auf diese Art mit dir sprechen zu müssen.

SOAL: Aber wer bist du eigentlich?

STIMME: Erinnerst du dich nicht mehr an Gordon Davis aus Rochford?

[Kommentar: Es handelte sich um einen Jugendbekannten Soals. Soal erinnerte sich aber nicht mehr daran, daß Gordon Davis in Rochford gewohnt hatte. Später sollte ihm diese Tatsache bestätigt werden. Soal erinnert sich nicht und der „Geist" erinnert sich. Wie konnte das sein? Das Medium hatte mit Hilfe der psychischen Integration aus Soals Unbewußtem die Information hervorgeholt, die scheinbar von Soal vergessen worden war. Dies ist der Mechanismus, der sehr viele Unbedarfte täuscht, die sich mit dem Spiritismus auseinandersetzen und diese banalen psychologischen Tatsachen und die nonverbale Kommunikation als Beweis für die Kommunikation der Verstorbenen ansehen.]

STIMME: Was für eine seltsame Welt ist das hier! Mein einziges Bedauern gilt der Erinnerung an meine arme Frau und meine Kinder!

SOAL: Bist du wirklich Gordon Davis? Ich habe gehört, du seist getötet worden.

[Kommentar: Soal ist überzeugt, daß Gordon Davis im Krieg getötet worden sei. Diese Überzeugung erweist sich als wesentlich, um das wahre Wesen des spiritistischen Ereignisses zu verstehen.]

STIMME: Ja, ich bin Gordon Davis: Wenigstens das, was von ihm übrig ist.

SOAL: Wie kannst du mir das beweisen?

STIMME: Ich muß einen Augenblick innehalten, ich bin nicht gewöhnt ...

[Kommentar: Das gespaltene Ich des Mediums, das den verstorbenen

Gordon Davis verkörpert, befindet sich gegenüber der Frage in Schwierigkeiten, und so bringt es eine neue Persönlichkeit mit ins Spiel, welche Ergebnis seiner Spaltung ist: seine „Kontrolle" Nada.]

NADA: Es handelt sich um einen mächtigen Geist. Er kann dem Medium weh tun.

[Kommentar: Die banale Entschuldigung, in Übereinstimmung mit den spiritistischen Glaubensüberzeugungen, dient dem Unbewußten des Mediums dazu, nicht gestehen zu müssen, daß es nicht zu antworten weiß.]

STIMME: Erinnerst du dich an unsere alte Schule? Wie ich immer mit H... H... H., der Name ist mir entfallen, über Geographie und Harpunen diskutierte.

[Kommentar: Der Geist scheint vergeßlich zu sein, aber in Wirklichkeit hat das Medium Schwierigkeiten die Informationen aus Soals Geist telepathisch zu erfassen.]

SOAL: Ich erinnere mich an deine Unterhaltungen mit Husted, aber ich erinnere mich nicht daran, daß ihr über Harpunen gesprochen hättet.

Der wiedererstandene Verstorbene

In einer darauffolgenden Sitzung beschrieb der Verstorbene Gordon Soal in allen Einzelheiten das Haus, in dem er vor seinem Tod gewohnt hatte, und daß sich in Southend befand. All das wußte Soal nicht.

Es vergingen zwei Jahre und die Sensation geschah: Zufällig begegnete Soal dem sehr lebendigen Gordon Davis. Dieser war sehr verwundert über diese Geschichte und sagte, daß er nie daran gedacht hatte, Soal etwas mitzuteilen. Es trat jedoch ein interessanter Aspekt zutage: Im Jahre 1922, zur Zeit der spiritistischen Sitzungen, lebte Gordon Davis in London und nicht in Southend, und darüber hinaus in einem Haus, das völlig anders war als das Haus, das der verstorbene Gordon Davis Soal beschrieben hatte.

Das Verblüffende jedoch war, daß das Haus, welches Gordon Davis nach 1922 (das heißt nach den Sitzungen) bewohnte, bis ins kleinste Detail der Beschreibung des mutmaßlichen Geistes von Gordon entsprach: Das Äußere, der Eingang, die verschiedenen Zimmer, die Möbel, die Bilder, die Gegenwart einer Frau und eines Kindes. Alles stimmte überein.

Die kritische Prüfung dieses Falles führt zu Schlußfolgerungen, aus denen man dem Spiritismus einen Strick drehen kann:

1) Gordon Davis lebte, also hatte das Medium unbewußt alle Informationen aus dem Geist Soals erlangt.

Es hatte auch vom Geist Soals die „Überzeugung" erfahren, daß Gordon Davis im Krieg gestorben sei. Diese Information hatte mittels Spaltung die fiktive „Konstruktion" der Persönlichkeit des Verstorbenen ausgelöst.

Die Tatsache, daß Gordon auf seinem Tod bestanden hatte, und der Schmerz um den Verlust seiner Frau und seines Kindes, verdeutlicht umso stärker diese Pantomime des kreativen Unbewußten des Mediums und den Schwindel des Spiritismus.

Man kann diesen exemplarischen Fall auf alle Ereignisse des Spiritismus anwenden, auf Ereignisse, die sich ebenso schwer bestätigen lassen, vor allem, wenn sie mit authentisch „psychomiletischen" Vorgängen verbunden sind, die manchmal als Beweis für die spiritistische Interpretationen herangezogen werden.

2) Ein weiterer außergewöhnlicher Aspekt der Geschichte ist die Präkognition. Im Jahre 1922 beschrieb der „verstorbene" Gordon minutiös das Haus, das der „lebende" Gordon Davis in den folgenden Jahren bewohnen sollte. Es handelt sich ohne jedes Mißverständnis um die Beschreibung eines „zukünftigen Sachverhalts", von dem 1922 bereits in irgendeiner Weise in Davis' Geist eine Spur, ein Plan, eine Idee oder Hoffnung bestehen konnte. Das Medium erfuhr während seines Umherwanderns zwischen den unbewußten Erwartungen Gordons die „wahrscheinlichste Möglichkeit", was das wahre Wesen der Präkognition sein kann.

Die Existenz dieses psychomiletischen Geschehens (präkognitiver Art), das sich in einem falschen spiritistischen Ereignis manifestiert, bestätigt, daß das psychomiletische Ereignis eine natürliche Begebenheit darstellt.

Italien: Enrico Morselli und die 35 Theorien über den Spiritismus

Der Neuropsychiater, Ordinarius der Universität von Genua und Direktor des dortigen Krankenhauses für Psychiatrie, Enrico Morselli (1852–1929) war ein entschiedener Anhänger der materialistischen Schule und leugnete die Existenz des Paranormalen. Er änderte seine Meinung jedoch, nachdem er persönlich die Ereignisse um Eusapia Palladino im Circolo di Minerva von Genua untersucht hatte. Es folgten zwei weitere Experimentreihen in den Jahren 1901–1902 in Turin und 1906–1907 in Genua mit Eusapia Palladino.

Er war ein ernsthafter, beharrlicher Forscher, ein Kenner der Betrügereien des menschlichen Geistes. Er schrieb zwei Bücher, die seine Erfahrung mit dem Spiritismus im Wesentlichen zusammenfassen. Er entwickelte 35 Theorien zur Interpretation spiritistischer Geschehnisse, die zwangsläufig zu einer Entmythisierung des Spiritismus führten. Morselli grenzte jedoch die paranormale Phänomenologie ab, die er nicht mit dem spiritistischen Geschehen verwechselte.

„Die wissenschaftliche Psychologie hat mich zum ‚Antispiritisten' in meinem Studium des Spiritismus gemacht: Und der Spiritismus, den ich mit Hilfe der medialen Fähigkeit Eusapia Palladinos (und einem halben Dutzend anderer, weniger berühmten, aber den spiritistischen Kreisen nicht weniger teuren Medien) studiert habe, hat mich der Psychologie gegenüber wieder antispiritistisch gemacht … Ich kann nicht spiritistisch sein."[22]

Ich fasse einige grundlegenden Punkte Morsellis Denkens zusammen.
1) Der Spiritismus ist ein viel grobschlächtigerer Materialismus, als derjenige, den er vorgibt zu bekämpfen.
2) Die Welt der Geister, wie sie von den Medien beschrieben ist, ist von der unseren abgekupfert, ausgehend von einem kindlichen Anthropomorphismus, wie er den primitiven Menschen zu eigen war.

3) Das psychopathologische Element taucht in einem großem Teil der Systematisierung der spiritistischen Doktrin auf. Das Element der Lüge und der Scharlatanerie schuf Raum für eine andere Art spiritistischer Phänomene.

4) Der heutige Kontrast zwischen Okkultismus, Spiritismus und Theosophie, in Bezug auf das Fortleben des *Perispirit* oder des „Astralkörpers", deckt den künstlichen, weder positivistischen noch wissenschaftlichen Ursprung all ihrer Doktrin auf.

5) Während der Sitzungen erreicht man manchmal eine Kommunikation mit lebenden und sogar anwesenden Personen. Dies beweist deren unterbewußten Ursprung und damit automatisch auch den aller anderen Kommunikationen.

6) Die Personifizierungen (die spiritistische Besessenheit) sind alle von der gleichen Bedeutung, egal ob von „großen" oder „mittelmäßigen" Geistern, ... sie entspringen alle gleichermaßen der phantastischen Tiefe des Unterbewußten.

7) Es ist absurd und überflüssig zu glauben, daß die physischen Phänomene der medialen Fähigkeiten dem Eingreifen der körperlosen Geister zu verdanken sind.

8) Wenn man an das Eingreifen von Gnomen, Nixen, Kobolden, Teufeln, Erzengeln etc. glaubt, hat man nicht mehr das Recht, daß die Wissenschaft sich mit dergleichen dummen Zeug beschäftigt, für welches die Irrenanstalt vorgesehen ist [23].

Rußland: Dmitrij Ivanovic Mendeleev und seine Sicht auf Wissenschaft und Spiritismus

Der russische Chemiker und Erfinder des „Periodensystems" (zur Klassifizierung der Elemente gemäß ihrer Atommasse), Dmitrij Ivanovic Mendeleev (1834–1907), interessierte sich so sehr für die spiritistischen Phänomene, daß er dafür eintrat, daß eine Kommission der Gesellschaft für Physik der Universität von Petersburg die Zuverlässigkeit der Phänomene studierte.

Die Gründe, warum Mendeleev sich mit dem Spiritismus beschäftigte, waren vielfältig und betreffen persönliche Interessen und seine Neugier als Wissenschaftler. Jedoch stechen zwei Motive vor allen anderen hervor, wobei es sich beim ersten um ein Motiv kultureller und pädagogischer Natur handelt, verbunden mit dem Ziel, den Spiritismus weltweit zu verbreiten.

> „Im *Tagebuch eines Schriftstellers* (Januar 1876) bezieht sich Dostoevskij auf die weite Verbreitung des Phänomens des Spiritismus in Rußland wie anderswo."[24]

Das zweite Motiv stützte sich auf die Verunsicherung zahlreicher Kollegen Mendeleevs, etwa dem hervorragenden Chemiker Butlerov (der in fortwährend dazu anspornte, mit spiritistischen Versuchen zu beginnen) und dem berühmten Biologen Vagner, die mit wehenden Fahnen zum Spiritismus übergelaufen waren.

Mendeleev, der es gewohnt war, weit voraus zu denken, versuchte den Spiritismus auf ein natürliches Phänomen zurückzuführen und ihm die Patina des Mystizismus zu nehmen. Aber er mußte schmerzlich seinen Irrtum einsehen, denn wer an den Spiritismus „glauben will", braucht, aus tiefenpsychologischen Gründen einen wissenschaftlichen Beweis, eine schlüssige Erklärung. Denjenigen, den ich als pathologischen Spiritisten bezeichne, ist dieser seltsamen „materialistischen Religion" auf eine so intensive Weise verfallen, das die Vernunft keine Chance hat.

Das Scheitern einer wissenschaftlichen Kommission

In dem Bericht, den Mendeleev über seine spiritistischen Erfahrungen schreibt, beschränkt er sich anfänglich darauf, die Situation genau zu umreißen, indem er die Argumente der Gegenseite klarstellt. Er enthüllt, daß die spiritistischen Sitzungen einige Analogien zu Taschenspielertricks aufweisen würden. Er akzeptiert die volkstümliche Redewendung, daß einige Personen „mediale Fähigkeiten" hätten (etwas, daß der Autor

dieses Buches verneint, da er vielmehr eine Neigung zu „medialen Patho-
logien" festgestellt hat). Er bescheinigt, daß zahlreiche Zeugnisse von
respektablen, als glaubwürdig erachteten Personen vorliegen, die zuerst
überzeugt waren, daß es sich bei den spiritistischen Phänomenen um einfache Taschenspielertricks handeln würde:

> „Sie haben sich später von der Realität der Ereignisse überzeugt, die
> ihrer Ansicht nach weder auf Tricks zurückzuführen, noch durch
> bekannte Ursachen zu erklären waren. Warum sollte man ihren Aus-
> sagen also keinen Glauben schenken?"[25]

Mendeleev stellt sich ernsthaft dem Problem, obgleich er sehr wohl weiß,
daß viele Phänomene auf Tricks zurückzuführen sind, aber er glaubt
auch, daß etwas Wahres an ihnen sein muß.

Nach Mendeleev basiert die spiritistische Idee auf einer ähnlichen
Grundlage wie der Glaube an die Existenz der Gnome, der Elfen und der
Geister des häuslichen Herdes.

Mendeleev äußert sich nicht über die Existenz physischer Phänomene, schließt sie aber auch nicht aus. Er stellt alle Hypothesen dar, darunter auch die sehr realistische der professionellen Medien, die sich ihr
Brot verdienen müssen und den unvermeidlichen Ausrutschern mit
Tricks begegnen müssen.

Der Spiritismus präsentierte sich Ende des 19. Jahrhunderts als „neue
Wissenschaft" und bezeichnete seine Gegner als Feinde des Fortschritts.
Mendeleev gerät darüber in Rage:

> „Ich wehre mich gegen den Vorwurf, der gegen die Gegner des
> Spiritismus vorgebracht wird, nämlich Komplizen aller Feinde des
> Fortschritts zu sein ... Blind vor Leidenschaft, mit der sie die eigenen
> Ansichten verteidigen, bemerken die Spiritisten nicht, daß ihre
> Argumente damit enden, unüberlegt und ungerecht zu sein, ja sogar
> soweit gehen, gegen die Männer der Wissenschaft zu hetzen."[26]

Am Ende bereute Mendeleev seine Experimente bitter:

„Es schmerzt mich, die Einrichtung der Kommission über den Spiritismus angeregt zu haben. Wir haben uns nicht vorgemacht, zu einer definitiven Lösung zu gelangen. Wir glaubten aber, daß es möglich sei, sich dem Ziel etwas zu nähern."[27]

Mendeleev mußte feststellen, daß er sich einem Problem ausgesetzt hatte, „das nichts mit der Wissenschaft zu tun hat"[28], und daß er von dem

„Schmerz [betrübt ist], dem Lügentheater beiwohnen zu müssen, das immer über die Wahrheit siegt."[29]

Es ist nicht so sehr das Scheitern der Experimente, das ausschlaggebend ist, sondern viel eher das fanatische Urteil der Spiritisten über die Schlußfolgerungen. Der gute, ehrliche und respektvolle Mendeleev sah sich als Materialist bezichtigt, „in Gefahr an den Pranger gestellt zu werden und den Rest seiner Tage an den schlimmsten Orten Sibiriens zu verbringen"[30].

Schweiz: Théodore Flournoy und die Sprache des Mars

Théodore Flournoy (1854–1920), Professor der Psychologie an der Universität Genf, untersuchte den Spiritismus sehr gründlich. Trotz vieler Bedenken widmete er sich ihm mit soviel Ausgeglichenheit und Objektivität, daß er die Existenz der Telepathie und anderer paranormaler Phänomene bestätigte. Er wandte eine streng wissenschaftliche Methode an, die letztendlich zum Bruch mit dem Medium Hélène Smith (Cathérine Elyse Müller) führte.

Seine Kompromißlosigkeit, seine Aufrichtigkeit und sein wissenschaftlicher Anspruch bewahrten ihn nicht vor der Kritik derjenigen, die noch nicht einmal sein Buch über seine Erfahrungen mit dem Spiritismus als Gelehrter gelesen hatten:

„Als Jones in dem dritten Band seiner Biographie über Freud mit viel Arroganz den Namen Flournoys mit denen der Wissenschaftler vermischt, die sich vom Paranormalen übers Ohr hauen haben lassen, aus einer unkontrollierten Leichtgläubigkeit und dem Mangel wissenschaftlicher Vorsicht heraus, machte er sich eines großen historischen Fehlers schuldig …"[31]

Im Dezember 1894 war Flournoy im Hause des Professors Auguste Lemaître eingeladen, um an einer Sitzung der Hélène Smith teilzunehmen, einem nichtprofessionellen und unbezahlten Medium.

In der ersten Sitzung agierte das Medium in einer Situation leichter Selbsthypnose, während sie eine gewisse Kontrolle über das Bewußtsein behielt und sich am Ende der Sitzung an alles, was sie gesagt hatte, erinnern konnte. Das Medium versetzte den Wissenschaftler in arges Erstaunen:

„Ich verharrte in nicht geringem Erstaunen, als ich in den Szenen, die Frau Smith in dem leeren Raum über meinem Kopf sich abspielen sah, Ereignisse wiedererkannte, die meine Familie vor ihrem Entstehen betrafen."[32]

Flournoy fragte sich, woher das Medium ihre Kenntnisse haben konnte. Heute kann man mit einer gewissen Sicherheit antworten, daß es sich um nonverbale Kommunikation in der Form psychischer Integration oder „kleiner Telepathie" handelte, die immer bedingt ist durch die Tatsachen, daß sich die Personen in demselben Umkreis befinden, daß ein „psychischer Führer" (das Medium) anwesend ist und daß ein intensiver und aktiver „existentieller Stimulus" existiert, der das Phänomen auslösen kann[33].

Hélène Smith stellt das typische Beispiel eines Mediums dar, das neben den authentischen psychomiletischen Phänomenen ihre Phantasien als Produkt einer nichtexistierenden Wirklichkeit liefert. Das war auch der Fall bei den „psychischen Reisen" zum Mars.

Das Medium teilte ihre eigenen Botschaften in verschiedener Weise mit, die sich in Visionen in wachem Zustand, im „automatischem Schreiben" oder automatischen Zeichnungen und in akustischen Halluzinationen äußerten. Dann versetzte sie sich in Zustände tiefer *Trance* bis sie zu einer echten medialen Besessenheit gelangte, nach der sie sich an nichts mehr, was während der Sitzung passiert war, erinnern konnte.

Professor Lemaître sprach eines Tages mit einem Verwandten des Mediums über sein persönliches Interesse an den Vorgängen auf anderen Planeten und besonders auf dem Mars. Nach einem Monat begann das Unbewußte des Mediums einen Kontakt zum Mars herzustellen. Das Medium beschrieb die komplizierte Gesellschaft auf dem Mars, die seltsamen Häuser, die Kutschen ohne Pferde und Räder. Einer Frau, die mit ihrem verstorbenen Sohn Alexis kommunizieren wollte, stellte sie diesen als Bewohner und Botschafter des Mars mit dem neuen Namen Esenale vor.

Im Februar 1896 tauchte die Marssprache auf, die keiner verstand, bis Esenal einige Monate danach begann, die Marssprache zu übersetzen. In der Zwischenzeit tauchten im „geistigen Theater" der medialen Träume der Hélène Smith nacheinander verschiedene Marsmenschen auf: Astané, Ramié, Pouzé, Siké, etc.

Alle Botschaften in der Marssprache wurden von Flournoy transkribiert, der akkurate phonetische und linguistische Untersuchungen unternahm, unterstützt von Spezialisten auf diesen Gebieten. Er gelangte zu dem Schluß, daß das Unbewußte eine echte Sprache ausgebildet hatte, und daß diese Sprache im Zeitraum von sechs Monaten ihren Höhepunkt erreicht hatte. Die grammatikalische Struktur glich jedoch dem Französischen, der Sprache des Mediums, und oft besaßen die Wörter die gleiche Anzahl von Silben und Buchstaben.

Ein Beispiel dieser Sprache, das die Erfindungsgabe des unbewußten Teils unseres Gehirns beweist, ist:

„Mode iné cé di cévouitche ni evé ché kiné liné.
Angebetete Mutter, ich erkenne dich wieder, und ich bin dein kleiner Linel."[34]

Die Untersuchung des Wissenschaftlers zeigt, daß die Persönlichkeitsspaltung als Produkt die Marssprache und den „Roman" über den Mars, auf welchem sich die irdischen Verstorbenen befanden, hervorgebracht hatte. Der „Zyklus" des Mars stellte sich wie folgt dar:

> „Er stellt uns vor eine kindliche, mit einer übermäßigen Einbildungskraft versehene Persönlichkeit ... solch eine Persönlichkeit findet einen ganz besonderen Gefallen an den Sprachspielen und an der Schöpfung unbekannter Idiome."[35]

Diese gespaltene Persönlichkeit bildet einen Gegensatz zur Persönlichkeit des Mediums, das Sprachen widerwillig gegenüberstand. Die gespaltene Persönlichkeit jedoch hatte in einer Sitzung den Mond und verschiedene Planeten des Sonnensystems „besucht" und dabei die jeweilige Sprache dargelegt.

Flournoy vergegenwärtigte sich, daß das Medium als Heranwachsende Deutsch gelernt hatte, aber in der Marssprache keinerlei Hinweise auf die sprachliche Struktur des Deutschen zu finden waren. Er zog daraus folgende Schlußfolgerung:

> „Ich folgere, daß die sekundäre Mars-Persönlichkeit, so produktiv in ihrem sprachlichen Eifer, aber völlig der Struktur der Muttersprache unterworfen, ein archaisches Stadium, fast eine Art Entwicklungsstillstand, darstellt, das der Zeit vorausgeht, als Hélène mit dem Studium des Deutschen begann."[36]

Die normale Persönlichkeit des Mediums hatte in ihrer Reife den kindlichen Zustand überwunden, der durch die Autohypnose wieder zum Vorschein gebracht wird und sich in den Marsphantasien ausdrückte, aber auch in der Entwicklung einer Sprache, die die sprachlichen Zugewinne der erwachsenen Hélène „ignoriert". Daher spricht Flournoy von einem „archaischen Stadium", einem primitiven Stadium der Persönlichkeit.

USA: William James und die Anwendung
des Pragmatismus auf den Spiritismus

Der amerikanische Philosoph und Psychologe William James war Professor an der Harvard University und Vorsitzender der *Society for Psychical Research* von London. Der Spiritismus geisterte schon seit seiner frühen Kindheit in der Familie umher, da der Vater ein Verehrer Swedenborgs war. Sein Bruder, der Schriftsteller Henry James, hat in seinen Romanen Figuren sensitiver Medien porträtiert.

Aufgrund seines gesicherten finanziellen Backgrounds, war William Jones in der Lage, intensive Forschungen auf dem Gebiet der Psychologie und der Philosophie zu betreiben. Er wurde zu einer Koryphäe in diesen Bereichen und gilt als Begründer des Pragmatismus.

Der Pragmatismus gesteht der Wahrheit einer Idee nur geringe Bedeutung zu. Vielmehr konzentriert er sich auf die Fähigkeit, zu Gunsten der Befriedigung vitaler Bedürfnisse zu handeln. Wir werden sehen, wie diese Philosophie, die wirklich eine „Methode" darstellt, um das Leben zu bewerten, ihre Anwendung in einem Modell findet, das die scheinbaren spiritistischen Ereignisse erklärt.

James hatte sein vierzigstes Lebensjahr überschritten, als er sich der Untersuchung spiritistischer Phänomene widmete. Den Anlaß lieferte eine Reihe von Sitzungen (18 Monate des Studiums) mit Frau Piper, einem berühmten Medium. Diese gab so präzise Angaben über die Familie von Frau James und ihre verstorbenen Angehörigen, daß James sich von der Wahrheit der Phänomene überzeugt sah. Da er kein Anhänger der spiritistischen Doktrin war, stellte er eine Hypothese auf, um, alternativ zur spiritistischen Weise, eine Erklärung der mentalen Phänomene auszumachen. William James vermutete die Existenz eines kosmischen Bewußtseins, über das alle Menschen auf der tiefsten Ebene ihres Inneren miteinander in Kontakt treten können. Grundlage hierfür ist ein kosmisches Reservoir, ein psychischer Bereich, in dem Erinnerungen bewahrt werden, also Spuren allen vergangenen und zukünftigen Geschehens.

Das Medium könnte aus dem „kosmischen Bewußtsein" alle die Lebenden betreffenden Nachrichten beziehen und aus dem „kosmischen Reservoir" die Informationen, die die Verstorbenen betreffen. Daher würde das Medium alle Nachrichten dramatisieren und sie so präsentieren, als wäre der Verstorbene direkt mit ihm in Kontakt.

Man muß beachten, daß es in der Mehrheit der Fälle genügen würde, auf das Konzept der psychischen Integration zurückzugreifen, das schon bezüglich der Experimente von Flournoy mit Hélène Smith erwähnt wurde[37].

Es ist interessant zu bemerken, wie William James, während er das Medium beschreibt, das die unbewußt erfaßten Nachrichten dramatisiert, einen pragmatischen Ansatz verwendet. In der Tat zeigt sich, daß durch das Eingreifen des unbewußten Teils des Menschen, die „Wahrheit der spiritistischen Idee" (das heißt die Existenz des Geistes des Verstorbenen, der kommuniziert) nicht mehr Bedeutung hat, als die „Fähigkeit" des spiritistischen Glaubens für die Befriedigung der vitalen Bedürfnisse des Menschen zu sorgen: wie beispielsweise der Glauben an ein Leben nach dem Tod. Dies findet bei dem Religionspsychologen William Jones Zustimmung, denn er stellte fest, daß die Gefühle, Instinkte, die emotionalen Zustände das Wesen der Religion sind.

In James' Pragmatismus würde der Spiritismus zur Religion werden. Dies stimmt mit der Realität der Ereignisse überein, denn der Spiritismus ist eine emotionale Religion (von geringem qualitativen Wert). Der Spiritismus ist in der Tat Ergebnis eines emotionalen Zustandes der ganz unabhängig vom Willen, dem Bewußtsein und der Rationalität ist. Wie das Christentum, ist auch der Spiritismus mit der vertrauensvollen Hingabe an Gott verbunden.

James' Modell ärgerte die Spiritisten sehr (zum Beispiel den Gelehrten Bozzano), die sich mit einer rationalistischen Erklärung konfrontiert sahen, die ihre „Beweise" eines Fortlebens nach dem Tod untergrub.

Trotz des Schadens und des Ärgers, den er den Spiritisten zugefügt hatte, blieb James nicht von dem Verdacht, mit dem Spiritismus zu sympathisieren, verschont.

Der Vorwurf kam von René Guénon, der behauptete, daß James während seiner letzten Lebensjahre Zugeständnisse an den Spiritismus gemacht hätte:

> „Eins ist sicher: William James versprach, nach seinem Tod alles in seiner Macht stehende zu tun, um mit seinen Freunden und anderen Experimentatoren zu kommunizieren: Dieses Versprechen (sicherlich „im Interesse der Wissenschaft" gegeben) beweist, daß er den spiritistischen Annahmen eine gewisse Wahrscheinlichkeit zugestand."[38]

Die katholische Kirche und ihre Kritik am Spiritismus

Wir haben bereits gesehen wie das Judentum und das Christentum die Totenbeschwörung bekämpften[39]. Wir haben auch gesehen, daß es, während der Ungehorsam Sauls als gesichert angesehen werden kann, unwahrscheinlich ist, daß die „Frau, die Gewalt über einen Totengeist hat", wirklich den Geist Samuels angerufen hat. Wenn es möglich ist dieses Phänomen zwischen Halluzinationen und medialer Schöpfung anzusiedeln, dann kann man es der Sphäre der klassisch schamanischen Erfahrungen zurechnen und nicht in die Realität.

Es muß ebenso betont werden:
1) Die Kirche hat sich nie über das wahre Wesen der spiritistischen Phänomene geäußert.
2) Die Kirche verbietet der Masse der Gläubigen, an spiritistischen Praktiken teilzunehmen.
3) Die Kirche hat den Verdacht, daß in den auftretenden Manifestationen, *per accidens*, sich teuflische Einflüsse mischen können."[40]

Es wäre Zeit, daß die Kirche zur Natur der spiritistischen Phänomene Stellung bezieht. Man sollte dahin gelangen, die Haltlosigkeit dieser Beschwörungen zu erkennen und klarstellen, daß ihr Wesen im suggestiven, kreativen, persönlichkeitsspaltenden Geschehen liegt, und es sich nicht um ein spirituelles Ereignis handelt, daß allein der menschlichen Sphäre zu zuordnen ist. Außerdem erscheint ein Gott, der Medien antwortet und sie so faktisch, ungeachtet des Sakraments der Weihe, zu seinen Priestern macht, ziemlich unglaubwürdig.

Was das teuflische Eingreifen betrifft, so scheint es ziemlich naiv, die spiritistischen Botschaften als direktes Werk des Satans zu betrachten, aber ebenso arglos, nicht zu erkennen, daß der Teufel sich mittels psychodynamischer Mechanismen die menschliche Unkenntnis zunutze macht. Ich will damit sagen, daß die mediale Fähigkeit, also der Zustand der Abspaltung der Medien, unter den Menschen Verwirrung stiftet. Wenn ein Glaubensakt, der Vertrauen in das Wort Christi (das ewiges Leben verspricht) impliziert, ersetzt wird durch einen Beweis des Lebens nach dem Tod, so bewahrheitet sich, daß das „Böse" seine Saat der Verwirrung zum Keimen gebracht hat.

Die katholische Kirche ist im Laufe der Jahrhunderte verschiedenartig eingeschritten. Ich erinnere an:

1) Die *Regulae Tridentinae* (im Jahre 1564 von Pius IV. bestätigt), welche die Lektüre von Weissagungstexten, die Totenbeschwörung, die Astrologie und jegliche abergläubische Praktiken verbieten.

2) Eine *Enzyklika des Heiligen Offiziums* vom August 1856 an die Bischöfe, die vor dem möglichen Mißbrauch der mit dem Mesmerismus (tierischer Magnetismus) verbundenen Praktiken warnt. Die Anwendung des Magnetismus ist nicht per se verboten, aber die „Bosheit der Menschen" hat zur Beschwörung der Seelen geführt.
Wir haben erörtert, daß der Mesmerismus ein kultureller Faktor war, der die Entstehung des Spiritismus begünstigt hatte.

3) *Dekret des Heiligen Offiziums* vom 30. März 1898, unterzeichnet von Papst Leo XIII. Das Dekret antwortet auf die folgende Frage:

„Selbst wenn man zu seinen Gunsten jeden Pakt mit dem Geist des Bösen ausschließt, hat so mancher Mensch die Gewohnheit, die Seelen der Toten zu beschwören ... er bittet das Oberhaupt der Engel, ihm Gelegenheit zu geben, mit dem Geist einer gegebenen Person zu kommunizieren. Er wartet einige Zeit, dann spürt er, wie sich die eigene Hand bewegt und erfährt dies als Gegenwart des Geistes. Also erklärt er, was er wissen will und seine Hand schreibt die Antwort zu den formulierten Fragen auf. Alle diese Antworten stimmen mit dem Glauben und den Lehren der Kirche überein ... Unter den dargestellten Umständen fragt man sich, ob diese Praktiken so manchen Menschen, zulässig sind."[41]

Die Antwortet lautete: *„Uti exponitur non licere"*[42], das heißt soviel wie, „so wie sie sich darstellen, sind sie nicht erlaubt".

Wenngleich wir festhalten können, daß es für die katholische Kirche moralisch unzulässig ist, mit den Verstorbenen zu kommunizieren, ist es angebracht einige Überlegungen dazu anzustellen:

a) Das automatische Schreiben ist scheinbar charakteristisch für die psychisch-physiologische Struktur des Menschen. Nur die Unwissenheit des Menschen über die Natur des eigenen Seins kann rechtfertigen, daß ein natürliches Phänomen den Verstorbenen zugeschrieben wird. Die unbewußten, menschlichen Automatismen sind nicht von sich aus unerlaubt, aber der Gebrauch, den der Mensch davon macht, ist gefährlich. Man betrügt sich selbst, wenn man glaubt, daß man die Kommunikation, die man mit sich selbst unbewußt herstellt, für die Botschaften der Verstorbenen hält.

b) Die Tatsache, das die Antworten mit dem Glauben und den Lehren der Kirche übereinstimmen, macht den Gebrauch des automatischen Schreibens nicht besser. Es bleibt immer ein Reflex der psycho-physiologischen Struktur des Menschen. Es ist nunmehr bestätigt, daß das „automatische Schreiben" den kulturellen Hintergrund des „Mediums" respektiert. Wenn es sich dabei um einen Priester oder Christen handelt, der nicht vom Okkultismus beeinflußt ist, ist offensichtlich, daß die Botschaft von der Kirche akzeptiert wird. Daher darf man auch den „sauberen" Botschaften keinen Vorzug geben: Sie sind genauso ein Produkt des Unbewußten, wie jene, die vor einem spiritistischen, okkultistischen Hintergrund entstehen. Beide sind Ergebnis der psychischen Verarbeitung des Menschen.

4) *Erlaß der Vollversammlung der Kongregation des Heiligen Offiziums vom 26. April 1917* (unterzeichnet von Papst Benedikt XV.). Auf die Frage: „Ist es erlaubt, mittels eines Mediums ... an einer spiritistischen Kommunikation teilzunehmen?", bestätigten die Patres, daß die Antwort negativ sein müsse.[43]

Pater Petazzi: Die „spiritistische Religion" bedeutet die Zerstörung des Christentums

Die gesamte katholische und generell christliche Presse nahm am Kampf gegen den Spiritismus teil und betonte dessen diabolischen und antichristlichen Charakter. Wenig Raum wurde den wissenschaftlich psychologischen Argumenten eingeräumt, die jedoch von großer Hilfe gewesen wären.

Einer der engagiertesten katholischen Experten der ersten Jahrzehnte des 20. Jahrhunderts war der Jesuitenpater Giuseppe Petazzi, der den Spiritismus zu Recht als die Zersetzung des Christentums betrachtete. Petazzi stützte diese Überzeugung auf „theologische" Behauptungen des Spiritismus, die dem Christentum widersprachen. So schreibt Petazzi:

1) Wird das eigentliche Wesen des Christentums verneint, insofern der Spiritismus behauptet, daß „das Christentum keine einzigartige und spezifische Offenbarung ist, sondern nur eine der Formen spiritistischer hoher Manifestation."[44]

2) Wird die Göttlichkeit Christi verneint, insofern er nur als Höherer Geist bezeichnet und geleugnet wird, daß er wahrhaftig Gott sei.

3) Wird die Erlösung verneint. Tatsächlich wird das Dogma der Erbsünde geleugnet und da es diese nicht gibt, braucht man auch keine Rettung. Das Christentum wird nicht verworfen, aber modifiziert. Dies wäre die Mission des Spiritismus.

4) Wird die Auferstehung Christi verneint.

5) Werden alle Wunder Jesu Christi verneint.

6) Wird die Dreifaltigkeit verneint.

7) Werden alle Sakramente verneint.

8) Wird die Existenz des Satans und der Dämonen verneint.

Diese ausdrückliche Distanzierung Petazzis vom Spiritismus als antichristlicher Weltanschauung erscheint Christen, die nicht auf die Argumente der Psychologie hören wollen, überzeugend.

Die Geschichte der Vergangenheit bringt Aufklärung in die spiritistischen Bewegungen, die aus den katholischen Gruppen der ganzen Welt entstanden sind, und die die eigenen anitchristlichen Ursprünge scheinbar veneinen wollen, indem sie sich als treue Gefolgsleute des Glaubens an Christus präsentieren. Von diesen Bewegungen werden wir im nächsten Kapitel sprechen.

Ist die Kirche Schuld am spiritistischen Boom?

Die Reaktion der katholischen Presse auf die spiritistischen Ideen wurde von Massimo Biondi als einer der Gründe bewertet, die die Verbreitung des Spiritismus in Italien begünstigt haben sollen.

> „Gerade die Artikel der *Civiltà Cattolica*, denen mehr oder weniger imposante Werke und andere Publikationen in einschlägigen Tageszeitungen folgten, waren maßgeblich verantwortlich für die Einführung des Spiritismus in Italien. Ein Verdienst, das die Spiritisten ihren Gegnern nie anrechneten, das sich aber dennoch in aller Deutlichkeit aus der historischen Analyse zu bestätigen scheint.“[45]

Biondi behauptet, dem spiritistischen Phänomen wäre nicht diese Aufmerksamkeit geschenkt worden, wenn man ihm nicht mit soviel Groll gegenüber gestanden hätte.

Ich glaube, daß diese Hypothese Biondis nicht korrekt ist, da die Katholiken, an die diese antispiritistischen Informationen gerichtet waren, sich nie getraut hätten, den Teufel, an den sie glaubten und den sie fürchteten, zu reizen. Die Aufklärung über die spiritistischen Sitzungen kann dazu beigetragen haben, die Neugier von Personen und Laizisten zu reizen, die ihren Glauben nicht engagiert lebten. Daher ist die Verbreitung des Spiritismus mehr dem positivistischen Klima anzulasten, dem natürlichen Instinkt, die Religion zu verspotten, die der psychologische Auslöser für den Erfolg des Spiritismus war. Den Beweis dafür liefert die Gegenwart des Spiritismus in den protestantischen Ländern, in denen die katholische Kirche sicherlich weniger Einfluß hatte.

Die Kirche reagierte auf die spiritistischen Bewegungen mit der besten Waffe, die überhaupt existiert: der Prävention.

ZWEITER TEIL

Konsumismus des Heiligen und Pseudo-Wissenschaft am Ende des zweiten Jahrtausend

Amerika, Europa und der Orient:
Spiritismus als Religion
oder Wissenschaft?

Italien: in spiritistischen Kreisen und unter Priestern wird die
Kommunikation mit den Verstorbenen „wiederentdeckt"

Amerika, Europa und der Orient:
Spiritismus als Religion
oder Wissenschaft?

Die Kommunikation mit den Verstorbenen
in unserer Zeit

Die Praktiken, mit denen versucht wird, mit den Verstorbenen in Kontakt zu treten, dringen immer mehr in den gesellschaftlichen Alltag ein. Je nach Kontext erwecken diese Versuche entweder den Anschein, es handle sich um ein Gesellschaftsspiel oder aber um eine unheimlich wichtige und heilige Angelegenheit.

Die Beschwörungspraxis hat sich in bestimmten Kreisen zu einer regelrechten Modeerscheinung entwickelt: Müßiggänger, die ihre sinnentleerten Abende in einer verschlafenen Provinz ausfüllen müssen, beschäftigen sich auf eine unverantwortliche Weise damit, oder auch Nachtschwärmer in den Großstädten, die so einem andernfalls langweiligen Abend einen Hauch von Geheimnis verleihen möchten. Diese Beispiele törichten Verhaltens beruhen auf einer Art konsumistischer Religiösität und skeptischer Neugier, wobei die Betroffenen nicht die leiseste Ahnung von den psychologischen und spirituellen Voraussetzungen der Religion oder der Beziehung zu einer Welt der Ewigkeit haben. Jedenfalls kann man in diesen Fällen der Pseudo-Kommunikation, die fast alle während belangloser Sitzungen und unter Zuhilfenahme von Alphabettafeln stattfinden, nicht von wahrem Spiritismus reden, zumindest nicht von einem ideologischen Standpunkt aus betrachtet. Jedoch können Phänomene auftreten, wie das Wiederauftauchen von tief vergrabenen Informationen, die Schöpfung fiktiver Persönlichkeiten sowie manchmal auch echte paranormale Phänomene, was aber nicht mit Spiritismus verwechselt werden darf.

Der Spiritismus:
Mehr als eine Sekte – eine transversale, synkretistische Religion

Viel bedeutender ist das Verhalten jener Personen, die sich infolge eines Trauerfalls nicht mit der „Stille" des Todes abfinden können und mit dem Verstorbenen kommunizieren wollen, um den Trost zu spüren, den der Gedanke an ein Leben nach dem Tod spenden kann. Der wahre Christ, der einen Weg der Reifung im Lichte Christi beschritten hat, der sich also mit den anthropologischen Aspekten von Leben und Tod gemäß der christlichen Botschaft auseinandergesetzt hat, nimmt das Ereignis des Todes als einen Abschied an, so schmerzhaft und traumatisierend er auch ist. Er lebt mit der Erinnerung an den lieben Verstorbenen weiter, betet und fühlt sich in spiritueller Gemeinschaft mit ihm.

Wer geradezu auf besessene Weise das „automatische Schreiben" praktiziert (das letztlich nur einen Beweis für die menschliche Kreativität darstellt) oder den auf ein Band aufgenommenen Worten folgt, hat überhaupt nichts von der christlichen Hoffnung verstanden. In der Tat suchen diese Personen, die als „Spiritisten" bezeichnet werden können, mit Hilfe der Totenbeschwörung wissenschaftliche Beweise für das Leben nach dem Tod. Sie bewegen sich daher in einem, dem christlichen Glauben widersprechenden Bereich.

Der Spiritismus ist ein universelles Phänomen, das sich in Gestalt von Sekten in jeder Religion wiederfindet. Daher läßt sich festhalten, daß der Spiritismus eine Art transversale, eigenständige Religion darstellt, die sich in den geographischen und kulturellen Parametern der jeweilig dominierenden Religion ausdrückt. Unbestreitbar handelt es sich beim Spiritismus um eine synkretistische Religion, die sich all jenes, was die menschliche Kreativität und das Unbewußte hervorbringen, einverleibt. Der kulturelle Hintergrund des sogenannten Mediums oder seiner Gruppe ermöglicht vielfach auch den Rückgriff auf orientalische und gnostische Glaubenselemente, wie die Reinkarnation oder die Evolution, die über verschiedene, kosmische Bewußtseinsstadien verläuft. Das „Medium" neigt außerdem dazu, sich als „Experte des Paranormalen" darzustellen, weshalb aber der Spiritismus nicht mit dem Paranormalen (oder moderner ausgedrückt: mit dem psychomiletischen Ereignis) verwechselt werden darf.

Die Psychomiletik verhält sich neutral, sie impliziert keinerlei Ideologie, denn dies macht das Wesen der Wissenschaft aus. Sie beschäftigt sich mit den psychischen und physischen Phänomenen, die von verschiedenen kulturellen Milieus hervorgebracht werden können (Spiritismus, Magie, Religion, Psychopathologie, innige menschliche Beziehungen etc.). Der Spiritismus jedoch gehört dem Bereich der Glaubensüberzeugung an, und stellt demnach nur eine von vielen möglichen Ursachen dar, die ein psychomiletisches Phänomen auslösen können, wie beispielsweise eine telepathische Begebenheit (auch in Form psychischer Integration) oder das Einwirken auf die Materie, wie im Falle der *Poltergeister* aufgezeigt wurde.

Ein Beispiel für den transversalen Synkretismus im gegenwärtigen Spiritismus liefert uns das folgende Zitat, in dem die Vermischung okkultistisch-theosophischer Begrifflichkeiten mit dem christlichen Glauben deutlich wird:

> „Indem sich das Ich vom physischen Körper befreit, lebt es in seinem Astralleib auf der Astralebene weiter, solange bis die Kraft erschöpft ist, die von Gefühlen und Leidenschaften während des irdischen Lebens entwickelt wurde. Danach tritt der ‚zweite Tod‘ ein; auch der Astralleib löst sich auf und dem Ich bleibt der Geistesleib, mit dem es auf der Ebene oder in der Welt des Geistes lebt[1], eine Ebene, die wir Christen das Paradies, das Fegefeuer und die Hölle nennen.“[2]

Soweit ich weiß, hat Jesus nie von Astralleib, Astralebene oder Geistesebene gesprochen.

Durch den Spiritismus zum Glauben?

Heutzutage erlebt der Spiritimus im Zuge des *New Age*, dessen wesentlicher Bestandteil er darstellt, ein Revival.

Um zu verstehen, was es mit dieser Religion, die sich als Wissenschaft versteht, auf sich hat, genügt es zu lesen, was Raul Bocci, Herausgeber einer spiritistischen Zeitschrift, schreibt:

„Für uns stellen der Spiritismus und der Medianismus im Wesentlichen einen Teilbereich des Studiums und der Forschung einer avantgardistischen Wissenschaft dar, losgelöst von den Vorurteilen des Positivismus, der nur den Fortschritt hemmen würde... Wir sind überzeugt von unserem gesicherten Wissen, von unserem Glauben, der entbrannt ist, und der gerade aufgrund jener unbestreitbaren Erscheinungen ins Unermeßliche wächst.“[3]

Kann eine auf Phänomene gründende Wissenschaft einen Glauben erzeugen?

Die Tatsache, sich auf Erscheinungen und Versuche zu berufen, verweist auf die gnostische Natur des Spiritismus, der im philospohischen Sinne mit dem Spiritualismus auf gleicher Ebene anzusiedeln ist.

Das wahre Wesen der „spiritistischen Religion“ besteht darin, sich auf Botschaften und Phänomene, auf die vermeintliche Erkenntnis und letztlich auf das Fehlen einer Transzendenz zu berufen.

Eine rein auf Erscheinungen gründende Religion, die ohne Transzendenz auskommt und der Wissenschaft gleichgestellt sein will, muß kritisch betrachtet werden: Jede spiritistische Strömung rühmt sich einer eigenen Wahrheit.

Da steht Gruppe gegen Gruppe, Medium gegen Medium, englische Geister gegen französische. Es kommt zum Wettstreit, wer über den höheren Führer-Geist (bzw. Kontroll-Geist) verfügt. Man wirft sich gegenseitig vor, von possenreißenden Geistern in die Irre geführt zu werden. Der Spiritismus ist die Religion der tausend Wahrheiten. Aber gibt es auch tausend Wissenschaften?

Argentinien:
Die „Wissenschaftliche Schule Basilio"

Der Größenwahn der Begründer der *„Neuen Okkultistischen und Wunder-tätigen Bewegungen"* (NMOM) führt einerseits unweigerlich zu einer Herabwürdigung traditioneller religiöser Figuren und Symbole und andererseits zur Verherrlichung der eigenen Person. So verhält es sich auch im Falle der „Wissenschaftlichen Schule Basilio", deren Auffassung zufolge Geister existieren, die keiner Läuterung (welche sich in der Reinkarnation und folglich über die Leiden eines neuen Lebens vollziehen würde) bedürfen. Dennoch akzeptieren es diese Geister, wiedergeboren zu werden, um einen Heilsplan zu verwirklichen. So soll es in dem Fall der beiden Gründer der „Basilio-Schule" gewesen sein, und sogar bei Jesus selbst, der wiedergeboren wurde, nicht um die Menschheit zu erretten, sondern um den göttlichen Willen mit Hilfe der Wissenschaft des Spiritismus zu verkünden,.

In den Überlegungen der Französin Blanca Aubreton (1867–1920), die in Paris Schülerin des spiritistischen Heilers „Zuaven Jakob" war, ist der Kardecsche Einfluß deutlich zu erkennen. Blanca Aubreton wanderte nach Argentinien aus, wo sie als Medium tätig war und in Buenos Aires dem Notar Bernardo Eugenio Portal (1867–1927) begegnete. Gemeinsam gründeten sie 1917 die *Escuela Cientifica Basilio* (ECB), die laut ihrer eigenen Propaganda folgende Besonderheiten aufwies:

a) Die Forschungsergebnisse der Schule werden durch mediale Erkenntnisse verifiziert[4];

b) durch die Vermittlung über die Medien erhält man Kontakte und Offenbarungen aus dem Jenseits, welche die Identität und den Entwicklungsgrad jenes Geistes bezeugen, der die Botschaft übermittelt[5];

c) so wird die Pflicht erfüllt, die Menschheit von der Wahrheit der Geschehnisse der spirituellen Welt in Kenntnis zu setzen[6];

d) die Einrichtung widmet sich der Anwendung und der Verbreitung des Höheren Spiritismus[7].

Wenn unter „höheren Geistern" diejenigen verstanden werden können, die sich im Zuge der Begebenheiten, die die Entstehung der Bewegung kennzeichnen, „geäußert haben", muß man sich doch wundern. Tatsächlich soll Eugenio Portal (Bruder Eugenio) im Jahre 1915 gesehen haben, wie sich über „Schwester Blanca" der Geist seines Vaters Pietro Basilio Portal materialisiert habe, und sich dann sogar Jesus Christus, mit goldblondem Haarschopf, Kinn- und Oberlippenbart Blanca gezeigt habe, um „das Werk der Erlösung der Menschheit zu beginnen". Ebenso sprach er davon, daß Blanca und Eugenio, noch bevor sie zu Fleisch geworden waren, Gott versprochen hatten, diese Mission zu erfüllen. Basilio sei die Reinkarnation des Apostel Petrus gewesen (es erscheint demnach schlüssig, eine „Kirche" zu gründen, die auf Petrus, alias Basilio, gebaut wird). Andererseits verkündete Petrus-Basilio, daß sich die christliche Kirche mit dem Konzil zu Nizäa im Jahre 325 von Jesus Christus entfernt hätte, und „das wahre Christentum" nunmehr im Spiritismus zu finden sei.

Die Szene wird durch eine weitere Offenbarung abgerundet, und zwar durch die Behauptung, das Medium Blanca sei in einem ihrer früheren Leben eines der sechs Geschwister Jesu gewesen.

Die „Wissenschaft" der Schule Basilio

Die Veröffentlichungen der *Escuela Cientifica Basilio* lassen einige Konzepte dieser „Wissenschaft" erkennen.

> „Sechs Stunden vor der Landung des Menschen auf dem Mond haben bereits drei Medien auf spirituellem Weg unseren natürlichen Satelliten bereist."[8]

Warum haben sie dies nicht schon vor zehn Jahren getan? So hätten sie uns davon berichten können, was die Astronauten später gesehen haben sollten? Oder haben sie etwa die Nachrichten der Massenmedien abgewartet, um ihre Beschreibungen bestätigen zu lassen?

In diesem Zusammenhang ist es angebracht, den Ausdruck „spirituell" durch „suggestiv" zu ersetzen.

> „Die Geister werden zersplittert, wenn sie auf Widerstand stoßen... und jedes Teilchen erhält in sich einen Teil der Freiheit, der Intelligenz und des Bewußtseins."[9]

Sind erst einmal gewisse Dimensionen erreicht, wird die Kreativität zu einem brauchbaren Werkzeug für die Produktion von Science Fiction.

Die Zeitschrift bildet die Zeichnung einer weiblichen Außerirdischen ab und spricht von Kommunikationsversuchen mit außerirdischen Geistern:

> „Wir beginnen zu verstehen, daß wir durch Erleuchtung aller Geister leichter dazu übergehen können, mit unseren Brüdern im All in Kontakt zu treten."[10]

Schließlich wird beschrieben, wie die Medien der „Schule" das Entstehen des Lebens auf der Erde erlebt haben; Zeichnungen von menschenähnlichen Gestalten, die auf dem Saturn umherstreifen (ein weiterer, den mediumistischen Offenbarungen zufolge bewohnter Planet); Zeichnungen von Bewohnern der Venus und von Städten desselben Planeten.

Durch die „wissenschaftlichen", spiritistischen Offenbarungen erfährt man auch, daß der „Geist" in den vorderen Gehirnlappen sitzt (Zeichnungen illustrieren diese Botschaft). Die spiritistischen Verkündigungen befassen sich sogar mit Organtransplantationen, die durch Zeichnungen des echten, „organischen" und des spirituellen Herzens erläutert werden, und mit den komplizierten, wechselseitigen Beziehungen zwischen dem Aussehen des transplantierten und dem des entsprechenden, spirituellen Herzens.

Wenn darin die ganze spiritistische Wissenschaft der „Schule Basilio" besteht, so verharre ich sprachlos vor dem Erfolg, den diese gehabt hat. Im Jahre 1967 hatten sich aus Anlaß des fünfzigsten Jahrestages der „Schule" 30 000 Menschen im Vergnügungspark von Buenos Aires eingefunden. Die „Schule Basilio" ist in anderen südamerikanische Staaten und auch in Europa mit rund 400 Zweigstellen präsent. Jede Filiale verfügt über einen oder mehrere Schutzgeister, die als spirituelle Führer fungieren und allesamt berühmte Persönlichkeiten aus Politik, Literatur, der Bibel usw. darstellen.

Brasilien: Die Kolonialisierung durch Kardec und die dritte Offenbarung

Das schlimmste Unheil, das Europa nach dem Sklavenhandel über Brasilien gebracht hat, ist der Spiritismus Kardecs. Wenn wir in einem Schriftstück der Brasilianischen Bischofskonferenz lesen müssen, daß sich die Anzahl der Anhänger der Kardecschen spiritistischen Religion auf ungefähr 4 000 000 beläuft, dann verdanken wir dies dem radikalen Republikaner Pierre-Gaetan Leymarie, der von der französischen Regierung im Jahre 1851 nach Brasilien ins Exil geschickt wurde. Leymarie war ein Anhänger der Doktrin des französischen, utopischen Sozialisten Charles Fourier[11], der die Idee der 800, für den Fortschritt der Seele notwendigen Reinkarnationen verfocht. Das erste spiritistische Treffen fand 1865 in Salvador (Bahia) statt. Dort wurde noch im gleichen Jahr das erste spiritistische Zentrum eröffnet. Im Jahre 1869 begann man mit der Veröffentlichung der ersten spiritistischen Zeitschrift *O Eco do Além-Túmulo*. 1884 wurde die *Federacao espírita brasileira* (FEB) gegründet. Trotz des Engagement Leymaries für die spiritistischen Ideen, ist Adolfo Bezerra de Menezes (1831–1900) die Organisation des brasilianischen Spiritismus zuzuschreiben. Er wurde zum Führer der Bewegung und avancierte zum „brasilianischen Kardec". Der Freimaurer Bezzera nutzte die freimaurerischen Ideen zur Verbreitung der spiritistischen Idee.

Nach internen Auseinandersetzungen zwischen den unterschiedlichen Strömungen des Spiritismus um den „Besitz der Wahrheit" wurde 1949 ein Pakt geschlossen. Damit erkannten die verschiedenen Fraktionen des Spiritismus die Autorität des FEB an und verpflichteten sich, ihre Lehren und ihr Verhalten nach den Büchern Kardecs *Das Buch der Geister* und *Das Buch der Medien* auszurichten.

Der FEB verkündete im Jahre 1952 offiziell, daß der Spiritismus in Brasilien eine Religion sei, während man in Europa dem Spiritismus allenfalls einen Status als Sekte zugesteht. In Brasilien jedoch gilt:

> „Das Christentum hat im Spiritismus einen Gegner und einen schrecklichen Rivalen gefunden, der, weil die Spiritisten die Heilige Schrift anders interpretieren... Gott, die Engel, die Dämonen, die Seelen, die Heiligen, die Auferstehung des Körpers, das Gute, das Böse, die Erscheinungen, die Wunder, die Offenbarung, alles wurde neu erklärt."[12]

Die südamerikanischen Spiritisten betrachten die spiritistische Doktrin als die dritte Offenbarung oder als das neueste Testament.

Man kann ohne weiteres behaupten, daß Brasilien das Zentrum des Spiritismus ist. Innerhalb des brasilianischen Spiritismus lassen sich unzählige, feine Unterschiede entdecken. Dennoch kann man schematisch zwischen folgenden mediumistischen Religionen unterscheiden:

1) *Kardecscher Spiritismus* oder auch Spiritismus Kardecscher Inspiration (die wir bereits erwähnt haben);
2) *Macumba*, die man in einem weiteren und in einem engeren Sinne verstehen kann;
3) *Candomblé*, der in verschiedenen Formen auftritt;
4) *Umbanda*, der neueren Datums ist und als Reaktion auf den spirituellen Rassismus der Anhänger Kardecs entstand.

Macumba

Der Handel mit schwarzen Sklaven, die von Afrika nach Brasilien deportiert wurden, begann um das Jahr 1530 und hielt praktisch bis 1850 an. In diesem Zeitraum wurden zwangsweise ungefähr 18 Millionen Afrikaner in die portugiesische Kolonie verschleppt. Diese gehörten vornehmlich zwei Volksgruppen an: den *Sudanesen*, die sich in der Sprache der Stämme Yoruba, Ewe und Nagos verständigen (und die aus Nigeria, Guinea, Gabun und Dahomey stammen) und den *Bantu*, also Kongolesen, Angolanern und Mosambikanern. Wir haben schon die animistischen Glaubensüberzeugungen der *Bantu*[13] und den *Fetischismus* der Sudanesen[14] kennengelernt.

Da sie zum Zusammenleben gezwungen worden waren, kamen die religiösen Vorstellungen dieser beiden Rassen miteinander in Berührung.

Und so entstand die brasilianische *Macumba*. In den Studien der ersten Forscher schien es, als hätte der sudanesische *Fetischismus* über den *Bantu*-Animismus die Oberhand gewonnen, aber der Sachverhalt stellt sich etwas komplizierter und vielschichtiger dar: Denn auch wenn es stimmt, daß sich die sudanesischen *Orixa* beim Volk einer gewissen Beliebtheit erfreuten, so stammt doch die Struktur der mediumistischen Kunst der *Macumba*, die zur Anrufung der Geister dient, teilweise vom *Bantu*-Animismus ab.

Macumba definiert sich selbst als Spiritismus[15]. Im engeren Sinne kann *Macumba* auch als Beschwörung der Totengeister durch das *Bantu*-Volk verstanden werden:

„Ein typisches Beispiel dafür, wie eine afrikanische Religion degenerieren kann, sobald sie ihre eigentümlichen Werte verliert."[16]

Die *Macumba* weist Eigenschaften des Synkretismus auf, da in ihr afrikanische, indianische und spiritistische Elemente verschmolzen sind. In diesem Sinne sind die *Macumbeiros* Personen, die zu Medien geworden sind, da sie mit einem heilenden Geist verbunden sind, der sie von ihren Übeln befreit hat (Canova).

„Die *Macumba* ist eine grundlegend individualistische Religion; oft wird sie von physisch oder psychisch kranken Menschen praktiziert oder von Individuen, die sich eines Feindes entledigen wollen."[17]

Die *Macumba* weist in ihrer engeren Bedeutung überhaupt keine Eigenschaften eines organisierten Rituals auf, auch wenn es manchmal zu spontanen Gruppenbildungen kommen kann. Dies ist jedenfalls die These Roger Bastides.

Eine etwas differenziertere Auffassung der *Macumba* wird von Del Zotti vertreten:

> „Zu glauben, daß die *Macumb'* ausschließlich den Schwarzen, den Indios und allgemein den unwissenden, armen Volksmassen Lateinamerikas vorbehalten sei, wäre ein schwerwiegender Irrtum; an die *Macumba* glauben auch mehrere Millionen Weiße aller sozialer Schichten ... Unter den Gläubigen der *Macumba* trifft man nicht nur auf den analphabetischen Bauern, sondern auch auf den Wissenschaftler, den Intellektuellen, den Geschäftsmann und den Politiker."[18]

Del Zotti interpretiert – und darin unterscheidet er sich von Roger Bastide – die *Macumba* als ein panamerikanisches und rassenübergreifendes Phänomen. Man könne ihren Einfluß nicht ausschließlich auf die afrikanisch-ethnischen Gemeinschaften begrenzt sehen.

Der Begriff *Macumba* stehe daher sowohl für den panamerikanischen, religiösen Synkretismus als auch für die unterschiedlichen animistischen und neoanimistischen Bewegungen.

Macumba, ein Wort aus der Sprache der *Bantu*, bedeutet „Zusammenkunft" oder „Versammlung", und ist ein Synonym des griechischen Wortes „Ecclesia" (*Kirche*). Deshalb sind unter dem erweiterten Begriff *Macumba* verschiedene Bewegungen zusammengefaßt: Der haitianische Voodoo-Kult, der amazonische Schamanismus der Indios und der brasilianische *Candomblé*.

Im westafrikanischen Dahomey wird in den siebziger Jahren dem Journalisten Folco Quirici mitgeteilt, daß er an einem „Ministerrat" und an einer *ma-cum-ba* teilnehmen werde. Er denkt zunächst an einen brasilianischen Tanz, versteht jedoch nicht den Zusammenhang zwischen den beiden Zeremonien, bis er schließlich erfährt, was es mit dem Rat auf sich hat:

„Er befaßt sich mit den wichtigsten Staatsgeschäften und befragt dazu nicht nur den lebenden König (König Tognii), sondern auch die Seelen der verstorbenen Könige."[19]

Dem Journalisten wird erklärt, daß das „Sprechen mit den toten Königen" *ma-cum-ba* genannt wird. Diese Bezeichnung läßt sich mit der obengenannten „Versammlung" verbinden, insofern der „Ministerrat" zwar eine Versammlung ist, aber eben auch eine „Zusammenkunft mit den Verstorbenen".

Der Glaube an die Reinkarnation, der das *Macumba* durchdringt, ist dem Einfluß des Kardecschen Spiritismus und der Theosophie zuzuschreiben[20].

Candomblé afro-caboclo: der reinste der afrikanischen Kulte

Wir haben gesehen, daß der *Fetisch* in der sudanesischen Kultur den Schlupfwinkel eines Geistes verkörpert und ein beliebiger Gegenstand sein kann, sofern er als Träger der Lebensenergie und der magischen Kraft fungiert. Wir haben ebenso gesehen, daß *Olorung* der allmächtige Schöpfergeist der Sudanesen ist, und daß anstelle der Verstorbenen die *Orixa* (Sprache der Yoruba), die „Lebenskräfte", angerufen werden[21].

Der *Candomblé* ist eine spezifische Form der *Macumba* – verstanden als synkretistische und animistische Bewegung – mit unterschiedlichen Ausprägungen. Da er aus der afrikanisch-sudanesischen Tradition stammt, die von den Yoruba-Sklaven eingeführt wurde, wird er als *Candomblé afro-caboclo* bezeichnet.

Jedem Tag der Woche wird eine „Lebenskraft" oder auch ein „Naturgeist", genannt *Orixa*, mit bestimmter zugehöriger Farbe und zugehörigem Metall, beigeordnet. Die Lebenskraft ist zum Schutz gewisser Körperteile bestimmt. Alles ist in eine magische Sicht des Lebens eingebettet. Beispielsweise wird dem Dienstag das *Orixa* Ogun zugeordnet; die Farbe ist grün, das Metall Eisen, es schützt die Hände und die Kopfhaut; das Speiseopfer besteht aus einem lokalen Gericht (Fejioada) und einer

Inhame (Kartoffel). Die Wesenheit manifestiert sich im Medium stets mit Kraft, Heftigkeit und Macht; das bedeutet, daß sich das Medium spaltet und diejenigen Rollen und Figuren verkörpert, die von der kulturellen Tradition vorgezeichnet sind.

Der *Candomblé „afro-caboclo"* setzt sich aus verschiedenen Komponenten zusammen. Ein Element wurde bereits angesprochen: Es wurde der afrikanischen Yoruba-Tradition entliehen und äußert sich, indem mit Hilfe von Medien die *Orixa* angerufen werden. Ein anderes Element besteht darin, die Geister der Verstorbenen zu beschwören. Der Verstorbene wird *Caboclo* genannt, was soviel bedeutet wie „Geist eines toten Indio, der über ein bestimmtes Ausmaß an Kraft verfügt, um intensive Trancezustände hervorrufen zu können"[22].

„Im *Candomblé afro-caboclo* greifen auch nicht-menschliche, spirituelle Wesenheiten ein: Die *Orixa* und die sudanesischen *Exus*. Aber die übernatürlichen Geister und jene der Toten treten nie gemeinsam, während derselben mediumistischen Sitzung auf."[23]

Die kulturelle Tradition sieht vor, daß die *Orixa* während der mediumistischen Sitzungen, die im *Terreiro* (Kultort) abgehalten werden, erscheinen. Normalerweise beschwört man die *Caboclos* im Wald, an einem Flußufer oder auch im Patio (Innenhof) des *Terreiro*. Die Anrufung der *Orixa* und der Verstorbenen an jeweils verschiedenen Tagen betrachtet man als Vorsichtsmaßnahme.

Werden nur die Verstorbenen angerufen, und keine *Orixa*, dann handelt es sich um einen *Candomblé caboclos*. Die Verstorbenen sind die *pretos y pretas velhos* (schwarze Vorfahren) und *caboclos y cablocas* (indianische Vorfahren). Die Anrufung der Vorfahren weist auf den starken Einfluß der *Bantu*[24] und der Kardecschen Praktiken hin.

Es gibt viele weiße Anhänger des *Candomblé*. Tatsächlich ist der *Candomblé caboclo* (vornehmlich spiritistischer Natur) auch in Argentinien und Uruguay verbreitet, Ländern mit hauptsächlich weißer Bevölkerung.

Wenn außer den *Orixa*, den *Bantu-* und Indiogeistern auch Geister anderer Herkunft auftreten (weißer Abstammung), spricht man vom *Candomblé Rio de Janeiros*.

Umbanda:
Vom Kardecschen Rassismus zur universell spiritistischen Religion

Der Kardecsche Spiritismus, ungeachtet seiner fortschrittlichen Prinzipien, befaßte sich nur ungern mit der Anrufung schwarzer und indianischer Verstorbener. Dies führte zu manchen Schwierigkeiten: Einige Weiße akzepierten lediglich die Beschwörung weißer oder indianischer Geister; andere klassifizierten mediumistische Sitzungen mit indianischen oder afrobrasilianischen Geistern als *niederen Spiritismus*, also minderwertig gegenüber dem „wissenschaftlichen Spiritismus". Daher wurden von den Sitzungen Nicht-Weiße oder wie auch immer unwillkommene Geister ausgeschlossen. In der Praxis wurde somit eine Art spiritueller Rassismus entwickelt, da die lebenden Weißen farbige Geister ablehnten.

Einer der sich gegen diese Zustände auflehnte, war das Medium Benjamin Figuereido, mit dessen Hilfe sich der Geist des Indiohäuptlings Caboclo Mirim zu Wort meldete. Da der Kardecsche Spiritismus diese Botschaften für den Fortschritt der Menschheit als wenig nützlich erachtete, gründete Figuereido 1924 in Rio de Janeiro eine neue Gruppe, die „Tenda Espirita Mirim".

Im Jahre 1941 entstand offiziell der Umbanda-Kult. Die Begründer dieses Kultes waren Anhänger der *Macumba* und des Spiritismus. Ihre Aufgabe sahen sie darin, den mediumistischen Erscheinungen der *Orixa* den Vorzug gegenüber den Manifestationen der Geister der Verstorbenen zu geben, womit sie den *Orixa* eine privilegierte Position einräumten.

„Gemäß der Überzeugung der Umbanda-Meister wohnen die *Orixa* in einer höheren Sphäre als die Geister der Toten."[25]

Die Kardecschen Geister würden demnach eine niedrigere „Astralebene" bewohnen.

> „Folglich gehorchen, im Umbanda-Kult, die *körperlosen Geister* (Almas) den reinen Geistern, das heißt den *Orixa*, und werden von diesen geleitet."[26]

Dieser pathetische Kampf der Geister veranschaulicht die „kulturelle Rache" der Afrobrasilianer und Indios an den weißen Anhängern Kardecs. Der Spiritismus zeichnete sich stets durch Überlegenheits- bzw. Minderwertigkeitskomplexe aus, die gegenüber den „Führern" der anderen Gruppen gehegt wurden. Dies verdeutlicht wieder einmal, wie mit Hilfe harmloser und nicht-existisierender Geister zwischen Menschen bestehende Zwistigkeiten ausgefochten werden.

Dies ist aber nur die erste Phase der Verbreitung des *Umbanda-Kultes*, in der sich, unter den Vorzeichen der Spontaneität und Unordnung, ein Synkretismus zwischen afrobrasilianischen Kulten, Spiritismus und volkstümlicher Religiösität entwickelte. Die zweite Phase umfaßt die Erkenntnis der Intellektuellen, daß eine neue Religion im Entstehen begriffen ist. Es bedarf nun der Aufteilung in nationale und regionale Vereinigungen" (Canova).

Der *Umbanda-Kult* integrierte all jene Elemente anderer Religionen, die ihm von Nutzen sein konnten. Was seinen Erfindungsreichtum betrifft, so übte er auf diesem Gebiet eine äußerst beachtliche Anziehungskraft. Er verbreitete sich in allen Schichten der brasilianischen Gesellschaft, was eine weitere Aufweichung der traditionellen afrikanischen Kultur und einen Angriff „auf die prägendsten Elemente der schwarzen Kultur" (Canova) zur Folge hatte. Die Führung der Zentren und der einzelnen Verbände betonte die Vorherrschaft der weißen Rasse. Die afrikanische Kultur, korrumpiert durch den Kardecschen Spiritismus, den Okkultismus und die europäische Esoterik, verlor immer mehr an Substanz.

Der Erfolg des *Umbanda-Kultes* wird von Pater José Comblin, einem belgischen Missionar, bezeugt, der bereits 1978 schrieb:

„Wir wohnen zweifelsohne einem der größten, religiösen Umbrüche in der Geschichte der Menschheit bei. Es handelt sich um ein Ereignis, das jenem gleicht, das im 16. Jahrhundert von der protestantischen Reform ausgelöst worden war, als Millionen Menschen von einer Religion zur anderen übertraten."[27]

In Rio de Janeiro soll es 30 000 Umbanda-Kultstätten und Zentren geben, die von 75% der Einheimischen mindestens einmal im Monat aufgesucht werden.

Umbanda: Die vierte Offenbarung

In allen offiziellen Schriften der Umbanda-Religion wird auf die „vollständige Übernahme des Spiritismus Allan Kardecs" verwiesen. Da der Spiritismus von Rivail-Kardec selbst in einem Augenblick des Übermuts als die „dritte Offenbarung des Reichs Gottes"[28] bezeichnet wurde, scheute sich der *Umbandismus* nicht, sich selbst als die vierte Offenbarung zu definieren. Die folgende Erklärung wurde von Emanuele Zespo vorgebracht, einem einflußreichen Anhänger des *Umbanda-Kultes*:

> „Der *Umbanda-Kult* ist die einzige Religion, die von den göttlichen Dingen mit Überzeugung und Kompetenz reden kann ... Der *Umbanda-Kult* ist nicht irgendeine religiöse Strömung: Er ist der Synkretismus aller religiösen Strömungen der Menschheit: Deshalb erkennt er die Fundamente aller Theologien an und umfaßt die grundlegenden Aussagen aller Philosophien."[29]

Mit der Schilderung seines spirituellen Weges, ruft Zespo in mir den Experten für das Paranormale wach, und ich kann leider nicht umhin, die Phantasien Zespos aufs deutlichste anzuprangern, wenn er uns folgendes zu verstehen geben will:

„Dank der Kryptologie (raum-zeitliches Hellsehen) habe ich die lemurische, die atlantische, die assyrisch-babylonische, die mittelpersische, die hinduistische, die phönizische, die griechisch-römische, die iberokeltische, die gallo-druidische, die teutonisch-skandinavische, die syrisch-arabische, die mosaisch-christliche, die aztekische, die toltekische, die Maya- und die Inka-Kulturen aufgesucht, ... ich habe die Schrifttafeln Jehovas gelesen und den Versuchungen des Belzebubs gelauscht.“[30]

Vom psychologischen Standpunkt aus steht außer Frage, daß die abenteuerlichen Zeitreisen Zespos das Ergebnis eines verderbten Erfindungsgeistes sind.

Wenn Millionen Menschen diesen Dingen Glauben schenken, zweifle ich wirklich am Verstand des Menschen.

Hier nur kurz eine Auflistung der heiklen Punkte dieser Religion:

Umbanda: dem Ausdruck *Umbanda* wurden viele Bedeutungen zugeschrieben. Man kann ihn als „Fähigkeit, die Toten und nicht-menschlichen Geister anzurufen und Kranke zu heilen“, verstehen (H. Chatelain); als Bezeichnung für Hexer oder Kultstätte (A. Ramos); oder als Zauberei (A. de Silva). Das Wort hat seinen Ursprung im Umbundu-Dialekt, der von einem Bantu-Stamm in Angola gesprochen wird. Während des Gründungskongresses der Umbanda-Religion im Jahre 1941 suchten die Spiritisten nach eindrucksvollen und phantastischen Ursprüngen ihrer Religion. So glaubten sie, die Bedeutung des Wortes auf den Hinduismus und dessen antike Sprache, das Sanskrit, zurückführen zu können. Gemäß dieser Interpretation solle *Umbanda* „göttliches Prinzip – ständige Evolution“ bedeuten. Eine andere Theorie lautet, daß *Umbanda* eine Abwandlung des Wortes *Aum-bandha* sei, was soviel heißt wie göttliches Band, und ebenso vom Sanskrit abgeleitet sein soll.

Terreiros bedeutet Kultstätte. Diese kann auch *Tenda* genannt werden. Eine Studie B. Kloppenburgs, der eine Stichprobe von 2 000 Satzungen verschiedener Zentren untersuchte, ergibt folgende Einteilung:

a) Terreiros afrikanistischen Ursprungs: Seine Anhänger praktizieren offen heidnische Kulte, vertrauen sich aber einem christlichen Schutzheili-

gen an. Tancredi da Silva Pinto, Vorsitzender der „spiritistisch-umban-
distischen" Vereinigung schrieb:

„Wir stimmen darin überein, daß wir keine Christen sind; unsere
Religion ist viel älter als Christus."[31]

b) *Terreiros* kardecschen Ursprungs: Diese sind trotz der Unstimmigkeiten
zwischen den Anhängern Kardecs und des Umbandismus in weiterer
Verbreitung begriffen.

c) *Terreiros* christlichen Ursprungs (hier steigert sich die Verwirrung ins
Unermeßliche);

d) *Terreiros* esoterisch-okkultistischen Ursprungs: Diese stützen sich auf
die Gedanken europäischer Okkultisten und Kabalisten, wie Papus
(Gerard Encausse), Elifas Levi und Blavasky.

e) *Terreiros* sanzyprianistischen Ursprungs: Diese sind an die geheimnisvolle Welt der schwarzen Magie gebunden, wie sie im Buch des Sankt
Zyprian dargelegt wird.

Gemäß der umbandistischen Lehre hat der Mensch Anteil an der Göttlichkeit, von der er sich in reinem Zustand abgespalten hat und zu der er
am Ende des Reinkarnationszyklus in Reinheit zurückkehren muß. Die
Reinkarnation dient dazu, die ursprüngliche Reinheit wiederzuerlangen.
Der Katechismus ist mehr dem asiatischen und indischen Kulturkreis
verbunden. Deshalb wird die Reinkarnation als „Gesetz des Fortschritts"
angesehen. Die umbandistische Lehre spiegelt die Doktrin Rivail-Kardecs wider (auch Gott hat seinen *Perispirit*, welcher sein fließender Körper
ist). Man erfährt jedoch, daß der fließende Körper Gottes ein elektronischer Körper ist!

Sieben umbandistische Sakramente verleihen dem Gläubigen die
Eigenschaft, Umbandista zu sein: Die *Taufe* stellt den Kontakt zum
Führergeist her; die *Konfirmation* bestätigt die getroffene Wahl; die
Kreuzwerdung bedeutet den Beginn der Entwicklung zum Medium; die
Weihe überträgt die medialen Fähigkeiten; die *Abtwerdung* verleiht den
höchsten Grad des Mediendaseins; die *Ehe* vereint nicht nur die Ehe-

leute, sondern auch die jeweiligen Führergeister; die *Entkreuzigung* oder das Sakrament des Todes befreit den Geist von seinen irdischen Bindungen.

Die Medien sind ein wesentlicher Bestandteil dieser Religion der Geister. Den Anfang macht *Babalon* oder „Vater des Heiligen". Handelt es sich um eine Frau, entspricht dem *Yalorixa*. Der *Babalon* ist ein „Übermedium"; er verleiht den Gläubigen, die von ihm den Führergeist empfangen haben, das spirituelle Leben. Der *Babalon* muß sich vom Schutzgeist des *Terreiro* in Besitz nehmen lassen; er muß die Geister, die sich offenbaren, identifizieren und die magischen Symbole der mediumistischen Liturgie gestalten (die für jeden Tag eine bestimmte Farbe vorsehen); er hält die Predigt, diagnostiziert Krankheiten und wacht über die Medien. In jedem *Terreiro* kommen mindestens einhundert Medien vor. Schließlich gibt es noch die helfenden *Cambondos* und *Sambas*.

Kuba und die Santeria

Die *Santeria* ist eine *Macumba*, die sich auf die *Babalaos* stützt, die eine Art Zauberer darstellen. Die Struktur der beiden Kulte sind verschieden, aber es handelt sich um denselben Synkretismus. Wie in Brasilien werden auch hier die *Orixa Orgum* und *Yemayà* angerufen. Auf Kuba existieren ungefähr 3 000 *Babalaos*. Jeder hat mehrere hundert Anhänger.

Wir untersuchen die *Santeria* anhand der Erlebnisse eines Paares, das sich im Jahre 1991 der Santeria angeschlossen hat. Die Initiative ging von der Ehefrau aus, die gesundheitliche Probleme hatte und Hilfe suchte. Bereits an dieser Stelle erkennt man die kommerzielle sowie pragmatische Seite jener Entscheidung, die wenig mit einer wahren Glaubensentscheidung gemein hat. Die Frau hatte immer an Gott geglaubt, nie aber eine Religion praktiziert. Anders formuliert: Sie war gleichgültig gegenüber Gott, der für sie zwar existierte, aber nicht in ihr Leben trat.

Ein *Babalao* unterrichtete sie in der Yoruba-Religion (Variante der *Santeria*, die an einen sudanesischen Stamm anknüpft, der den Kult der

Orixa und der *Exu* nach Brasilien eingeführt hatte). Der Gesundheitszustand der Frau verbesserte sich nach der religiösen Bekehrung. Sobald
sie nun ihre streßbedingten Leiden verspürte, rief sie den *Babalao* zu sich
nach Hause. Der *Babalao* vollzog dann eine „magisch-spiritistische"
Zeremonie, die einen Placeboeffekt erzeugte. Der *Babalao* stellte die
Symbole der Schutzgottheiten, sogenannte *Guerreros*, neben der
Eingangstür auf und formte mit Salz und Mehl Figuren. Dann fing er
eine weiße Taube und ließ diese über den Körper der Frau streichen. In
der Zwischenzeit rief der Hexer seine Geister in der Sprache der Yoruba
an. Er köpfte die Taube und ließ das Blut auf einen der *Guerreros* tropfen.

Die Frau, hiermit zufriedengestellt, bezahlte eine Summe, die der
Hälfte ihres Monatseinkommens entsprach, und damit war die Sache
beendet.

Frankreich: Pater François Brune und die sprechenden Toten

Wir konnten uns bereits von der entschiedenen Verurteilung der
Jenseitskontakte von seiten der Heiligen Schrift[32] und durch entsprechende Erlasse der Kirche[33] überzeugen. Dennoch scheint der katholische Pater François Brune aus Frankreich, der eifrig an Tagungen in ganz
Europa sowie an Radio- und Fernsehübertragungen teilnimmt, unbeeindruckt von dieser ablehnenden Haltung. Er schreibt:

> „Was am meisten überrascht, ist das Schweigen der Wissenschaft und
> der Kirche gegenüber der aufsehenerregendsten und unumstößlichen
> Entdeckung unserer Zeiten: Das Jenseits exisitiert, und wir können
> mit jenen, die wir ‚die Toten‘ nennen, kommunizieren."[34]

Was den ersten Teil dieser Behauptung betrifft, so offenbart uns Brune
eine Erkenntnis, die seit langem schon allgemein bekannt ist. Wenn ich

schreiben würde, daß die „aufsehenerregendste und unumstößliche Entdeckung unserer Zeiten" das aus einem geöffneten Wasserhahn fließende Wasser sei, würde ich wohl ein trauriges Bild abgeben, denn ich würde etwas als bahnbrechend rühmen, was bereits allzu wohlbekannt ist. So ist heute allgemein bekannt, daß die christliche Religion seit 2 000 Jahren das ewige Leben verkündet.

Die Sache stellt sich anders dar, wenn man davon spricht, die Existenz des Jenseits „beweisen" zu können. An dieser Stelle meldet sich der Wissenschaftler zu Wort, der Pater Brune antwortet, daß keiner seiner sogenannten spiritistischen „Beweise" einer ernsthaften wissenschaftlichen Analyse unter Anwendung des psychomiletischen und des psychologischen Modells standhält. Schon deshalb nicht, weil die von Brune aufgeführten Fälle weder wissenschaftlich erläutert werden noch über eine geschichtlich-anekdotische Beschreibung hinausgehen. Ich zweifle nicht am rechten Glauben Pater Brunes, aber der christliche Glaube braucht keine Beweise, da er voll und ganz auf das Wort Christi baut.

Vielmehr handelt es sich bei diesen „Botschaften" der Verstorbenen, ob sie sich mit Hilfe „automatischen Schreibens", Tonbandaufzeichnungen oder durch irgendwelche anderen Kanäle kundtun, [35] um einen Ausdruck der psychogenen Kreativität oder um ein reales psychomiletisches Ereignis, das von menschlichen Psychodynamiken hervorgebracht wird.

Auf die Frage: „Spiritist ohne falsche Scham, Pater Brune?", antwortete dieser:

> „In einem weiter gefaßten Verständnis sind das alle Christen. Wenn man sich an die Jungfrau Maria oder die Heiligen wendet, weiß man sehr wohl, daß diese tot sind und trotzdem spricht man zu ihnen, in dem Vertrauen darauf, erhört zu werden."[36]

„Erhört" zu werden, heißt aber nicht, auch eine Antwort bzw. eine Mitteilung zu erhalten. Wer kann für sich schon das Privileg in Anspruch nehmen, daß ihm eine „echte" Antwort der Madonna zuteil wird? Nur weil sie während des Gebetes in Gemeinschaft und in spirituellem Einklang mit den Verstorbenen, mit der Madonna und mit den Heiligen stehen, nur weil sie sich psychologisch erfüllt und spirituell glücklich fühlen, sind die Christen noch lange keine Spiritisten. Was den Christen unterscheidet, ist seine Hingabe an die göttliche Gnade und an die Vorsehung. Bezüglich des Einsatzes moderner Kommunikationsmittel zur Kontaktaufnahme mit den Verstorbenen, schreibt Pater Brune:

> „An dem Tag, an dem jeder sein eigenes kleines Bildtelephon besitzen wird, um mit dem Jenseits zu kommunizieren, wird dies nur ein mildes Lächeln auslösen."[37]

Pater Brune ist so sehr vom spiritistischen Weg begeistert und davon, daß „unsere Epoche sich an der Schwelle eines revolutionären Umbruchs befindet, der ohne Gleichen in der Geschichte der spirituellen Entwicklung ist"[38], daß er verkündet: „Binnen kurzem wird die katholische Kirche in Frankreich und in der ganzen Welt verschwunden sein."[39]

Daher werden die kommenden Generationen von einem neuen Propheten lernen müssen.

Pater Brune enthüllt:

> „Die Wissenschaft entdeckt gerade, daß die Welt der Materie und die des Geistes ein und dieselbe sind."[40]

Der Geist, der sich mit der Materie deckt? Den gleichen Gedanken haben die magische Gemeinschaft von Damanhur, die spiritistischen Zirkel und vor allen Dingen Rivail-Kardec formuliert.

Auf die Frage: „Glauben Sie an die Reinkarnation?", gibt Brune zur Antwort:

> „Ich erkenne die Reinkarnation zwar als Möglichkeit an, aber halte sie doch eher für eine Ausnahme."[41]

Da bleibt mir nur noch eine Frage zu stellen: Wenn der katholische Priester derjenige ist, der die Herde leitet, wie wird es dann wohl um die Herde Brunes bestellt sein?

Maguy Lebrun und die Ärzte des Himmels

Es war Abend, ihr Ehemann schlief und Maguy las, als sie bemerkte, daß ihr Mann unruhig schlief und stöhnte. Plötzlich begann der Mann mit einer Frauenstimme zu sprechen:

> „Fürchte dich nicht, Maguy, es ist nicht dein Ehemann, der zu dir spricht, sondern ein ‚spiritueller Führer‘, der diesen Weg der Verständigung gewählt hat, um mit dir zu kommunizieren. Dein Mann ist ein großes Medium und von jetzt an werde ich mich seiner bedienen, um zu dir zu sprechen. Ich schlage euch beiden vor, eine Mission zu erfüllen und natürlich seid ihr frei, das Angebot anzunehmen oder auszuschlagen; wenn ihr beide einverstanden seid, werdet ihr, wenn ihr sterbt, dorthin gelangen, was ihr als das Himmelsreich bezeichnet. Weist ihr das Angebot zurück, dann Geduld, ihr werdet eine neue Chance in einem anderen Leben erhalten.“[42]

Die Stimme sprach drei Stunden lang und gab Maguy Lebrun

> „Informationen über den Tod, die Reinkarnation und die spirituellen Energien; jene Informationen versetzten mich in Erstaunen, da ich ich von all dem nichts wußte und weder von Religion, noch von Metaphysik eine Ahnung hatte, denn ich war noch nicht einmal praktizierende Katholikin. Dies galt auch für Daniel, der sich bis zu diesem Zeitpunkt nie mit solchen Themen beschäftigt hatte.“[43]

Die Themen, die der „Führergeist“ behandelte, betrafen nicht die christliche Religion, sondern bezogen sich auf den Spiritismus und die Reinkarnation. Es ging noch nicht einmal um den Hinduismus, der zwar die Reinkarnation vorsieht, aber keinen Spiritismus praktiziert. Im Grunde bezog er sich allein auf den traditionellen Spiritismus, der in Frankreich von Rivail-Kardec aus der Taufe gehoben worden war.

Nachdem wir den Gegenstand eingegrenzt haben, erscheint es mir doch sehr verwunderlich, daß eine Handauflegerin wie Maguy und ihr

Mann noch nie ein Buch über diese Thematik gelesen haben wollen. Ich kenne die Szene der Handaufleger recht gut[44] und weiß aus Erfahrung, daß deren Wissen sich aus einem autodidaktisch aufbereiteten Mischmasch okkultistischer, esoterischer und spiritistischer Literatur zusammensetzt. Die Neugier, zu erfahren und zu verstehen, was einem widerfährt und was man tut, ob das Fluidum existiert, während man in unendlichen Zweifeln über die „Kräfte", die „Fähigkeiten" oder die „Talente" gefangen ist, diese Neugier ist absolut menschlich. Offen gesagt, kann ich mir kaum denken, daß das Ehepaar auf diesem Gebiet gänzlich unwissend war. Vielleicht hatten sie nicht alles vertieft oder nicht alles verstanden, was sie gelesen oder in Film und Fernsehen gesehen hatten. Ich kann mir aber einfach keinen Menschen des 20. Jahrhunderts vorstellen, besonders keinen Handaufleger, der auf dem Gebiet des Okkultismus völlig unbewandert ist.

Ausgehend von der Annahme, daß sie über allgemeine Kenntnisse verfügen mußten, erscheint es notwendig, in Erinnerung zu rufen, daß das menschliche Gedächtnis mehrere Ebenen hat, darunter auch eine Abteilung für all jenes, was man gelesen, gehört und vergessen hat.

In meiner mehr als zwanzigjährigen Erfahrung mit Medien habe ich mich von deren wirkungsvoller, unbewußter Kreativität überzeugen können. Wenn sich ein Medium in *Trance* befindet, also unter Selbsthypnose elaborierte Texte und eine ausgefeilte Sprache hervorbringt, handelt es sich um ein rein psychologisches Phänomen handelt. Und dies ist nicht der Anwesenheit von Geistern zu verdanken, sondern einem Umstand, der es uns erlaubt, auf Jahrzehnte zurückliegende Informationen wieder zurückzugreifen.[45]

Zweifelsohne war Frau Maguy Lebrun von der „Form", in der diese Informationen wiedergegeben wurden, beeindruckt. Ich erinnere den Leser diesbezüglich an die Geschichte des Mediums Hélène Smith, die von dem Psychologen Flournoy untersucht wurde, und der zu dem Ergebnis kam, daß die von dem Medium erfundene Marssprache ein Produkt ihrer schöperischen Begabung war.[46].

Es bleibt noch zu klären, weshalb Daniel Lebrun begann, gerade in jener Nacht im Schlaf zu sprechen. Offensichtlich handelte es sich nicht um einen gewöhnlichen Schlaf und genauso wenig um einen Traum. Vielmehr befand sich der Mann eindeutig in selbsthypnotischer *Trance*. Warum er sich in diesen Zustand versetzt hatte, bleibt sein Geheimnis. Aus tiefenpsychologischer Sicht bietet sich eine plausible Erklärungsmöglichkeit an: Das Rollenverhalten innerhalb einer Paarbeziehung kann auf unbewußter Ebene bestimmte Handlungsmotivationen auslösen. Angenommen, die Ehefrau erlangt als Handauflegerin eine okkulte Machtposition, so kann die Gleichwertigkeit der Rollen nur wiederhergestellt werden, indem der Partner einen ebenbürtigen Rang im Bereich des Okkulten erlangt. Dies kann dadurch erreicht werden, daß er in die Rolle des Mediums schlüpft und somit aufgrund einer Persönlichkeitsspaltung (Führergeist) die Führung innerhalb der Beziehung übernehmen kann.

So erhält man auf der Ebene des Okkulten eine Reunion, und die Gleichrangigkeit ist wiederhergestellt, wobei das Unbewußte des Ehemanns die Richtung angibt, weil er als Medium die gemeinsame Mission verkündet

Die „Mission" hat sich in verschiedenen Initiativen konkretisiert:

a) In der Bildung von Gebetsgruppen zur Heilung Kranker durch Handauflegen. Jener Ritus ist typisch für die „Neuen Okkultistischen und Wundertätigen Bewegungen". Man beginnt mit einer Meditation, darauf folgt das Verlesen einer Botschaft von „universeller Bedeutung". Schließlich werden den Kranken die Hände aufgelegt und wer nicht gläubig ist, sendet nur Liebesbotschaften. Bis hierher verhält sich alles normal, aber der Spiritismus lauert schon. In der Tat ist dem Paar verkündet worden, daß die Verstorbenen im Himmel die Kraft der Gebete zur physischen und spirituellen Heilung der Kranken nutzen. Die Idee der „Ärzte aus dem Jenseits" ist alt und findet in allen spiritistischen Milieus Anwendung. Jedes Medium, das von seiner Kraft überzeugt ist, hat seinen eigenen Arzt im Jenseits. Und es ist auch verständlich, daß man damit Genesung bzw. ein Abklingen der Symptome erreicht. Aber all dies ist einem Placeboeffekt zuzuschreiben, der durch den Ritus und den Glauben ausgelöst wird.

b) Das Medium Daniel erhält Nachrichten von den Verstorbenen, besonders von Jugendlichen, die tragisch ums Leben gekommen sind. So entstand die Vereinigung der Kinder des Lichts, *Nos enfants de lumière (NOEL)*, die sich zum Ziel setzte, sich trauernder Eltern anzunehmen und schmerzhafte seelische Wunden zu heilen, indem die Kommunikation der Eltern mit ihren verstorbenen Kindern ermöglicht wird.

Hinter alledem steht viel Liebe, Leiden und Altruismus, und es wäre ungerecht, die Beweggründe der Eheleute zu mißachten, die sie dazu geführt haben, anderen zu helfen. Aber den rechten Glauben und die guten Gefühle anzuerkennen bedeutet nicht, sich mit einer Vorgehensweise, die aus einer Illusion Tatsachen machen will, einverstanden zu erklären.

Mouvement de l'Esperance und die Nachrichten aus dem Cristico-Jenseits

Am 18. Oktober 1989 wurde der damals dreizehnjährige Arnaud Gouvernnec, auf seinem Bett liegend und mit einem Tuch um den Hals gewickelt, tot aufgefunden. Tragisches Spiel mit fatalem Ausgang? Die genaue Ursache seines Todes blieb ungeklärt. Uns interessiert in diesem Zusammenhang der schwere Schock, den die Mutter Nicole erlitt, als sie den Sohn tot auffand, wie auch die Reaktion des Vaters Paul: Ein stechender Schmerz scheint die Sonne zu verdunkeln, ein unerträgliches Trauma, das sofort eine Antwort verlangt. Und diese folgt stehenden Fußes. Die Mutter hatte sich neben Arnaud, der lediglich zu schlafen schien, aufs Bett gelegt. 45 Minuten nach dem Tod war es

> „als würde er meine Stimme hören können, fühle ich mich dazu gedrängt, ihm zu sagen: „Ich werde ein Buch über dich schreiben, mein kleiner Ikarus."[47]

Am Tag des Begräbnisses hört der Vater die Stimme des Sohnes: „Ich bin ausgerutscht, ich bin ausgerutscht!"[48]. Einen Monat später beginnt er

Botschaften aus dem Jenseits zu empfangen. Aus diesen Botschaften entsteht ein Buch, dem weitere folgen werden und die alle von der Kommunkation mit dem Sohn handeln. Die Eltern haben einen Vorwand gefunden, um den Sohn nicht endgültig sterben zu lassen: Die Mutter wird sein Leben erzählen, der Vater wird weiterhin die Verbindung zu dem Verstorbenen aufrechterhalten.

Einen Monat nach dem tragischen Ereignis wird dem Ehepaar auch ein Buch Pater François Brunes zugespielt. Die Eheleute Gouvernnec erzählen:

„Das Buch Pater Brunes *Die Toten sprechen zu uns* war uns gerade geschenkt worden und wir hatten eben angefangen, die ersten Seiten zu lesen, die davon handeln, was man in Frankreich die ‚Transkommunikation‘ nennt ... Da sagten wir, wir wollten alles, was in unserer Macht steht unternehmen, um mit Arnaud zu kommunizieren."[49]

In jenem Buch werden auch die Botschaften Pierre Monniers behandelt, der unter anderem die Reinkarnationslehre vertritt und für einen „zuverlässigen" Boten gehalten wird. Bezüglich jener Botschaften erklärt das Ehepaar Gouvernnec:

„Heute erscheint es uns skandalös, daß uns als guten Christen niemand von diesen großartigen und in hohem Maße spirituellen Schriften berichtet hat."[50]

Das erste Buch, das Paul Gouvernnec mit Hilfe der Technik des „automatischen Schreibens" verfaßt, beginnt mit eben den Gedanken, die das Buch Brunes suggeriert:

„Ich, Paul, höre an diesem 19. November 1989 Arnaud in mir, wie er zu mir spricht: ‚Schreibe einen Brief an meine Mamun (Mamma)‘... ich verstehe nicht, was mir geschieht, dennoch beginne ich zu schreiben, fest davon überzeugt, daß das, was ich höre, nicht meinen

Gedanken, sondern Arnauds Gedanken und keines anderen sonst entspringt. In der Tat bezieht er sich auf Details, die ‚nur‘ ihm und mir bekannt sind.“[51]

Ist es möglich, daß der Mann nicht begriff, wie er selbst sprach? Der schwere Schock über den Tod, die Entdeckung, daß man Botschaften empfangen kann, haben auf unbewußter Ebene die Aktivierung einer teilweisen Dissoziation des Bildes seines Sohnes, das er in sich trug, ausgelöst ... und so nahm das Bild Leben an. Im *Handbuch der Parapsychologie* befasse ich mich mit dem „unbewußten Ich“, das intelligente, psychische Erscheinungen hervorbringt, zu denen das „wachsame Ich“ keinen Zugang hat, und die aus Unkenntnis externen Intelligenzen zugeschrieben werden[52], wie eben den Verstorbenen. Schließlich ist die Tatsache, daß gewisse Details nur ihm und mir bekannt waren, der Beweis dafür, daß der Vater sich mit sich selbst unterhielt.

Das ganze Buch baut auf diesem Irrtum auf. Ein Placebo für die verzweifelten Eltern. Ich hätte es für angebrachter gehalten, ein solches Buch nicht zu veröffentlichen, um nicht gefährliche Illusionen zu befördern, die bei zerbrechlicheren Individuen zu psychotischem Verhalten führen könnten Das unbewußte Ich könnte Schuldgefühle und Konflikte annehmen, die sich in Zwangshandlungen ausdrücken. Das kann soweit gehen, daß das unbewußte Ich dem unglücklichen Schreiber Sühneakte befiehlt (z. B. den Arm stundenlang in eiskaltes Wasser zu halten oder sogar sich umzubringen). Sehr gut haben dies die Fallstudien Hans Benders aufgezeigt, der eine Form „mediumistischer Psychose“ ausgemacht hat.

Keine Authentizitätsgarantie für die Kommunikation mittels „automatischen Schreibens“

Das Buch des „verstorbenen“ Arnaud Gouvernnec weist verschiedene Besonderheiten auf, die für die psychologische Analyse interessant sind:

a) Die Kommunikationen bewegen sich während der ersten Kontakte in der Sphäre der Gefühle und des Trostes und gehen dann schrittweise zu einer eindringlicheren Behandlung spiritistischer Themen über. Wir haben nun das Vergnügen, die Einstellung eines Pseudo-Verblichenen zu verschiedenen Themen zu kennen: Zum Evangelium, zu Friedhöfen, zur wissenschaftlichen Forschung, zu Selbstmord, Scheidung, Homosexualität, Science-Fiction, Computer, Proust, Ökologie, Fernsehen, Impressionismus usw. Der Vater, angeregt durch die Botschaften seines Unbewußten, vertieft sein eigenes Wissen, seine Interessen, und so daß die produzierten Texte zwangsläufig immer ausgefeilter werden. Darüber hinaus beteiligt sich die Mutter „an der formalen Ausarbeitung und Redaktion, die der ersten Fassung der Aussagen folgt"[53]:

„die Gabe, mit mir zu kommunizieren ist eine Mission. Du hilfst mir noch weiter aufzusteigen, und du selbst steigst auch auf, in perfekter Harmonie mit Mammi."[54]

Der Vater projiziert auf die ganze Geschichte unbewußt die Möglichkeit, den Sohn heranwachsen zu sehen (wenn auch im Himmel) und die Einheit der Familie während dieses Prozesses aufrechterhalten zu können.

b) Zu mehreren Gelegenheiten trifft man auf die Offenbarung des eigenen katholischen Glaubensbekenntnisses und die Lobpreisungen Christi sowie der Heiligen Schrift. Schließlich hat sogar ein Priester, Pater Maurice Bacqué, das Vorwort zu dem Buch verfaßt und seine Verteidigung des „Glaubens" hinein interpretiert. Bacqué glaubte an die „Echtheit" dieser Kommunikationsform:

„Was Arnaud seinem Vater mitteilt, scheint mir von höchstem Niveau zu sein."[55]

Es ist offensichtlich, daß man sich nicht voller Überzeugung als Spiritist begreifen kann, wenn der Glaube an die Kommunikation mit dem eigenen Sohn die einzige Alternative darstellt. Wir werden in Kürze sehen, wie aufgrund der Vertiefung in die einschlägigen Schriften und das Aufsuchen von spiritistischen Priestern langsam klassische, okkultistische und spiritistische Ideen auftauchen.

c) Das Bild vom Leben im Jenseits, wie es beim „automatischen Schreiben" (auch verstanden als „inspiriertes Schreiben" oder „intuitives Schreiben") gezeichnet wird, erweist sich immer als sehr phantasievoll. Offensichtlich ist, daß die Phantasie und die Kreativität des Unbewußten ein leichtes Spiel haben, wenn das Leben im Jenseits faktisch allen ein Geheimnis ist. Die Welt des Jenseits besteht laut den Botschaften aus farbenreichen Landschaften, die oft denen der Erde gleichen, manchmal aber auch märchenhaft erscheinen. Arnaud beschäftigt sich mit Geologie, um die Vergangenheit des gesamten Universum kennenzulernen. Er „liest" Mauriac, Faulkner, Gide, Malraux, Camus und sogar Racine, Pascal und Dante und wird von Meistern erzogen, die man nicht sehen kann, da sie sich auf einer höheren Ebene befinden. Sie sprechen durch den „Kanal Gottes". Es gibt reisende Seelen, die Mühe haben in Gottes Reich zu gelangen, weil sie sich auf schmerz- und qualvollen Ebenen befinden, wo sie vom Teufel geholt werden können. Auch im Jenseits besteht die Möglichkeit zu sündigen, und zwar durch Sünden „des Geistes". Die Jungverstorbenen sind Seminaristen und werden zukünftige Leitfiguren sein.

d) Die folgende Behauptung des Pseudo-Arnauds widerspricht der Meinung von Pater Maurice Becqué über die christliche Orthodoxie:

„Ich, kleiner Vater und kleine Mutter, bin dank meines göttlichen Anteils, den ich lebendiger werden lasse, mächtiger als ein Staatschef, da ich für ein spirituelles Schicksal bete und handele."[56]

Der Mensch ist ein Geschöpf Gottes und nicht ein Teil Gottes. Teil von Etwas zu sein bedeutet, daß dieses Etwas in viele gleiche Teile aufgeteilt sein muß, und daß folglich der Mensch Gott ist. Das entspricht nicht der christlichen Lehre, sondern entspringt hinduistischen oder gewissen okkultistischen Strömungen.

Die Lehren, die der vermeintliche Geist in einigen Botschaften übermittelt, entstammen einem „menschlichen", okkultistisch-spiritistischen, oder zumindest einem abergläubigen und phantasiereichen Hintergrund. Es soll tatsächlich Verstorbene geben, die sich noch vom irdischen Leben „angezogen" fühlen.

„Es gibt eine erste Ebene von verblichenen Wesen, deren Seelen... den Menschen sehr nahe stehen; mal versuchen sie von jenen loszukommen, mal bitten sie sie um Hilfe."[57]

Im Moment des Begräbnisses halten die Reaktionen oder die Gedanken der nicht-gläubigen Verwandten manche Verstorbene gegen ihren Willen zurück.

Neben der Beschäftigung mit der Geologie beschäftigt sich der Pseudo-Arnaud mit Pädagogik und betreut die Verstorbenen, die auf Erden keine spirituelle Erziehung genossen haben und „an deren geistigen Körpern noch Fetzen irdischen und materiellen Lebens haften"[58]. Darüber hinaus erfährt man, daß der Vater, der mit der Eisenbahn seines toten Kindes spielt, dem Kleinen schadet, weil er ihn so in seinem Aufstieg „hemmt". Alle diese Phantasien spotten wahrlich dem gesunden Menschenverstand, manchmal auch dem Glauben. Im Einklang mit dem Spiritismus und dem Okkultismus gesteht der Pseudo-Arnaud die Existenz der astralen Niederungen[59] ein, der „tieferen Regionen".

Was den Erfindungsreichtum Arnauds hinsichtlich der Vorstellung vom Leben nach dem Tod anbelangt, so steht dieser dem traditionellen Spiritismus in nichts nach. In der Tat sollen wir mit einem „Seelen-Geist", der vollkommen „elastisch", „fließend" und „in Ausdehnung begriffen" sei, ausgerüstet sein, und mit einem vom Geiste untrennbaren, spirituellen Körper, der ebenfalls sehr „elastisch" und zudem in der Lage sei, auf „Befehl" verschiedene Formen anzunehmen: Wenn ich Tier sein will, so bin ich Tier...[60]

Diese Phantasien haben nichts mit Christentum oder Wissenschaft zu tun. Aber das ist noch nicht alles: Der spirituelle Körper entwickelt sich, ist nicht aus Fleisch, sondern immateriell, obwohl er eine gewisse Dichte beibehält und Wellen oder Vibrationen aussendet[61]; er ist Gedanke und leidet unter störenden Geräuschen. Die Geister bestehen aus Wellen[62]; ein Geist kann vorher wissen, ob eine Person kommt, weil diese eine besondere Wellenlänge hat[63].

Der Pseudo-Geist diktiert:

„Wir handeln ... mit unserer psychischen Energie."[64]

Aber soweit ich weiß „verschwindet" die psychische Energie mit dem Hirntod, und es ist daher unverständlich, wie ein Geist über solche noch verfügen kann. Das Problem verkompliziert sich, wenn behauptet wird, daß sich die „Kommunikation" auf die Telepathie stütze, das heißt auf „telepathische Wellen."[65]

Um das Bild abzurunden, erfahren wir, daß die Geister sich in einem „immensen, unendlichen Fluidum bewegen."[66]

Die Vorstellung von Fluidum, Wellen und Vibrationen entspricht ganz der Mesmers und des Spiritismus im Allgemeinen, während die „psychischen Energien" und die „telepathischen Wellen" den Erkenntnissen der Humanparapsychologie zuzurechnen sind.

Es scheint mir, daß auch diese Darstellung des Jenseits einfach zu sehr an den Parametern der menschlichen Kultur und den okkultistischen sowie spiritistischen Phantasien orientiert ist. Wir müssen erneut darauf bestehen, wie schon zuvor gesagt[67], daß es keine Garantie für die Glaubwürdigkeit des „automatischen oder inspirierten Schreibens" gibt, sondern daß dies ein typisches Erzeugnis des menschlichen Unbewußten ist. Für die Wahrheitsfindung ist es deswegen unerheblich, ob der Inhalt möglicherweise mit den Lehren irgendeiner Religion der Erde übereinstimmt, da das „automatische Schreiben" immer ein Produkt der menschlichen Psyche darstellt.

Die Eheleute Paul und Nicole Gouvernnec sind die Gründer des *Mouvement de l'Esperance Stella* in Frankreich, das offensichtlich aus den Ideen, die wir auf den Seiten zuvor kritisch untersucht haben, Kapital schlägt.

Deutschland: Ernst Senkowski
und die Trans-Partner

Ernst Senkowski, 1922 in Hamburg geboren, war seit 1961 Dozent am Fachbereich Elektronik und Physik der Universität Bingen. Im Jahre 1976 begann er sich für unbekannte „Stimmen", die auf ein Band aufgenommen worden waren, zu interessieren und experimentierte viel in diesem Bereich, bis er positive Ergebnisse erzielte, die ihn von der Möglichkeit, mit den Verstorbenen einen Tonkontakt herstellen zu können, überzeugte. In den darauffolgenden Jahren beteiligte er sich an dem Projekt „Spiricom System", das als hetero-elektronisches Instrument der Transkommunikation, also der Kommunikation mit den Verstorbenen, dient. Dieses Projekt muß man meines Erachtens als illusorisch-phantastischen Versuch ansehen. In diesem Zusammenhang sei es mir gestattet, aus einem meiner eigenen Werke zu zitieren, in dem es heißt:

> „In Santa Fé (USA) begegnen wir, als einem Vertreter der Illusion eines direkten Drahtes zu Gott, dem Bildhauer Tony Price, der in Los Alamos altes Kriegsgerät und ausgesonderte Geräte von Nuklearwissenschaftlern gekauft hat und ein Telefon, um Gott anzurufen, erfunden hat."[68]

Senkowski nimmt es als gegebene Tatsache, daß es heutzutage möglich sei, mit Verstorbenen mittels Tonbandgeräten, Lautsprechern, Telefonen, Computern, Fernseh- oder Videogeräten zu kommunizieren. Diese Überzeugung, die sich immer mehr verbreitet, enthüllt bestimmte konsumistische Dynamiken.

Das Tischerücken, die *Trance* durch Inkorporation und das „automatische Schreiben" sind Hilfsmittel, die zum menschlichen Wesen gehören, zu seiner Seinsart, seiner phantastischen Innerlichkeit, seiner Art, Rollen zu übernehmen. Es handelt sich also um uralte menschliche Anlagen, die jedoch immer die Wahrheit des Glaubens entweihen, denn der Glaube kann nicht bewiesen werden.

Elektrische Apparaturen besitzen weder Phantasie noch Kreativität. Vielmehr wendet der Mensch seine Kreativität an und sieht und hört das Scheinbare, jedoch Nicht-Existente. Immer bildet der Mensch den Ausgangspunkt spiritistischer Täuschungen. Allerdings kommt es vor, daß manche Stimmen und Bilder so klar sind, daß man auf zwei mögliche Deutungen zurückgreifen muß.

a) Magnetische Interferenzen anderer Sendungen;

b) ein authentischer Fall von Psychomiletik, das heißt ein vom Unbewußten des Menschen nach geltenden Naturgesetzen produziertes Phänomen, das vom „Pathos", den psychodynamischen Konflikten und den kulturellen Überzeugungen der Individuen ausgelöst wird.

Senkowski ist überzeugt von der Existenz sogenannter Trans-Partner:

> „Vielleicht sind nicht alle unsere Trans-Partner verblichene Menschen … Bestimmte Botschaften verweisen auf außerirdische Quellen."[69]

Also die Außerirdischen machen den Toten bei der Nachrichtenübertragung Konkurrenz. Wenn das zuträfe, wären die Milliarden von Radios, Fernsehgeräten und Computer von Botschaften nur so verstopft, und wir alle würden davon überrollt werden.

Die Antwort der Spiritisten auf diesen Einwand ist schwach und versponnen. Sie behaupten, „Fachleute" im Jenseits würden daran arbeiten, die Kommunikationsschwierigkeiten zu überwinden. Senkowski schreibt hierzu:

> „Um mit verstorbenen Personen in Kontakt zu treten, muß man etwas von sich abspalten, um sich dissoziieren zu können, und daher erfüllt es eine Funktion, gleich derjenigen, die einem Medium anvertraut ist … um Ideen unseren Vorstellungen anzupassen und so einen Weg zu finden, diese in unserer Sprache auszudrücken."[70]

Demnach ist die menschliche Phantasie dazu übergegangen, Konzepte der Humanpsychiatrie auch auf Geister zu übertragen, die sich zum

Zwecke der Kommunikation „dissoziieren" müßten. Wenn dem so ist, sind dann nicht vielleicht die Erde, die Menschen und die Wirklichkeit ein Produkt der mentalen Dissoziation der verstorbenen Geister? Wären wir in diesem Fall dann nicht nur Phantasien?

Klaus Scheiber und die Bilder aus dem Reich der Toten

Das Leben Klaus Scheibers, der aus Aachen stammte, war geprägt von leidvollen Erfahrungen, die ihn zur Erzeugung psychomiletischer Phänomene prädisponierte. Er hatte seine Frau 1960 während der Geburt ihres gemeinsamen Kindes verloren. Der erste Sohn war 1968 unter tragischen Umständen tödlich verunglückt, die zweitgeborene Tochter Karin starb im Alter von 17 Jahren, sein 28-jähriger Neffe kam kurz darauf bei einem Unfall ums Leben. Seine Mutter starb wenige Monate später aufgrund dieses unerträglichen Leids. Sein Schwager brachte sich selbst um.

Es gibt genug Anlaß, eine psychologische Disposition zu medialen Fähigkeiten zu vermuten, die auf diesen Traumata, dem damit verbundenen Leid und vielleicht einem Bedürfnis nach Wissen, Verständnis, Hoffnung und Suche gründet. Der sechzigjährige Pensionär Scheiber, der gelegentlich seine Abende mit Freunden im Weinkeller seines Hauses verbrachte, um zu diskutieren und zu trinken, stieß im Frühling 1982 mit seinen Freunden auf ein Thema, das in jenen Tagen Gegenstand einer Radiosendung gewesen war, nämlich die Botschaften Verstorbener, die via Tonbandgerät aufgezeichnet werden können. Sofort schlug er vor, ein Experiment durchzuführen. Er nahm ein Tonbandgerät und versuchte, mit einem Freund Kontakt aufzunehmen, der ihrer Runde angehört hatte und wenige Wochen vorher verstorben war.

„Hallo Peter! Wo bist du? Kommst du und trinkst ein Schnäpschen mit uns?"[71]

Beim erneuten Abhören des Bandes, nachdem die Frage aufgezeichnet worden war, erzählt Scheiber, hätte man eine Antwort „Hallo Freunde" gehört. Es hätte eine elektrische Entladung sein können oder ein Hintergrundgeräusch, das von einem der Anwesenden „interpretiert" wurde und aufgrund von Suggestion auch von den Anderen „gehört" wurde. Es hätte sich um einen psychischen Reflex eines der Anwesenden handeln können, der gedankenverloren und mit gedämpfter Stimme während der Aufnahme den Satz ausgesprochen hatte. Aber es könnte sich auch um einen echten, unbewußt von Scheiber hervorgerufenen Fall von Psychomiletik gehandelt haben. Wie wir gesehen haben, besaß er alle Voraussetzungen, um solche Phänomene auszulösen: Voll innerer Spannung, die so groß war, daß dadurch unbewußt (denn im Unbewußten sammeln sich diese Spannungen) ein Magnetband beeinflußt werden könnte.

Das Unbewußte ist durchaus in der Lage, die Stimme (oder die Handschrift) nachzuahmen. Die damit verbundenen, physikalischen Gesetze sind heute noch unbekannt, aber wieviele Naturgesetze waren der Wissenschaft einst unbekannt, unvorhersehbar oder nach Bemessen vergangener Jahrhunderte sogar teuflischer Natur und sind heute doch allgemein akzeptiert?

Die Folge war, daß Scheiber sich mit Leib und Seele auf die Erprobung dieses Phänomens stürzte. In wenigen Jahren erzielte er beachtliche Ergebnisse. Seine Tochter Karin fungierte als „Führergeist" und führte ihn scheinbar mit Hilfe des Tonbandgerätes. Scheiber erhielt sogar Videobilder, auf denen man eine Person, die Romy Schneider ähnelte, ausmachen konnte. Auf anderen Bildern mäßiger Qualität identifizierte er Mitglieder seiner Verwandtschaft. Ebenso ergaben sich eine sehr begrenzte Zahl von Bildern, auf denen jeder erkennen konnte, was er wollte. Die schwache Aussagekraft der verschwommenen und unscharfen Bilder wird von Scheiber selbst bestätigt:

„Nach einer kurzen, notwendigen Gewöhnungszeit erlaubte es das Auge tatsächlich, das Gesicht Karins wiederzuerkennen."[72]

Die Kreativität und der subjektive Eindruck waren es, die die Identifikation einer bestimmten Person ermöglichten. Auf gleiche Weise funktioniert dies beim Tonbandgerät, wo man, abgesehen von dem einen oder anderen klaren Wort, mit Interpretationen arbeiten muß, die dem persönlichen Urteil unterliegen: Der eine hört nichts, der andere hört das, was der zuerst Deutende ihm gesagt hat, und wieder ein anderer hört vollkommen andere Dinge.

Wie ich schon vor wenigen Seiten vorweggenommen habe, hört und sieht der Mensch das Scheinbare, das aber nicht existiert, besonders wenn er mit eindeutigen Phänomenen konfrontiert ist.

Scheiber konstruierte nach „Anleitung" der „Stimmen vom Tonbandgerät" ein ausgetüfteltes System: Er schloß den Bildschirm eines Schwarzweiß-Fernsehgerätes, einige Videorecorder und zwei Verstärker zusammen. Mit einer Videokamera nahm er den Bildschirm auf. Er filmte dabei jede Bewegung, die auf dem Bildschirm entstand und überprüfte anschließend die Aufnahmen. Manchmal sah man das eine oder andere ziemlich scharfe Bild. Bei unscharfen Bildern mußte man jedoch einen besonderen Bearbeitungsprozeß einleiten: Sie wurden erneut mit der Videokamera aufgezeichnet, sodann verstärkt und schließlich auf ein neues Band überspielt. Die Technik konnte von Mal zu Mal variieren. Der phantasievolle Bearbeitungsprozeß folgte der unvermittelten Intuition Scheibers.

Für die erhaltenen Bilder lassen sich zwei Erklärungen finden:

1) Die Vielzahl an Geräten und die für die Ausarbeitung der Bilder verwandte Technik tragen dazu bei, Verwirrung zu stiften. Es erwachsen legitime Zweifel an dem sehr unüblichen Aufnahmeverfahren, das möglicherweise auf laufende Übertragungen anderer Fernsehsender anspricht oder empfindlich auf in nächster Nähe abgespielte Videokassetten reagiert. Ausgehend von dieser Hypothese könnte man die einfache Illusion, die von einem elektromagnetischen Phänomen herrührt, als den „Scheiber-Effekt" bezeichnen: Ein „natürliches" Phänomen wird spirituell gedeutet.

2) Die zweite mögliche Erklärung ist, daß es sich erneut um eine psychokinetische Erscheinung handelt: Ein reales Phänomen, hervorgerufen von der Psyche des Menschen, der unbewußt auf die energetische Struktur der Materie einwirkt.

Diese Erklärung wird von folgender Aussage Scheibers gestützt:

„Mit meinen Maschinen kann kein anderer etwas anfangen, sie funktionieren nur bei mir, weil in Wirklichkeit nicht sie funktionieren, sondern ich."[73]

Scheiber war ein mediumistisches Subjekt, das „unterbewußt" und „zufällig" (er hatte keine besondere Macht und ging nach Versuchen vor, die unendlich wiederholt wurden) energetische Strukturen erzeugte, die seinen unbewußten und pathologischen Erfindungen entsprachen (pathologisch, weil sie auf Pathos und Leiden basierten).

Legt man eine psychomiletische Erklärungshypothese zugrunde, ist es offensichltlich, daß auch die Stimmen auf dem Tonbandgerät, die technische Hinweise gaben, ein unbewußtes Werk Scheibers waren, und daß sie als Alibi dienten, um einen komplexen Mechanismus zu konstruieren, der in den Augen Scheibers und der Öffentlichkeit einen Beweis der Kommunikation mit den Verstorbenen darstellen sollte. Die Tiefgründigkeit und Unergründlichkeit der Psychodynamiken können auch für solch komplexe Motivationslagen verantwortlich sein.

Scheiber wies die Hypothese der Psychokinese zurück, da er Bilder von Unbekannten aufgezeichnet hatte, die dann von anderen wiedererkannt wurden.

Man kann darauf antworten, daß diese Bilder so unscharf und ungenau waren, daß sie von jeder Person auf je ihre Weise gedeutet werden können.

Wenn man schon im wirklichen Leben über eine scharfe Photographie diskutieren kann, ob sie tatsächlich die eine Person repräsentiert oder eine ähnliche, stellen wir uns erst die Verwirrung vor, die mit Bildern von Geister entstehen kann! Scheiber blieb bei der Behauptung, daß die Bilder seinem Bewußtsein unbekannt waren, aber wieviele Bilder waren in seinem Unterbewußtsein und auch in den hintersten Winkeln seines Gedächtnisses hängengeblieben, und doch „vergessen" worden!

Fernsehen, Zeitungen, Begegnungen: Alle tragen dazu bei, ein überwältigendes Archiv von gesehenen und in der Tiefe registrierten Bildern zu erstellen, die nie im Kurzzeitgedächtnis auftauchen und dennoch wieder auftauchen können, um wiedergegeben zu werden.

Friedbert Karger und die physikalischen Gesetze des Jenseits:
Von der Auferstehung des Lazarus und der Totenklage zum
„Gewicht der Seele"

Friedbert Karger, der in München geboren wurde, war Physiker und arbeitete am Max-Planck-Institut für Plasmaphysik in Garching bei München. Er stellte ein „Modell" der Jenseitsphysik vor, das sich auf ein Gemisch von Theorien über Astralkörper, Halluzinationen, Erfahrungsberichte über „klinischen Scheintod" (KST), „Beinahe-Tod Erfahrungen" (Near Death Experience – NDE) oder außerkörperliche Erfahrungen (Out Of the Body Experience – OOBE) stützte.

Allein die Unverfrorenheit zu besitzen, von einer Jenseitsphysik zu reden, läßt einem das Blut in den Kopf steigen, denn das Wort „Physik" unterstellt etwas Materielles. Karger nämlich präsentiert eine jenseitige Welt, in der die Seele ein „Gewicht" hat und einer „Schwerkraft" unterliegt, ein Jenseits, das „andere Eigenschaften auf physikalischer Ebene"[74] besitzt. Der erste vernünftige Einwand dagegen lautet, daß das Jenseits keine physikalische Ebene hat.

Karger möchte dem Leser den „Schlüssel" reichen, der ihm das Tor zur Erkenntnis des Jenseits öffnet. Diesen hatte er bei den „Stiftern der großen Religionen" gesucht, dabei aber festgestellt, daß

> „Ihre Nachfolger…, die verschiedenen Kirchen und Sekten, diese Schlüssel stark geschliffen haben, so daß diese schließlich mehr ihren Schatzmeistern dienten, als der Erschließung der Wirklichkeit des Jenseits."[75]

Karger, der mit diesen Sätzen offenbar mit allen Religionen aufgeräumt hat, will „wirklich zum Ursprung" zurückkehren, um die „passenden Schlüssel" zu finden. Dieser Ursprung liegt für ihn in einem Buch von

Arthur Schin[76], dessen große Weisheit er rühmt, und auch im *Tibeta-nischen Totenbuch*.

Wenn wir Schritt für Schritt bei der Darstellung dieser kuriosen Ideen vorgehen, erfahren wir:

> „Der Geist trägt feine, leichte oder durchlässige Gewänder … aus ätherischer Materie, was bereits viele hellseherische Personen bemerkt haben."[77]

Der Geist ist also von einer ätherischen Materie umhüllt. Doch zwischen dem physischen und dem spirituell-ätherischen Körper gibt es eine wei-tere Scheidewand, und zwar den Astralleib, dessen Beschaffenheit, der des physischen Körpers ziemlich nahekommt. Demnach haben wir der Reihe nach: den physischen Körper, den Astralleib und den spirituellen Körper mit seinem ätherischen Umhang.

Der Geist sei mit dem Astralleib und dem physischen Körper durch eine silberne Schnur verbunden, die den Kanal bildet, durch den der Geist mit dem physischen Körper kommuniziere.

Der klassische Spiritismus dagegen kehrte die Abfolge von Astral- und Ätherleib um, wobei aus letzterem die Hülle des *Perispirits* wurde. Wir haben schon darauf hingewiesen, daß jede Gruppe bzw. jeder spiritisti-scher Forscher ständig neue Änderungen erfindet, und Karger stellt keine Ausnahme von dieser Regel dar.

In der Jenseitsphysik wird die Seele im Todesmoment durch die Ablösung der silbernen Schnur befreit und:

> „Wie ein Luftballon, der nicht mehr zurückgehalten wird, steigt die Seele, als der leichtere Teil, in die Höhe."[78]

Aber wenn eine Person nicht an das Leben nach dem Tode glaubt, dann wird die Schnur dichter, und die Ablösung kann viele Tage dauern.

Die silberne Schnur ist, Karger zufolge, eine natürliche Begebenheit und kann das Wunder der Auferstehung der Toten, das von Jesus voll-bracht wurde, erklären. Bei der Wiedererweckung der Tochter Jairos, die

„soeben verstorben" war, genügte es, daß Jesus „steh auf" sagte. Beim Sohn der Witwe Naims, den man bereits zum Begräbnis trug, war der Ruf eindringlicher. Bei Lazarus schließlich, der schon vier Tage begraben war, mußte Jesus mit lauter Stimme rufen.

Diese von einem Physiker vorgebrachten Erklärungen, geben zu bedenken, daß es besser wäre, jeder würde erst sein eigenes Feld bestellen, bevor er in den Zuständigkeitsbereich anderer eindringt und den Eindruck erweckt, Märchen zu erzählen!

Karger meint es gut, aber wer schenkt seiner Behauptung Glauben, daß man in einer Totenkammer nicht klagen solle, weil das Lamentieren den Toten auf der Erde zurückhalte? Ich kann noch nicht einmal das Gesetz der Schwerkraft, das auf die Seelen wirken soll, ernst nehmen:

„Das Schicksal der ätherischen Seele hängt … von der Leichtigkeit oder der Schwere des Ätherleibs ab, das heißt von den physikalischen Gesetzen des Jenseits … diese ätherische Seele steigt auf oder ab, gemäß dem Gesetz der Schwerkraft, das uns allen bekannt ist."[79]

Karger erklärt mit Hilfe des unterschiedlichen Gewichts der Seele die Entstehung des „Himmels" und der „Hölle". Jede Seele nimmt, aufgrund des Gesetzes der Schwerkraft, einen Platz auf der selben Ebene wie andere Seelen in ähnlicher Situation ein. Alle guten Seelen befinden sich demnach auf der Höhe des „Himmels" und die schwereren auf einer niedrigeren Ebene, die der „Hölle" entspricht.

Seine Ausführungen nehmen dabei die märchenhaften Züge alter Legenden an, welche die Menschheitskultur auf der emotionalen Ebene der Volksreligion erfassen.

Kostantin Raudive, Zenta Maurina, die „Stimmen aus dem Jenseits" und die Antiwelt

Kostantin Raudive (1909–1973), gebürtiger Lette, verbrachte sein Leben in Bad Krozingen. Er war der zweite wichtige Physiker (nach Friedrich Jürgenson), der das Phänomen der auf Band aufgezeichneten „Stimmen" untersuchte. Ebenso wie Jürgenson, gelangte auch Raudive zur spiritistischen Theorie. Angesichts unerklärlicher Phänomene, liefert der Mensch sofort eine transzendentale Erklärung: Verstorbene, Teufel, Wunder. Wie wäre wohl das simple Anschalten einer Lampe von den Menschen des 15. Jahrhunderts erklärt worden? Da sie die Herkunft des Lichtes nicht gekannt hätten, dürften sie ohne Zweifel eine übernatürliche Kraft dafür verantwortlich gemacht haben, so wie heute, wenn man nicht erklären kann, woher die von einem Tonbandgerät aufgenommenen Stimmen kommen, und man annimmt, es seien die Toten, die da sprechen.

Aber heute kann die Psychomiletik die psychodynamischen Voraussetzungen erklären, die dieses Phänomen verursachen.

Raudive stieß auf das Phänomen der „Stimmen", als er 1964 das erste Buch Jürgensons las, in dem behauptet wird, die Stimmen würden aus der Welt der Verstorbenen stammen. Er setzte sich mit Jürgenson in Verbindung, und man einigte sich auf ein Treffen. Bei diesem Treffen war auch Zenta Maurina anwesend, eine lettische Schriftstellerin, die wegen ihrer Sensibilität sehr berühmt war und seit ihrem sechsten Lebensjahr wegen Kinderlähmung im Rollstuhl saß. Zenta Maurina war Raudives Ehefrau. Raudive schreibt, daß sie gemeinsam Bänder abhörten, die von Jürgenson aufgenommen worden waren, und daß inmitten des Bandrauschens einige Stimmen ausgemacht werden konnten, die sie aber aufgrund ihre ungeübten Gehörs nur schwer verstehen konnten. Raudive, der sich seit jeher mit Parapsychologie beschäftigt hatte, begann mit Jürgenson zusammenzuarbeiten. Da er jedoch bald fürchtete, die mediumistische Persönlichkeit desselben könnte die Untersuchungen beeinflussen, startete er im Jahre 1965 seine eigene Versuchsreihe. Im Innersten seines Herzens schwankte er zwischen unterschiedlichen Erklärungshypothesen:

„Nachdem ich verschiedene Hypothesen überprüft und wieder verworfen hatte, versuchte ich mich der Sache mit der Vermutung zu
nähern, es handle sich um eine Funktion des Unbewußten; andere
Male versuchte ich die Stimmen, die ich mit Hilfe des Radios erhalten hatte, als zufällige Interferenzen von Radiosendern zu erklären."[80]

In der Tat war eine der Techniken für die Sammlung von Stimmen, ein
Radio auf eine „weiße Zone" einzustellen, also lediglich auf das Hintergrundgeräusch zwischen zwei Sendern zu achten oder eine Sendung auf-
zuzeichnen, in der Erwartung jenes Augenblicks, in dem sich die
„Stimmen" dazwischen schalten würden.

Raudive war bekannt, daß Joseph Rhine von der Duke University
und seine Jünger behaupteten, daß:

„Unser Unbewußtes nicht weniger eigenständig ist als unser bewußtes
Handeln, und daß daher beide Schichten unserer Persönlichkeit in
der Lage sind, unabhängig voneinander zu handeln."[81]

Das bedeutet, er wußte von der Möglichkeit, daß die Stimmen unbe-
wußte Selbsterzeugnisse sein könnten. Deshalb muß der psychologische
Eindruck der Stimmen auf ihn sehr stark gewesen sein. Nach sechs Jahren
Forschung schrieb er:

„Das Phänomen der Stimmen verweist in unmißverständlicher Weise
auf die Existenz der Seele auf einer höheren Ebene, auf ein ‚höheres
Ich', das es schafft, mit uns auf geheimnisvollen Wegen zu kommunizieren. Mit Hilfe der elektronischen Geräte kann diese Existenz nach
dem Tode bestätigt werden."[82]

Raudive nahm ganze 72 000 Stimmen auf. Auch wenn ein Großteil nur
von ihm gehört werden konnte, ein Teil von verschiedenen Personen auf
unterschiedliche Weise deutbar war und ein weiterer Teil nur halluzina-
torisch gedeutete Hintergrundgeräusche darstellten, während andere wiederum magnetische Interferenzen sein konnten, bin ich fest davon über-

zeugt, daß auch eine beachtliche Anzahl von Stimmen dabei war, die ein Ausdruck der natürlichen Welt sind.

Meine Erfahrung und die Entstehung des psychomiletischen Modells

Im Jahre 1970 war ich unter den ersten in Italien, der zufällig diese Stimmen in Form von Gesängen aufnahm. 1974 begann ich eine Versuchsreihe, die mir erlaubte, die Existenz der unbekannten, auf Band aufgezeichneten Stimmen zu beweisen. Radiophonische Interferenzen konnte ich mit Sicherheit ausschließen, da verschiedene Äußerungen mit meiner Person zu tun hatten oder meine Handlungen kommentierten. Oft handelte es sich um deutliche Stimmen, die, was die Sache noch erstaunlicher macht, manchmal in einer zum Kontext der Rede, in der sie auftraten, unterschiedlichen Geschwindigkeit aufgenommen worden waren. Um sie anhören zu können, mußte ich sie deshalb auf ein anderes Tonbandgerät mit variabler Abspielgeschwindigkeit übertragen und die Geschwindigkeit von 9,5 auf 4,7 Zentimeter pro Sekunde reduzieren. Während ich diese „Stimmen" abhörte erschien der Kontext der Rede verlangsamt.

Vielleicht werde ich eines Tages von meinen Erfahrungen berichten, die aus psychokinetischer Perspektive sehr zahlreich und vielfältig waren und nicht nur mit „Stimmen" zu tun hatten. Nach einer dieser Erfahrungen, war ich davon überzeugt, daß sie ein Ergebnis meines Unbewußten waren und die Intervention Verstorbener ausgeschlossen werden konnte.

Persönlich die psychomiletischen Tatsachen erlebt zu haben, die psychologischen Bedingungen des Pathos zu kennen, die Umweltbedingungen der eigenen Lebenserfahrung zu analysieren, stellt für einen Forscher, der sich nicht von Gefühlen leiten lassen darf und sich stark der Wissenschaft und dem Glauben verbunden fühlen muß, eine Ausnahme dar. Diese Erfahrungen schaffen die Möglichkeit, wenn sie mit kritischem Geist und seelischem Gleichgewicht gelebt werden, analytische und synthetische Fähigkeiten auf die Dynamiken des Phänomens anzuwenden, was viele Jahre Forschung und Studium nicht leisten können.

Von diesen Erfahrungen ausgehend, von den Ergebnissen, die durch die Untersuchung unzähliger Subjekte erhärtet wurden, von über die Jahre hinweg, weltweit zusammengetragenen Fallstudien, entstand das psychomiletische Modell.

Aufgrund meiner Erfahrungen nehme ich an, daß ein Teil der Stimmen Raudives psychomiletischer Herkunft sind. Ein beweiskräftiger Umstand ist die Tatsache, daß mehrere hundert Male Raudives Name von den Stimmen ausgesprochen wurde, und viele Male der seiner Frau, die Namen von Freunden und Verwandten, und ebenso oft waren die Antworten angemessen.

Ich erkenne allerdings nicht die Existenz eines weiblichen „Führergeistes" namens „Spidola" an, der zur Führung Raudives abgestellt war. Die Tatsache, daß es sich bei Spidola um eine mythologische Persönlichkeit handelt, die als Synonym für die Freiheit des lettischen Volkes steht, enthüllt schon, wie sehr sich das Unbewußte Raudives nach einer das Leben überschreitenden Freiheit sehnte. Er hatte sich in all seinen Büchern immer für die Frage nach dem Leben nach dem Tod interessiert, besonders in seinem philosophischen Werk[83]. Deswegen ist sein „Führergeist" eine Chiffre für ein verstecktes und tiefliegendes Bedürfnis.

Die Tatsache schließlich, daß die Botschaften in verschiedenen Sprachen – Lettisch, Spanisch, Schwedisch und Deutsch – vorgebracht wurden, ist absolut irrelevant, da Raudive in Paris, Madrid und Edinburgh studiert, ferner in Uppsala in Schweden sowie in Deutschland gelebt hatte. Demnach beherrschte er die genannten Sprachen.

Seine Frau Zenta Maurina machte ebenso Versuche. Aus den gestellten Fragen kann man deutlich die Unsicherheit über die Statthaftigkeit der Kommunikation erschließen.

Als es dann in reine Phantasie ausartet, treten plötzlich die Geister von Hitler (bei dem man übrigens eine Stimme hört, die dessen Heiligkeit verkündet), von Stalin, Trotzki, Mussolini, Kennedy, Tolstoi, Cervantes, Dostojewski und Garcia Llorca auf[84]. Darüber hinaus hörte man auch die Stimmen von Carl Gustav Jung, Boris Pasternak, Goethe, James Joyce, Galileo Galilei, Isaac Newton, Michael Faraday, Winston Churchill, Eisenhower und Rommel[85]. Aber der größte Unsinn ist wohl der Geist eines katholischen Pfarrers, der daran erinnert, daß „es den Katholiken verboten ist, sich zu beteiligen"[86].

Raudive erfand ein eigenes Modell, das auf dem Gedanken der Antiwelt basiert. Er, der scheinbar die Religionen, den Spiritismus, den Okkultismus und die Anthroposophie, die sich „die Existenz des Jenseits vorgestellt haben"[87], auf dieselbe Ebene stellt, sieht sich als Zeuge eines neuen Weges, gestützt auf eine „objektive Realität"[88].

Die „Antiwelt" ist ein philosophisches Konzept, das auf einer Theorie der Relationen gründet, wonach „eine Welt ihre Existenz durch ihre Beziehung zur Antiwelt dokumentiert"[89]. Deshalb würde die Antiwelt die Realität dieser Welt bedingen. All das entspringt einer banalen Geisterkommunikation: „Raudive, es sind Antiwelten"[90].

Raudive ist ein glänzendes Beispiel dafür, daß die Ernsthaftigkeit einer Forschung durch unangemessene Schlußfolgerungen völlig in Frage gestellt werden kann. Aber gleichzeitig müssen wir ihm für seine Fehler dankbar sein, weil er uns damit einen weiteren Beweis für die Anwesenheit dieser ätherischen und trotzdem allgegenwärtigen, unbewußten Dimension im Menschen geliefert hat.

Hildegard Schäfer, die Wissenschaftler des Jenseits und der Mückenvertreiber

Hildegard Schäfer aus Goldbach bei Aschaffenburg verlor im Jahre 1971 ihre zweiundzwanzigjährige Tochter. Seither widmete sie sich bis zu ihrem Tode 1997 mit Leidenschaft der sogenannten „Transkommunikation" bzw. der Kommunikation mit den Verstorbenen, in der Überzeugung, ihren Nächsten Trost und Hilfe zu spenden. Zu diesem Zweck brachte sie zahlreiche Publikationen heraus. Von 1989 leitete sie eine spiritistische Gruppe in Aschaffenburg und arbeitete mit einer anderen Gruppe in Darmstadt zusammen. Ihre zentrale Idee war die Möglichkeit der Kommunikation mit den Verstorbenen dank einer Kombination aus Technik und medialen Fähigkeiten.

Unter „medialen Fähigkeiten" versteht H. Schäfer das, was:

„jede Person…, nur aufgrund unserer materialistischen Vorstellungen, unseres Egozentrismus und unserer Gefühllosigkeit inzwischen verloren hat… das, worüber beispielsweise die primitiven Völker noch verfügen."[91]

Ich stimme vollkommen mit der Autorin überein. Tatsächlich behaupte ich von der ersten Seite dieses Buches an, daß der Spiritismus Ausdruck einer naiven, abergläubigen, einbildungsfreudigen und gefühlstrunkenen Primitivität tröstender Funktion ist. Der einzige substantielle Unterschied liegt darin, daß Hildegard Schäfer die mediale Fähigkeit als eine Gabe betrachtet, wo sie doch als Selbstbetrug anzusehen ist.

Hildegard Schäfer selbst bestätigt uns diese Erklärung der medialen Faähigkeiten mit ihren Worten, indem sie schreibt, sie sei „auf emotionaler Ebene sehr engagiert gewesen"[92] und rät: „Es ist sehr wichtig, daß ihr über Vorstellungskraft verfügt"[93] Sie redet von der Kraft der Gedanken, von „Inbrunst und dem innersten Verlangen nach Kontakt zu unseren Toten …"[94]

Demnach werden „mediale Fähigkeiten" wie eine Angelegenheit des Gefühls und der Einbildungskraft erlebt, die auf das innerste Verlangen, mit den Verstorbenen zu kommunizieren, konzentriert ist. Man findet alle Elemente eines „Phantasiekonstruktes" vor, was die medialen Fähigkeiten in der Tat ausmacht.

Hildegard Schäfer schreibt, daß es, um mit den Verstorbenen zu kommunizieren, einer „Kombination aus Technik und medialer Fähigkeiten" bedarf.

Für sie besteht die Technik im Gebrauch elektronischer Geräte. Die Einzigartigkeit besteht darin, daß das Medium ihrer Aschaffenburger Gruppe technischen Unterricht via mediumistischer Botschaften erteilt:

„Durch dieses Medium geraten wir in Kontakt mit Wissenschaftlern, Technikern, Physikern aus dem Jenseits und mit verstorbenen Berühmtheiten aus dem Bereich der Transkommunikationsforschung. Von ihnen erhalten wir Anleitung und Ratschläge, wie die Transkommunikation selbst verbessert werden kann."[95]

Unter den verschiedenen „Technikern" des Jenseits befinden sich auch Johannes und Peter Härting sowie der bekannte Physiker Nicola Testi, der 1943 gestorben ist.

Angesichts der Umweltverschmutzung und anderen gravierenden Problemen wäre uns Hilfe bei technologischen Innovation wirklich sehr willkommen! Aber wie es scheint, sind diese Techniker nicht besonders fähig, wenn trotz jahrelanger Anleitung aus dem Jenseits Hildegard Schäfer eingestehen muß:

> „Ich habe viele Apparate ausprobiert, aber ich muß euch gestehen, daß ich die besten Kontakte, sowohl quantitativ als auch qualitativ, in den ersten Jahren meiner Versuche hergestellt habe."[96]

Das ist aus psychodynamischer Perspektive auch plausibel: Da die ersten Jahre mit dem Zeitpunkt des Verlustes der Tochter zusammenfallen, war Hildegard Schäfer besonders stark beeinflußbar und emotionsgeladen sowie in höchstem Maße erfüllt von Einbildungskraft und Pathos, wodurch sie Ergebnisse erreichen konnte, die ihrem Leidensniveau entsprachen.

Überlassen wir die Techniker des Jenseits nun der Welt der Phantasie und wenden uns den „Schwingungen" zu, denen in der spiritistischen Tradition eine besondere Bedeutung für die Kommunikation zukommt. Tatsächlich hätten manche Personen negative „Schwingungen", die in der Lage seien, den „Empfang" der Nachrichten zu stören. Die „Anfänger" werden,

> „bevor sie endgültig zu den Aufnahmeabenden zugelassen werden, erst von unseren nicht-weltlichen Partnern auf ihre Schwingungen hin überprüft... Personen mir negativen Strahlen würden sicherlich stören."[97]

Wenn man diese Dinge unter einem psychologischen Blinkwinkel betrachtet, sind die „negativen Schwingungen" tatsächlich latente Feindseligkeiten, die von den Mitgliedern der Gruppe aufgrund nonverbaler

Kommunikation, wie Gesten, Körperhaltungen und Abweichungen der Sprache, die man in Zeichen der Abgrenzung oder der Ausgrenzung übersetzen kann, empfunden werden. Im Mythos des Spiritismus gibt es auch schädliche Wetterlagen, die auf die magnetische Dynamik der Botschaften Einfluß nehmen.

Der Kreis der Hildegard Schäfer liegt auf der gleichen Linie mit den klassischen Vorstellungen des *New Age*, das der „magischen" Kraft der Kristalle ein besonderes Gewicht zuweist:

> „Uns wurde gesagt, daß wir einen Kristall in den Lichststrahl unserer Ultraviolettlampe legen müßten … der Energie abgibt, die ihr nicht besitzt…, um die von uns erzeugte Energie zu konzentrieren."[98]

Der Kristall sollte mit natürlichem Wasser gereinigt werden.

Aber die „technologischen" Instruktionen der vermeintlichen Verstorbenen (oder besser: der Kreativität der Teilnehmer) werden immer verworrener und erlangen fast humoristische Qualität:

> „Uns wurde gesagt, daß wir, um unsere Apparate zu vervollständigen, einen sogenannten Mückenvertreiber benutzen sollten."[99]

Es handelt sich um ein Gerät, das ein Ultraschallsignal aussendet, das der Mensch nicht hört, aber die Mücken sehr stört.

Die von diesen kleinen Apparaten ausgestrahlte Frequenz würde die Kontakte erleichtern, da die Geister jene Signale wahrnehmen könnten. Sie fordern: „Benutzt bitte nochmals dieses Gerät"[100].

Ich schließe daraus, daß wir vor der Wahl stehen, entweder von Mücken oder von Geistern befallen zu werden. Denn wer Angst vor Geistern hat, muß sich dieses Mückenvertreibers entledigen, andernfalls muß er die Geister ertragen, wenn er sich von den Insekten befreien will.

Luxemburg: Harsch Fischbach und die Transkommunikation

Die Lehrerin Maggy Harsch Fischbach gründete mit Hilfe ihres Ehemannes Jules Harsch 1986 den CETL (Studienkreis für Transkommunikation), dem sie vorsitzt. Die Aufgabe des CETL, der über Korrespondenten in sechzehn Ländern verfügt, ist es, den Kontakt mit Verstorbenen unter Zuhilfenahme elektronischer Geräte herzustellen.

Das Ehepaar begann seine Versuchsreihen nach eigenen Angaben im Jahre 1985 mit optimalen Ergebnissen. Sie sind davon überzeugt, „aus unserem Glauben an ein Leben nach dem Tod ein Wissen gemacht"[101] zu haben.

Es liegt viel Verwirrung in diesen Worten, denn, wenn Glaube zu Wissen wird, bedeutet das, daß eine experimentelle Überprüfung geglückt ist und deshalb der „Glaube" endet. Würden Beweise für das Leben nach dem Tod existieren, gäbe es auch keine freie Entscheidung mehr, und wir wären zu bestimmten Verhaltensweisen gezwungen. Man würde den Spaß am Leben, am Fehler machen und an deren Verbesserung dank eines freien Willens, einer Meinungsänderung oder aus Glaubensgründen verlieren. Die „Entscheidungsfreiheit" würde so zu einem Märchen werden. Sogar Christus mit seinem Wort vom Ewigen Leben wäre nicht mehr notwendig, wie auch seine Auferstehung unnütz würde.

Was man hingegen bei den Eheleuten feststellt, ist der Glauben an ihre Experimente. Während der Versuche „beten" sie regelmäßig Kostantin Raudive[102] um Hilfe an. Sie verwenden verschiedene, miteinander verbundene Radio- und Fernsehgeräte[103]. Bei einem Experiment war das Fernsehgerät auf eine weiße Zone eingestellt. Plötzlich vernahmen sie dreimal den Satz „Hier spricht Kostantin Raudive". Daraufhin traten sie mit einer Verstorbenen namens Swejen Salter in Kontakt, die zu der Gruppe „Zeitstrom" gehörte, einer Gruppe von 900 Toten, die sich zu einer Vereinigung zusammengeschlossen haben, um mit den Lebenden zu kommunizieren. Dieses Märchen berichtet ferner von Kommunikationsversuchen Verstorbener, die herausfinden wollten, „wo sie sich befinden". Aber man kann beruhigt sein: Sie befinden sich in wunderbaren Landschaften, haben schöne Wohnungen und leben in einem angenehmen Klima.

Schließlich gibt es da noch einen „Techniker", der sich auf der siebten Ebene befindet und der, da er von dort oben nicht kommunizieren kann, auf die dritte Ebene herabsteigt, wo die Gruppe „Zeitstrom" wohnt. Nebenbei bemerkt, zählt die Bevölkerung der dritten Ebene 64 Milliarden Geister. Der besagte Techniker sagte, er sei weder ein Energienoch ein Lichtwesen, weder Ex-Mensch noch Ex-Tier und auch kein Gott. Einmal äußerte er, er könne nur auf drei Fragen antworten (wie im Märchen), weil es an „Energie" mangele. Der „Techniker" informierte uns, daß, wer eine Ebene höher aufsteigt, so oft er will auch wieder hinabsteigen kann, um seinen Verwandten und Freunden Grüße zu senden.

Das Ehepaar schrieb, daß sich viele Verstorbene, sobald sie feststellen, daß sie leben, in Vereinen zusammenschlossen, um dieses Ereignis den Familienangehörigen auf der Erde mitzuteilen.

Es ist offensichtlich, daß diese Verstorbenen die Reinkarnation verteidigen.

Sollten sich wirklich Phänomene von aufgezeichneten Stimmen bestätigen, und diese nicht nur auf einfachen Halluzinationen beruhen, handelt es sich um psychomiletische Tatsachen, deren Ursprung die Eheleute wären, die jene Ereignisse, die ihren Überzeugungen entsprechen, unbewußt hervorrufen.

Es genügt, sich das Ausmaß dieser außergewöhnlichen Naivität der Verstorbenen bewußt zu machen, um zu begreifen, daß meine Interpretation die einzige ist, die die vermeintlichen Ereignisse erklären kann.

Spanien: Camino de la Luz y de la Esperanza

Maximina Del Valle Gil aus Madrid verlor einen Sohn und verfiel daraufhin in tiefe Depressionen. Sie fühlte sich wie bei

„…einer Wüstendurchquerung, ohne Ausrüstung und ohne Wasser. Die Familie hilft nicht sehr viel, jeder von uns ist allein … ich hatte das Gefühl, ein Niemand zu sein, ich existierte einfach nur … und das viereinhalb Jahre lang"[104],

„… mein Hirn war völlig verschlossen, um ja keine Erinnerung mehr an meinen Sohn aufkommen zu lassen."[105]

Sie begegnete dem Schriftsteller Fernando Sanchez Drago, der ein Forscher auf dem Gebiet der Problematik des Lebens nach dem Tod war, und der sie zu seinen Kursen einlud. Dort hörte sie zum ersten Mal von Parapsychologie.

Die Parapsychologie hat mit der Frage eines Lebens nach dem Tod nichts zu tun, sie beschäftigt sich jedoch mit der Erforschung psychomiletischer Phänomene, die dem „Pathos" und den Überzeugungen der Leute entspringen. Die Parapsychologie untersucht außerdem Suggestionsphänomene, die in der spiritistischen Szene als Kommunikationen mit Verstorbenen betrachtet werden.

Beim ersten Treffen des Kurses war ein Hypnotiseur anwesend. Man ließ Maximina Del Valle auf einem Sessel Platz nehmen, und die Leute bildeten einen Kreis um sie herum. Welche Technik angewandt wurde (ob nun Hypnose oder Selbsthypnose), ist hier nicht von Belang. Entscheidend ist, daß Maximina begann, mit ihrem Sohn zu reden. Sie sah ihn in ihrer Einbildung, „während wir in unserem Garten auf einem blühenden Pflaumenbaum saßen"[106]. Dann wünschte sie sich, er solle sie rufen, woraufhin sie ihn tatsächlich ihren Namen rufen hörte. Schließlich erhob sie sich, umarmte eine der sechzig Personen, die sich um sie herum befanden und verstand, „daß mein Sohn in diese Person getreten war"[107].

Die Frau wurde durch jene Erfahrung in den Bereich der Kommunikation mit den Verstorbenen eingeführt, ein Bereich willkommener Illusionen, in dem große Gefühle zum Ausdruck kommen und Endorphine ausgeschüttet werden, die vom Organismus selbst erzeugt werden.

Letztendlich handelte es sich um eine einfache Hypnose, auch wenn die Frau überzeugt war, daß die Person, die sie umarmt hatte, ihr Sohn gwesen sei, oder besser gesagt, ein Medium, das sich die Seele des Sohnes einverleibt hatte. Die Situation verkomplizierte sich zunehmend: Das Medium, scheinbar von einer Art mediumistischer Kettenreaktion beeinflußt, fiel in *Trance* und litt vorübergehend an einer Persönlichkeitsspaltung, wodurch es die Figur des Sohnes schuf und so mit der Frau sprach, als ob es ihr Sohn wäre.

Maximina Del Valle gründete aufgrund ihrer Erfahrung und Trauer die Vereinigung „Camino de la Luz y de la Esperanza", die sich zum Ziel setzte, sich für Eltern einzusetzen, die ein Kind verloren hatten, und diesen die Kommunikation mit den Verstorbenen anzubieten. Die erste Zusammenkunft dieser Vereinigung im Frühjahr 1995

„Mußte notgedrungen im letzten Moment abgesagt werden, wegen eines Vetos seitens der Madrider Kirchenführung."[108]

Schweden: Friedrich Jürgenson und die Stimmen der Verstorbenen

Friedrich Jürgenson wurde in Rußland als Sohn baltischer Eltern geboren. Er war als ehemaliger Opernsänger und erfolgreicher Maler in der Kunstszene sehr bekannt: Er wurde beauftragt, die Porträts der Päpste Pius XII. und Paul VI. zu malen, und war der Erste, dem genehmigt wurde, einen Film über die Ausgrabungen der Grabstätte des Heiligen Petrus zu drehen.

Er hatte bereits einen beachtlichen Bekanntheitsgrad erreicht, als er mit der Entdeckung des Phänomens der „Stimmen" die erwartungsvolle Neugier der ganzen Welt auf sich zog.

Von 1959 an hat er 140 Tonbänder mit 5 000–6 000 Botschaften aufgezeichnet. Anfangs wurden die Stimmen nur mit einem Tonbandgerät aufgenommen, auf Anweisung der Stimmen selbst:

„Hilf, nimm über das Radio Kontakt auf, benutze das Radio, nimm Kontakt auf, hilf dir abends mit dem Radio…"[109]

Jürgenson wurde eingeladen, seine Kontaktaufnahme mit Hilfe des Radiogerätes fortzusetzen. Als „Führergeist" fungierte eine Frauenstimme namens Lena, die, während er langsam am Sender drehte, ihm sagte, wann er anhalten und aufnehmen sollte.

Einige dieser Botschaften stellen psychomiletische Phänomene dar, die, anstatt den Weg der unbewußten Wahrnehmung oder der Halluzination oder des Traumes zu nehmen, als psychokinetische Reaktionen zutage treten, das heißt mit Hilfe der von Jürgenson selbst unbewußt aufgezeichneten Stimmen. Wir werden später die psychodynamischen Ursachen kennenlernen, die diese These unterstützen.

Die wissenschaftliche Untersuchung der unbekannten, auf Tonbändern aufgezeichneten „Stimmen" erlaubt verschiedene Erklärungen:

1) Die gehörten Stimmen können auf Hintergrundgeräuschen des Bandes beruhende, akustische Halluzinationen sein. Diesbezüglich gibt es eine gezielte Untersuchung Professor Bersanis vom Fachbereich Physik der Universität Bologna und des Ingenieurs Trevisan.

2) Es kann sich aber auch um Radiointerferenzen handeln. Die Stimme eines Lebenden wird dabei als die eines Toten gedeutet.

3) Es kann sich um altes Tonband handeln, auf dem die vorhergehenden Aufnahmen nicht gänzlich gelöscht worden sind.

4) Es kann sich um externe Stimmen handeln, also Stimmen von Personen, die sich in der Nähe aufhalten (Nebenzimmer, Straße) und die der Aufmerksamkeit des Experimentators entgehen, weil er auf den Versuch konzentriert ist.

5) Es kann zu unbewußten Lautbildungen kommen, also versehentlich ausgesprochenen Worten, von denen man selbst nicht mehr weiß, sie ausgesprochen zu haben.

6) Es kann sich um ein reales, psychomiletisches Phänomen handeln, in Gestalt psychokinesischer Effekte.

Einige der von Jürgenson aufgezeichneten Botschaften zeigen diese Eigenschaft, wie zum Beispiel in dem Fall, als eine Mitarbeiterin auf einem Tonband die Beschreibung eines Unfalls empfängt, den vierzehn Tage später die Frau Jürgensons tatsächlich erleidet.

Die Stimmen legen Wert darauf, uns wissen zu lassen, daß das Leben weitergeht. Sie verkünden uns:

„Ihr liebt, ihr lebt in Liebe... in mir lebt Elly, Friedel (der Autor) lebt, ihr lebt... Oh! Wir leben.... ,Was ist das, der Tod... Friedrich? Wir kennen ihn!... Wie ihr ihn euch vorstellt ... mit viel Phantasie, Geheimnissen, Anteilnahme, unnützen Wiederholungen .... ,Ich lebe... man stirbt nicht.... Wir leben! Wir leben. Wir Toten sind lebendig. Die Toten leben, weil sie überhaupt nicht tot sind!"[110]

Es fehlen auch nicht die üblichen Kommunikationen historischer Gestalten, wie Hitler, Stalin, Rothschild, Van Gogh, Ciano, Eva Braun, etc.

Die Stimmen drücken sich in vielen Sprachen aus, und ein Satz kann aus Worten verschiedener Sprachen zusammengesetzt sein. Wenn Jürgenson die Botschaften „versteht", so bedeutet das, er kennt diese Sprachen. In der Tat beherrscht Jürgenson fünf Sprachen sehr gut und kann sich in drei weiteren verständigen.

Deshalb ist der Umstand der Mehrsprachigkeit der Botschaften nur ein gewöhnliches, folkloristisches Beiwerk des Friedrichschen Unbewußten, der sich und andere damit beeindrucken will.

Die psychodynamische Ursache der Stimmenerzeugung

Um den wahren Ursprung der Stimmen erfassen zu können, muß man die Vorstellungen, die Glaubenüberzeugungen und den kulturellen Hintergund Jürgensons kennen.

Das Interesse an dem Tod rührt bei Jürgenson aus seiner Jugendzeit, in der er sich ständig Elend und Gefahren ausgesetzt sah und nie das Gefühl der Sicherheit kennengelernt hatte. Er schreibt:

„Mein ganzes Leben habe ich mich mit dem Rätsel des Todes beschäftigt. Als junger Mensch habe ich jahrelang gründlich Religion und Philosophie studiert. Ich habe mich mit Theosophie, der Kabbala, mit

Yoga und Anthroposophie beschäftigt… in einem Land (Rußland), in dem alle religionsähnlichen Bewegungen verfolgt wurden, habe ich es mit meinen geheimen Studien (ich hatte eine kleine esoterische Gruppe ins Leben gerufen) riskiert, meine Freiheit zu verlieren."[111]

Dreh- und Angelpunkt der Gedanken Friedrichs war der Tod. Außerdem hatte er sich ein umfangreiches okkultistisches Wissen angeeignet. Daher stammte auch der Glaube, daß es möglich sei, daß die Verstorbenen Lebenzeichen von sich geben können. So zeichnen sich deutlich die psychodynamischen Dispositionen Jürgensons zum psychomiletischen Subjekt ab.

Darüber hinaus ist er nicht katholisch und deshalb darum bemüht, „die Gedanken von den eingefahrenen Bahnen aller Dogmen und Doktrinen zu befreien"[112].

Der Schlüssel zur Erklärung der Herkunft der Stimmen (als ein unbewußtes Erzeugnis Jürgensons) findet sich in folgender grundlegender Idee:

„Ich verstand, daß es nicht möglich ist, die Qualen und Ängste erträglicher zu machen, wenn man nicht das Problem des Todes löst."[113]

Durch die unbewußte Erzeugung (was die eigentlichen psychomiletischen Phänomene angeht) oder durch die Interpretation von Hintergrundgeräuschen, die nur er deuten konnte, löste Jürgenson das Problem der Angst vor dem Tod. Wenn man den „Beweis" hat, daß man überleben wird, nehmen die Furcht und die Qualen angesichts des Todes geliebter Menschen, aber auch angesichts des eigenen Todes, ab. Das ist die psychodynamische Grundlage, das Pathos, das quälende Leid, daß das bewußte Leben Jürgensons zu zerstören drohte und das unerwartet einen Ausweg in der Selbsterzeugung von Stimmen fand. Das psychomiletische Phänomen stellt (in seiner besonderen Form des psychokinetischen Ereignisses, also der „Einwirkung auf die Materie") lediglich ein Kommunikationsmittel dar, durch welches ein Subjekt seine Erfahrung, die auf unbewußter Ebene ein Zeichen des Leidens ist, nach außen verlagert. Jürgenson teilte der Welt mittels Psychokinese die Freiheit vom Tod mit.

Vietnam: Caodaismus, Stimme des Mediums, Stimme Gottes

Der Spiritismus als Religionsstifter

Wir haben im Laufe der Lektüre dieses Buches gesehen, wie die vermeintlichen, mediumistischen Botschaften nicht nur von Verstorbenen, sondern auch von Christus oder sogar vom Herrn selbst entstehen können.

Dabei handelt es sich allerdings nur um Randerscheinungen, in dem Sinne, daß sie in einem Zusammenhang auftauchen, in dem es hauptsächlich um die Kommunikationen Verstorbener geht. Aber wenn der Mediumismus zur Gründung von Sekten führt, die religiöse Strukturen annehmen, ändert sich die Sachlage. Vom Verwandten eines Verstorbenen, der das gewöhnliche Trostspielchen der Kontakte mit den Verstorbenen spielt, gelangt man zum Besessenen und Pseudo-Mystiker, der sich durch Narzißmus oder unbewußt maskierten Größenwahn auszeichnet und der sich selbst zum Medium erklärt und glaubt, von Gott den Befehl erhalten zu haben, eine neue Religion zu gründen.

Wenn der Spiritismus die Ursache dafür bildet, daß eine Religion aus der Phantasie der Menschen entsteht (die Wissenschaft kennt die dafür verantwortlichen psychologischen Mechanismen) und so zu reinem Theater verkommt, treten die Adepten in den Rollen der Schauspieler auf, und die Gläubigen werden zu unnützen, manchmal gefährlichen und meist unvernünftigen Handlungen verführt. Ich will nicht unterschlagen, daß oftmals auch das Verlangen nach Brüderlichkeit, Frieden und Solidarität auftauchen kann. Aber um jene Ziele zu erreichen, würde eine Zivilgesellschaft, die nicht korrupt, sondern idealistisch und solidarisch ist, genügen. Vielleicht liegt – gesellschaftlich betrachtet – eine

Ursache für die Blüte dieser mediumistischen Verirrungen und puren Phantasien, die einen falschen, von der menschlichen Psyche erfundenen „Gott" hervorbringen, um dadurch emotionale und Trost spendende Defizite auszugleichen, in den Schwächen der Zivilgesellschaft und der Starrheit der traditionellen Religionen.

Angesichts einer komplexen, menschlichen Realität entwickeln sich die sozialen Dynamiken entlang des emotionalen Unterbaus und der psychologischen Bedürfnisse der Masse. Deshalb muß man wohl die logisch-rationale Unreife des Menschen und das Vorherrschen phantastisch-emotionaler Ebenen berücksichtigen, die den Menschen dazu veranlassen, zunächst seine primitiven, instinktiven Bedürfnisse und sein Verlangen nach Geheimnis und Magie zu befriedigen. All das enthüllt, wie sehr der Mensch im Grunde doch noch ein „primitives" Wesen ist.

Die Entstehung des Caodaismus

Gründungsvater des *Caodaismus* war der Funktionär Ngo Van Chieu, ein Fanatiker des Kardecschen Spiritismus im Vietnam des französischen Kolonialismus. Dieser Beamte beginnt die zweite Kardecsche Kolonisierung zu organisieren. Kardec-Rivail hatte ja bereits Brasilien mit Hilfe des Exilanten Leymarie kolonisiert[114]. Geboren im Jahre 1878, schloß sich Ngo Van Chieu 1902 dem Spiritismus an. 1919 begann er, „Offenbarungen" von einem Geist zu empfangen, der sich als *Cao Dai* ausgab, was soviel wie Hoher Turm, Hoher Palast bedeutet und ein Synonym für Gott ist. Der Beamte wurde von *Cao Dai* aufgefordert, die Religionen Vietnams, also den Buddhismus, Konfuzianismus und Taoismus sowie das Christentum, in einem einzigen Glauben zu einen. Es ist peinlich, die Naivität des Menschen wahrzunehmen, der sich von sich selbst und seinen tiefliegenden Phantasien, die sich in Botschaften vergegenständlichen, an der Nase herumführen läßt. Wie schon bei Kardec[115] und Bozzano[116], so genügen auch hier eine Pseudo-Offenbarung oder eine Pseudo-Kommunikation eines Verstorbenen, um ein Leben auf den Kopf zu stellen und daraus eine Mission zu machen. So war auch Ngo Van

Chieu ein Opfer seiner eigenen, tiefliegenden Psychodynamiken und seiner etwas eigentümlich herangereiften Vorstellungen von einem religiösen Synkretismus. Er fand einen Weg, sich von „Gott" eine Mission anvertrauen zu lassen, die er unter dem Banner des Spiritismus zu verwirklichen trachtete.

Ngo Van Chieu sammelte junge Anhänger aus den Reihen der französischen Kolonialverwaltung um sich und begann ein Ritual auszuarbeiten, das viermal täglich wiederholt werden mußte. In der Zwischenzeit reifte in ihm, mit Hilfe des gewohnten Mechanismus der psychologischen Selbsterzeugung, die Überzeugung heran, daß es seine Pflicht sei, Vegetarier zu sein. Ferner vervielfältigte er die Zeichnung eines Auges (das göttliche Auge), die im Tempel benutzt werden sollte.

Im Jahre 1925 gründeten drei Beamte aus Saigon eine spiritistische Gruppe, die Sitzungen mit dem klassischen Tischerücken veranstaltete. Der „Führergeist", der bis zu diesem Zeitpunkt mit der Abkürzung AAA gezeichnet hatte, offenbarte sich Weihnachten 1925 als *Cao Dai*, der sich mit Jesus Christus und gleichzeitig mit dem mythologischen Kaiser aus Jade decken würde. Wie in allen spiritistischen Kreisen, bei denen in verschiedenen Gruppen derselbe Geist auftritt – die drei waren logischerweise davon unterrichtet, daß Ngo Van Chieu *Cao Dai* erschienen war -, reifte auch in der Psyche der drei Beamten (oder in nur einem von ihnen) der Wunsch heran, daß sich „Gott" auch ihnen zeigen möge. Und so geschah es denn auch zur rechten Zeit. Der *Cao Dai* der Saigoner Gruppe äußerte den Wunsch, die Gruppe möge sich mit Ngo Van Chieu in Verbindung setzen, um von ihm das „Ritual" zu lernen und im Gegenzug anzubieten, ihn als Führer anzuerkennen.

So kam es zum Zusammenschluß der beiden Gruppen, aber wenig später erfolgte eine Abspaltung, und Ngo Van Chieu trennte sich mit einer kleinen Gruppe, während Le Van Trung die Führung der Bewegung übernahm.

Auf diese Weise verschwand der „Erfinder" des *Cao Dai* aus der Geschichte des Caodaismus.

Diese synkretistische Religion warf dem traditionellen Buddhismus große Mängel vor, zum Beispiel das Fehlen von Hierarchien. Daher kennt der Caodaismus, und darin ahmt er die hierarchische Struktur der katholischen Kirche nach, einen „Heiligen Stuhl", einen „Papst" (*ho-phap*), drei Kardinäle (*cuong-phap*), achtunddreißig Bischöfe (*phoi-sus*), ungefähr siebzig Hohepriester (*giao-sus*) und dreitausend Priester. Jede Stufe innerhalb der Hierarchie (mit Ausnahme der Position des Papstes) steht beiden Geschlechtern offen. Im Vergleich zum Buddhismus vertritt der Caodaismus eine im hohem Maße auf Brüderlichkeit und Barmherzigkeit gestützte Ethik. Der Klerus ist zur sexuellen Enthaltsamkeit und zu einer streng vegetarischen Ernährung angehalten. Das Fundament jener „Religion" besteht in dem Glauben an die Unsterblichkeit der Seele und ihrer Reinkarnation bis zur völligen Läuterung.

Die Erfolgsgeschichte dieser Religion ist einzigartig, vor allem wegen ihrer diplomatischen Auswirkungen: Da das Land von andauernden Kämpfen zwischen französischer Kolonialmacht, japanischen Invasoren und Vietkong hin und hergerissen war, gelingt es einem nur schwer zu verstehen, welche der Fraktionen nun eigentlich unterstützt wird. In wenigen Jahren war die Zahl der Gläubigen auf eine Million angestiegen (1930), und während des Krieges gegen die Kolonialherrschaft verfügte die Religion des *Cai Dai* über ein Heer von 25 000 Männern sowie Waffenfabriken, die den Franzosen zur Verfügung gestellt wurden. Im Grunde hat sich diese Religion aufgrund ihrer engen Verbindung zur Politik durchgesetzt.

Unter der kommunistischen Regierung erlitt der Caodaismus, wie alle anderen Religionen, eine umfassende Konfiszierung seiner Güter. Im Jahre 1985 wurden ihr 400 Kirchen und der „Heilige Stuhl" zurückgegeben. Daten des Ministeriums für religiöse Angelegenheiten zufolge beläuft sich die Anzahl der Caodaisten derzeit auf zweieinhalb Millionen. Quellen der Kirchenhierarchie sprechen von insgesamt sechs Millionen Gläubigen in Vietnam und den Missionen im Ausland, das heißt in Kambodscha, Taiwan und den vietnamesischen Gemeinden in den USA und Europa.

Neben den verschiedenen Positionen innerhalb der Hierarchie existiert ein Rat aus zwölf Medien (die Zwölf der Tierkreiszeichen). Die spiritistischen Sitzungen dienen stets als Instrument, neue Anhänger zu gewinnen. Unter den „hohen Geistern" des caodaistischen Spiritismus befinden sich der Gründer der chinesischen Republik Sun Yatsen, Jeanne D'Arc, der französische Dichter Victor Hugo (an den sich der Leser als eine Hauptfigur des französischen Spiritismus im neunzehnten Jahrhundert noch erinnern wird)[117], Napoleon, Descartes, Lenin und Winston Churchill.

Italien:
In spiritistischen Zirkeln und unter Priestern wird die Kommunikation mit den Verstorbenen „wiederentdeckt"

Cerchio Firenze 77 & Co.

Die Geschichte des Cerchio Firenze 77 ist die Geschichte des Mediums Roberto Setti, der in dem so phantasiereichen spiritistischen Umfeld dazu prädestiniert war, eine Legende zu werden.

Luciana Campani Setti, die Schwester Robertos, beschreibt, wie die Geschichte beginnt, nämlich mit

„der Verzweiflung meiner Mutter über den tragischen Tod eines ihrer Söhne und der Hoffnung, daß sich nicht alles in der Kälte des Todes auflösen werde. Das war das auslösende Moment dafür, daß sich die medialen Fähigkeiten meines kleineren Bruders, des nicht einmal sechzehnjährigen Robertos, offenbarten."[1]

Im Frühling des Jahres 1946 sammelte sich die Familie um einen Tisch herum, um eine spiritistische Sitzung zu improvisieren. Anläßlich dieses Treffens entwickelte sich die Fähigkeit des Jungen, in *Trance* zu fallen. Die *Trance* ist nur eine Art von der Umwelt veranlaßte Selbsthypnose, die von der Autosuggestion des Subjekts ausgelöst wird. Meist handelt es sich um besondere Individuen mit bestimmten nervösen Merkmalen. Eine Rolle spielt die Altersgruppe, der emotionale Zustand, die existentielle Situation und die Konstitution. Im Fall Robertos war es einerseits das Alter des heranwachsenden Jungen und die relative Sensibilität und Formbarkeit, die zu einem blinden Vertrauen in die Mutter führte, und andererseits die verzweifelte Mutter, die um jeden Preis Zeichen für ein Leben nach dem Tod haben wollte. Der Sohn mußte sich folglich unbewußt gezwungen fühlen, die Rolle desjenigen zu übernehmen, der der Mutter Hoffnung gab. Die medialen Fähigkeiten, wie schon mehrmals erwähnt (und wie wir es aus den Ausführungen Schäfers abgeleitet haben), ist nur Produkt von Emotionen, Einbildung und intensivem Verlangen nach Kommunikation mit den Verstorbenen. *Pathos*, das heißt Leiden und viel Suggestion, die von den Vorkenntnissen, dem Ritual und den Zusammenhängen herrühren. Aus diesem Nährboden zieht das Medium auf Grund seiner Jugend und seiner Beeinflußbarkeit (die Hypnose ist im Wesentlichen eine Frage der Suggestion) – besonders das emotional zerbrechlichere, sensiblere, aber vor allem für die Hypnose (in diesem Fall für die Selbsthypnose) empfänglichere Subjekt – seine medialen Fähigkeiten, die die Konkretisierung einer zeitlich beschränkten Persönlichkeitsspaltung darstellen. Ein typisches Merkmal der Spaltung ist, daß mit dem Verschwinden der sekundären Persönlichkeit die normale Persönlichkeit, wenn sie aus dem hypnotischen Schlaf auftaucht, sich an nichts mehr von dem erinnert, was sie gesagt oder getan hat.

„Wenn Roberto aufwachte hatte er keinerlei Erinnerung mehr, und um zu wissen, was er gesagt hatte, mußte er sich die Tonbandaufnahmen anhören."[2]

Manche Leute fabulieren, daß die „medialen Fähigkeiten" ein Geschenk Gottes seien, um damit der Menschheit einen Dienst erweisen zu können. Tatsächlich handelt es sich nur um eine Störung der Persönlichkeit, die in einigen Fällen wohl ausgeglichen werden kann, aber meistens einen Menschen hervorbringt, der unter einer psychischen Störung leidet. Wir erinnern uns an Guénon, der darüber schrieb, wie ein großer Teil der berühmten Medien dem Wahnsinn verfallen sind, daran starben oder zeitlebens unter tiefen nervösen Störungen litten[3].

Roberto Setti stellt eine Ausnahme dar. In seiner Schwester ruft er „Gedanken der Ausgeglichenheit, Ehrlichkeit, Reinheit, Natürlichkeit"[4] wach.

Aus anderen Zeugnissen geht er mehr als reservierter, aufmerksamer Zuhörer denn als Protagonist hervor. Der Buchhalter Roberto Setti, angestellt bei der Stadt Florenz, zog aus seinen Dienstleistungen während der siebenunddreißig Jahre seiner medialen Tätigkeit nie einen finanziellen Nutzen, und als ihm im Jahre 1974 seine „Führer" sagten, er solle die Sitzungsprotokolle veröffentlichen, war es nur gerecht, daß letztlich ihm die Anerkennung zukam, die den Büchern gezollt wurde, denn in der Tat war ja er (oder besser seine sekundäre Projektion) der Autor jener Botschaften und ethisch-philosophischen Unterweisungen.

Die physischen Phänomene:
Tricks oder psychomiletische Tatsachen?

Über zweihundert „Apporte", das heißt kleine Gegenstände, offensichtlich aus dem Nichts kommend, und zahlreiche Lichterscheinungen, Manifestationen von Gerüchen und Levitationen sind Ereignisse – das gibt zu denken. In siebenunddreißig Jahren regnete es gewissermaßen als Gaben für die Anwesenden duftende Blumenblätter, Olivenbaumblätter, frische Blumen und zahlreiche Gegenstände, wie Anstecknadeln, Ringe, Miniaturen, Friese, Anhänger und Fächer. Es geschah, daß die Hände des Mediums leuchteten, daß ein Gegenstand im Dunkeln vorbeiflitzte und eine leuchtende Spur hinterließ.

Wir haben die tiefenpsychologischen Ursachen gesehen, die medial begabte Menschen zum Betrug veranlassen. Im Zusammenhang mit den Phänomenen Roberto Settis entwickelte sich die übliche Polemik zwischen den Befürwortern der Echtheit der Phänomene und denen, die sie in Frage stellten. Die Schwester Robertos schreibt:

„Es gibt heute diejenigen, die die Authentizität bezweifeln, da sie Tricks und Betrügereien annehmen, und so nicht nur das Andenken Robertos beleidigen, sondern zwangsläufig auch seine Angehörigen und intimsten Freunde in diese Betrügereien hineinziehen."[5]

Mir ist nichts darüber bekannt, daß das Medium Setti jemals durchsucht worden wäre, weder das Zimmer, noch der von dem Medium benutzte

Sessel, noch die Anwesenden, ja nicht einmal die Sitzungen sind rigorosen Kontrollen unterzogen worden.

Wissenschaftlich betrachtet sind daher die Phänomene des Mediums Setti ohne Bedeutung. Selbst wenn sie untersucht worden wären, blieben sie bedeutungslos, da die Prozeduren, die ich zuvor aufgezeigt habe, den unverzichtbaren Minimalstandard markieren[6].

Wir haben auch gesehen, daß Betrügereien existieren, die „ausschließlich durch Prestige und Missionseifer"[7] motiviert sind. Falls Setti betrogen hat, wäre als Motiv gerade Missionseifer anzunehmen, da im Umfeld der „Führer" des Cerchio Firenze 77 die Idee der Unterweisung – und zwar nicht nur der Anwesenden – sehr stark war, wie aus der Veröffentlichung von gut zehn Büchern ersichtlich wird. Die Tatsache, daß die „Führer" in Wirklichkeit verschiedene Ausdrucksformen der Kreativität des Mediums sein können, wurde bereits hervorgehoben.

Professor Luigi Garlaschelli, Mitglied des CICAP und Dozent für Chemie an der Universität von Pavia, hat im Labor die Lumineszenz der Hände, die für die Sitzungen Settis typisch waren, reproduziert und zwar mit Hilfe weißen Phosphors, einer äußerst giftigen Substanz (Zyankali vergleichbar), die über die Haut absorbiert werden kann. Setti starb 1984, nachdem er für einige Jahre gelähmt an einen Rollstuhl gefesselt blieb, „wegen einer Krankheit (einer halbseitigen Myotropie), deren Ursachen nie vollständig aufgeklärt werden konnten"[8]. Professor Garlaschelli bemerkt dazu:

> „Letztlich bleibt zu sagen, daß die geheimnisvolle Krankheit, die Setti den Tod brachte, eine chronische Vergiftung durch Phosphor (über zehn oder mehr Jahre hinweg verwendet) oder andere chemische Substanzen etwa Lösungsmittel gewesen sein könnte."[9]

Diese Hypothese ist rein medizinisch und liegt insofern außerhalb meiner Beurteilungskompetenz. Was mich anbelangt, stelle ich fest, daß (die wissenschaftliche Irrelevanz der Phänomene Settis betonend) ein Teil dieser Erscheinungen (auf Grund meiner Erfahrung) möglich ist, und zwar auf Grund des Wirkens noch unbekannter Naturgesetze, deren auslösende Tiefenmotivation (psychomiletisch) bekannt ist.

Die Wiederkehr der psychischen Integration

Der erste Versuch Roberto Settis betraf das „automatische Schreiben", das wir als Manifestation des Unbewußten kennengelernt haben, zumal diese Praxis auch in der Psychotherapie verwendet wird, um verborgene Konflikte zu analysieren. Die Verstorbenen, die sich zeigten, waren der Bruder und andere Verwandte. Später trat die *Trance* durch Inkorporation hinzu, die auf eine Art spiritistische Familienkultur hinzielt. Tatsächlich bemühten sich die Angehörigen des jungen Roberto darum, ihm die Klassiker der spiritistischen Literatur zu besorgen, um „ihn anzuleiten":

> „In der Zwischenzeit hatten wir die Bücher Kardecs und Leon Denis' gelesen, und wir hatten uns über das informiert, was über den Spiritismus geschrieben worden war, auch weil ich und mein Mann uns der Verantwortung völlig bewußt waren, den damals siebzehnjährigen Roberto zu beschützen und zu leiten."[10]

Meiner Ansicht nach müßte jeder, der Kardec und Leon Denis liest, auch die gegenteiligen Ansichten zur Kenntnis nehmen, um auf diese Weise jenes Gespür zu entwickeln, einen Minderjährigen vom Spiritismus fernzuhalten. Der Spiritismus kann das innere Gleichgewicht gefährden.

Das Leben Roberto Settis war von diesem Zeitpunkt an vollständig vorbestimmt. Nachdem die „medialen Fähigkeiten" oder besser die periodische Manifestation der sekundären Persönlichkeit entdeckt worden waren, wurde Roberto eines der vielen „Opfer" des Spiritismus, jener synkretistischen Religion, die das gesamte religiöse Wissen in seine Einzelteile auflöst, um daraus einen pseudo-orientalischen und para-kardecschen Aufguß zu bereiten. Jedes Medium ist Opfer seiner eigenen

Kreativität und der über die Lektüre vermittelten *Inputs*. Unbewußte Wiederaufbereitung und langsam wachsende kulturelle Erfahrung führt zu einer stetigen Verfeinerung.

Damit will ich nicht sagen, daß ich die Lehren der „Führer" Dali, Kempis, Claudio, Teresa, Orientalischer Bruder und Venezianer schätze, im Gegenteil ich finde sie eher schwerfällig und äußerst langweilig.

Aber diese Phantasiegestalten, die der unbewußte Geist Roberto Settis schuf und die die absoluten Protagonisten seiner Imagination waren, wurden manchmal von den Geistern des Paracelsus, Caravaggios, Leopardis oder Enrico Matteis begleitet, die sich jedoch wenig gesprächig zeigten.

Wie es die Tradition des Spiritismus will, läßt sich im Umfeld des Cerchio feststellen, daß die Botschaften von einem höheren Niveau zeugen als das, was das Medium im wachen Zustand ausdrücken konnte. Wie ich schon mehrmals angemerkt habe, ist dies für mediumistische Sitzungen aus mehreren Gründen typisch, denn:

a) Das Medium verarbeitet und potenziert Informationen aus der spiritistischen, okkultistischen Lektüre, wobei die Kreativität des Unbewußten sich im höchsten Maße in einem vom Bewußtsein unterschiedenen Zustand ausdrückt.

b) Die spiritistische Sitzung ist eine der größten Stützen des Konzepts der psychischen Integration, das einen „Leader" (das Medium) benötigt, der unbewußt fähig ist – auf Grund seiner psychischen Spaltung –, für die Schaffung einer künstlichen Persönlichkeit (den sogenannten Führergeist) zu sorgen. In diesem Zusammenhang entspinnt sich eine Kommunikation zwischen verschiedenen Unbewußten und die intellektuellen Inhalte der verschiedenen Personen werden vom „Leader" genutzt, um Begriffe darzulegen, die dem normalen kulturell-geistigen Niveau des Mediums überlegen scheinen. Ich nenne dieses Phänomen „kleine Telepathie". Die Ausführungen der „Führer" Roberto Settis waren demnach eine unbewußte gemeinschaftliche Produktion. Die Weisheit der „Führer" ist eher oberflächlich, was das Konzept eines Absoluten angeht, das sich mit uns deckt. Ausgangspunkt ist das Dogma der Reinkarnation: Über verschiedene Leben erlangt der Mensch schließlich Reife und Weisheit, „für die alle bestimmt sind". Der grundlegende

Begriff ist daher der der Evolution, des Fortschritts, der an Fourier und Kardec erinnert. Wenn der Mensch nach einigen Reinkarnationen die Erleuchtung erlangt hat, entfaltet sich die Evolution auf anderen spirituellen Ebenen.

Der Kosmos sei nicht von Gott geschaffen, sondern bestehe immer schon in ihm, daher sei Gott eins mit dem Kosmos – eine Grundannahme östlicher Religionen. Die Welt sei aus einer undifferenzierten göttlichen Substanz gebildet, und es existiere kein Gegensatz zwischen Geist und Materie.

Das Leben sei keine Probe, da wir alle dazu bestimmt seien, uns zu entwickeln und zu verschmelzen, bis wir eins werden würden.

Von Evolution zu Evolution würden wir einen immer weiteren Bewußtseinszustand erreichen, bis wir jenen Bewußtseinszustand erlangt hätten, der Gott genannt wird.

Es handelt sich hier um ein Konglomerat aus Kardecs Ideen (sich entwickelnder Fortschritt des Geistes) und dem Hinduismus, der in der Reinkarnation auch die Regression zum Tier vorsieht. Aber der Hinduismus gewinnt an Ansehen zurück wegen seiner Vorstellung des Absoluten. In der Tat, wie es im Hinduismus das *Atman* (innere Wirklichkeit) gibt, das mit dem *Brahman*, das heißt dem Absoluten[11], zusammenfließt, so fließen wir alle in der unbewußten Phantasie des Mediums Setti mit dem Bewußtseinszustand Gott zusammen.

Es verwundert nicht, scheint vielmehr logische Konsequenz dieses Gebräus, daß man zu dem Schluß kommt:

„Das Werk Christi ist ein Werk der Zauberei"[12].
„Die Eucharistie ist eine jener Formeln, die von Christus in die Gestalt einer magischen Zeremonie gekleidet wurde. Egal wie und von wem sie ausgesprochen wird, sie erfährt immer eine Antwort… und daher handelt es sich um ein wahrhaft okkultes Phänomen."[13]

So kommt ein „esoterischer" Christus zum Vorschein, der in radikale Opposition zur katholischen Kirche zwingt und die Ablehnung jeder Form verfaßter Religion zur Folge hat.

Es zeigt sich erneut (wie schon in anderen Fällen), daß das Medium eine paradoxe unbewußte Allmacht lebt, da seine Botschaft die Religionen ersetzt und sich als einzige Wahrheit darstellt, die unbewußt als Botschaft der „Führer" maskiert ist.

Stellungnahme eines Priester

Der Priester ist jene Person, die dazu bestimmt ist, das Evangelium zu verkünden, die Sakramente zu spenden und die Schar der Gläubigen in einer chaotischen Gesellschaft, so wie des 20. Jahrhunderts, zu leiten. Es gibt Priester, die sozusagen ihren kirchlichen Führerschein verloren und durch einen spiritistischen ersetzt haben oder einfach nur der Verwirrung anheimgefallen sind. Im Laufe dieser Untersuchung werden wir darüber davon zu sprechen haben, da solche Priester mittlerweile in mehr oder weniger großem Ausmaß Teil der Geschichte des Spiritismus geworden sind, gemäß ihrer eigenen Hinwendung zum Spiritismus.

Pater Eugenio Ferrarotti, ehemaliger Exorzist aus Genua, verstorben im Jahre 1996, war seit jeher häufiger und begeisterter Besucher spiritistischer Veranstaltungen. Nun haben die Medien, die ihm nahestanden, „wahrgenommen", daß ihm eine neue Aufgabe aus dem Jenseits zuteil geworden ist: die des „Führergeistes". Über diese Kuriosität werden wir später mehr erfahren. Zunächst wollen wir uns in Pater Ferrarottis eigenen Worten von seiner Erfahrung mit dem Cerchio Firenze 77 berichten lassen:

> „Ich habe mich in einer mehr als religiösen, ich möchte sagen in einer mystischen Atmosphäre wiedergefunden, wo mir nichts begegnete, das meinem priesterlichen Geist Unwohlsein bereitet hätte. Dabei muß ich sagen, daß ich nicht gerade mit vorgefaßten Meinungen, aber mit der Haltung eines kritischen Geistes eingetreten bin, da es besser ist nicht leichtgläubig zu sein … Nun ich versichere euch, daß ich im Cerchio Firenze 77, in den dortigen Kommunikationen, nur die spirituelle Aura der Heiligen gespürt habe. Wenn ihr die Bot-

schaften lest, die in den Büchern wiedergegeben worden sind ... werdet ihr euch ein eigenes Bild machen können von der Großartigkeit, der Würde, der Erhabenheit mancher Seiten ...“[14]

Was soll man dazu sagen? Wenn die „spirituelle Aura der Heiligen“ sowohl die Reinkarnation, als auch das Zauberwerk Christi, als auch die magische Zeremonie der Eucharistie ist und wenn wir Gott sind, dann bedeutet dies, daß Millionen Christen, angefangen beim Papst, nichts verstanden haben, die Bibel wegwerfen dürfen und sie durch die Bücher des Cerchio Firenze 77 ersetzen müssen.

Mein Eindruck ist, daß bestimmte Priester, die sich noch immer in dieser Szene engagieren, den Mut haben sollten, das Priestergewand abzulegen, anstatt sich hinter ihm zu verstecken und maßloses Unheil in ihrer „Herde“ anzurichten.

Der Kreis Ifior, das Vater Unser und der Führergeist Pieros

Die Aktivitäten des Kreises Ifior (gegründet in Genua im Jahre 1978) stützen sich auf das mediumistische Paar Gian (1949) und Tullia (1952). Ihre Produktivität ist bemerkenswert, sind sie doch schon bei ihrer achten Buchveröffentlichung angelangt. Nach einer Phase der angeblichen Erzeugung physischer Phänomene, widmete sich die Gruppe der Abfassung von Botschaften. Diese Aktivität entfaltet sich derzeit in drei Arten von Sitzungen:
a) Lektüre und Diskussion der Märchen des Ananda.
„Ananda“ ist ein hinduistischer Begriff, der „Glückseligkeit Gottes“ bedeutet.
„Märchen“ ist ein allen spiritistischen Aktivitäten angemessener Begriff;
b) Sitzungen für Gäste;
c) Unterrichtssitzungen, die Mitgliedern der Gruppe vorbehalten sind.
Was diesen „Unterricht“ und die „Lehren“ betrifft, so haben die „Führer“ keinerlei Scheu, sich an die Stelle Jesu Christi zu setzen: Jesus hat das

Vater Unser (Matthäus 6,9–13) verfaßt, eine „Führerin" namens Viola hat ein weiteres diktiert. Was soll man zu dieser geschmacklichen Entgleisung sagen? Wir sehen das Ganze als eine ehrfurchtslose Schöpfung der Phantasie, was es in Wirklichkeit auch ist.

Ein anderer „Führer" ist Andrea, der den Hinduismus, das Chakra (immaginäre Punkte, über die der Körper in Kontakt tritt mit spirituellen Energien) behandelt und behauptet:

> „Der ganze Körper jedes Menschen ist mit vielen kleinen schwingenden Punkten übersät ... deren Merkmal ist, daß sie den physischen Körper und den Astralkörper zusammenhalten, ebenso ... wie die anderen Körper, die das Individuum in seiner Gesamtheit ausmachen."[15]

Jeder neue *Kreis* wiederholt ad infinitum dieselben langweiligen Konzepte. Wenigstens taucht von Zeit zu Zeit eine humoristische Variante auf, wie jene, die den bekannten Populärwissenschaftler Piero Angela betrifft. Ihm verzeiht der Spiritismus nicht, daß Angela ihn mit einem Buch und einigen Fernsehsendungen angegriffen und lächerlich gemacht hat. Der Spiritismus rächt sich, indem er Piero Angela einen Führergeist zur Seite stellt! Die Begebenheit wird von Dr. Alfredo Ferraro erzählt:

> „Eines Tages benachrichtigte mich Gian, daß ‚Bruder Johannes' (einer der ‚Führer') ihn informiert habe, daß ein angeblicher García de la Sagra mich sprechen wolle."[16]

Während einer Sitzung gesteht dieser im Jahre 1499 geborene antike Spanier, daß er an der Inquisition teilgenommen habe und so erklären könne, warum Piero Angela dieses Buch gegen den Spiritismus, den Okkultismus und das Paranormale geschrieben hat:

> „Wir haben nicht eingegriffen, um diese Schmutzkampagne zu stoppen ... (da) wir nicht wollten; tatsächlich war es unser Wille, daß er dieses Buch schreibe."[17]

Die tiefenpsychologische Wendung springt einem sogleich ins Auge, wenn man bedenkt, daß Piero Angela, der für die Spiritisten zum „Inquisitor" geworden ist, von der unbewußten Phantasie des Mediums ein Führergeist zugeteilt wurde, der selbst Inquisitor war!! Schließlich fällt auch das unbewußte Streben der mediumistischen Gruppe nach Allmacht auf, da sie versucht über ihr Führer-Medium, die von Piero Angela vorgebrachte Kritik zu beherrschen, indem das Führer-Medium es sich selbst als Verdienst zuschreibt, erlaubt zu haben, daß diese Kritik überhaupt geäußert wurde.

Die Rechtfertigung dieses Zugeständnisses wirkt wunderlich und gleichzeitig naiv, wie übrigens sämtliche Ideen des Spiritismus. In der Tat trage die Kritik nämlich zu wichtigen Klärungen bei:

> „Viele Angelegenheiten, vieles was sich hinter den Kulissen abspielt, viele Tricks und viele Dinge, die nicht wahr sind [habe sie aufgedeckt] … und deren Gutes, jenseits der Bedeutung der „Schmähschrift", das erst noch viel später erkannt werden wird."[18]

Wie könnten unter den „vielen Dingen, die nicht wahr sind" und die durch die konstruktive Kritik Piero Angelas, die für wertvoll erachtet worden ist, ans Licht gekommen sind, nicht auch die Botschaften der anderen spiritistischen Kreise, inklusive der Gruppe Ifior, mit eingeschlossen sind? Sind doch auch sie lediglich Produkt der Kreativität des menschlichen Unbewußten.

Abschließend will ich festhalten, daß ich nicht übertreibe, wenn ich sage, daß mittlerweile jede Stadt ihr Grüppchen von spiritistischen Adepten hat. Spiritistische Kreise und Gruppen machen sich in ganz Italien breit. Von diesen Gruppen (viele von ihnen sind gar nicht offiziell bekannt), die wie Pilze aus dem Boden schießen, seien hier nur der Kreis Asorga in Palermo, der Kreis Esseno in Rom, der Kreis von Viareggio, der Kreis Davids in Giaveno, der Grüne Kreis, die Gruppe Flavio in Perugia, das Abendmahl 71 in Ravenna und die Gruppe von Grosseto erwähnt.

Die Bewegung der Hoffnung

Heute verspüren immer mehr Menschen das Bedürfnis nach beruhigenden Sicherheiten, nach Gewißheiten, und seien es Scheingewißheiten. Die Religion befindet sich in einer Krise und mit ihr die Werte und Überzeugungen, die sie transportiert. Diese Krise findet sich eingebunden in den technologischen Fortschritt und an den modernen Konsumismus, gefördert zudem von materialistischen Philosophien und politischen Strömungen, die der Religion gegenüber feindlich eingestellt sind. Der Tod, im Kontext des Glaubens früher einmal Ort einer schmerzhaften Trennung mit der Hoffnung auf Wiedervereinigung, wird heute unerträglich. Aus dem Glauben gespeiste Hoffnung ist entschwunden. Heute bedarf es des raschen „Beweises", daß das Leben weitergeht.

Die Technologie hat uns neurotisch gemacht, wir sind von der Manie des „schnell und sofort" befallen: ein Hamburger, ein Kleenex, ein Auto und ... die Unsterblichkeit. Auch das, denn das Leben nach dem Tod ist sofort und augenblicklich – etwa mit der Technik des „automatischen Schreibens" – zu verifizieren. Wir haben gesehen, daß überall auf der Welt diese Manie mit den Toten zu kommunizieren sich als scheinbar harmlose Praxis verbreitet. Dies fiele unter die Kategorie "Humor", würde sie nicht aus dem Schmerz jener Personen erwachsen, die von dieser spiritistischen Sucht mitgerissen werden.

Die *Bewegung der Hoffnung* entstand im Jahre 1987 aus einer Idee Agnese Monetas aus Genua, einer Mutter, die vom Schicksal, sprich: dem Tod ihres Sohnes Frangi, schwer getroffen war, und sich daher an ein Medium wandte. Sie erhielt eine Reihe von Botschaften, die sie in einem Buch veröffentlichte. Der kulturelle Horizont des Mediums umfaßte auch die Reinkarnation, und es ist logisch, daß der angebliche Frangi die Reinkarnation bestätigte. Das Medium ist nichts weiter als ein Behälter für die kulturellen Inputs, die es nach außen wieder abgibt, angereichert und gefiltert durch die eigene Phantasie.

Es ist bekannt, daß Frangi in seinem vermeintlichen Vorleben ein antiker Ägypter und eine Art Prophet war[19].

In den Botschaften wird das Gesetz des Karma verfochten, einer der Eckpfeiler der östlichen Religionen. Demnach müßte Frangi der katholischen Religion als Offenbarer einer neuen Wahrheit gelten. Das Christentum jedoch sieht die Offenbarung mit dem Kommen Jesu Christi als beendet an.

Von Anfang an stellte sich die *Bewegung der Hoffnung* (wenngleich christlich inspiriert) deshalb als vom Christentum verschieden dar. Das ist auch korrekt, da der Spiritismus als synkretistische Religion zu betrachten ist, die auf menschlichen Phänomenen gründet, während das Christentum allein im Glauben an das Wort Jesu Christi wurzelt.

Mario Mancigotti, der im März 1983 seine Tochter Daniela auf tragische Weise verlor, löste schließlich Agnese Moneta an der Spitze der Bewegung der Hoffnung ab. Mancigotti schreibt, daß er und seine Ehefrau

„von einem Glauben aufrechterhalten [wurden], der, wenn auch oberflächlich und unkritisch, uns doch half, diese schreckliche Prüfung zu bestehen ... auch wenn mich eine unauslöschliche Sehnsucht quälte, dem Geheimnis des Lebens nach dem Tod auf die Spur zu kommen."[20]

Eine Nachbarin schlug vor, ein ihr bekanntes Medium zu Rate zu ziehen, und so trafen drei Monate nach dem Tod der Tochter mittels des Mediums „Lea" die ersten Pseudo-Botschaften ein. Der Führergeist des Mediums hieß „Arno". Dieser war bereits Führergeist von Leas Vater (selbst ein Medium). Er manifestierte sich in der Tochter drei Monate nach dem Tod ihres Vaters. Die psychische Genese „Arnos" folgt dem üblichen Schema: Lea läßt in sich selbst unbewußt dieselbe Figur wiederentstehen, die ihr in den vergangenen Jahren Sicherheit gegeben hatte. Das Medium wird immer von der intelligenten Kraft der eigenen sekundären Persönlichkeit getrieben. Dabei wird es zum Opfer seiner selbst und macht auch die anderen zum Opfer seiner eigenen unbewußten Kreativität.

Machen wir uns noch einmal klar: Dieses Buch versucht, zunächst einmal grundlegend, die psychologische Struktur des Menschen freizulegen. In der Einleitung habe ich ausgeführt, daß man nur auf diese Weise vermeiden kann, einer Illusion aufzusitzen, die nichts anderes als ein Placebo-Effekt ist.[21] Ebenso habe ich vorausgeschickt, daß keine wissenschaftliche Betrachtung in der Lage sein wird, eine Person zu überzeugen, die mit Leidenschaft den Weg der „Kommunikation" mit Pseudo-Verstorbenen eingeschlagen hat.

Die Kraft der Suggestion wirkt auf eigene Art. Den Beweis dafür liefert uns eine Erzählung Mancigottis. Die Pseudo-Daniela hatte mittels „Arno" versucht, den Vater zu überzeugen, sich dem „automatischen Schreiben" zu widmen. Dieser widerstand jedoch der Versuchung[22]. Damit nämlich der Automatismus funktioniert, bedarf es einer besonderen nervlichen Struktur (vielleicht derselben, die zu den verschiedenen Bewußtseinszuständen führt), nämlich einer intensiven und natürlichen Fähigkeit zur Autosuggestion.

Wie dem auch sei, was dem Vater nicht gelang, hatte bei der Mutter Danielas Erfolg, natürlich immer auf Einladung „Arnos" hin. So begann ein Dialog, der den Vater und die Mutter Danielas glauben ließ, daß sie mit der eigenen verstorbenen Tochter (die so in die Rolle des Führergeistes der Eltern kam) kommunizieren würden.

Man muß Mancigotti zumindest hervorragende Führungsqualitäten in Hinsicht auf seine Bewegung zugestehen, denn sie hatte und hat Erfolg. Die jährlichen Kongresse zogen bis zu achthundert Teilnehmer an. Aber wer waren/sind diese Kongreßteilnehmer? Es handelt sich fast durchweg um Menschen in Trauer; sie kommen, um Referenten zu lauschen, die von der „Hoffnung" durch Jenseitskontakte sprechen. Einige Referenten sind den Lesern schon bekannt, da sie in den vorhergehenden Seiten bereits einer kritischen Untersuchung unterzogen worden sind: Pater Francois Brune[23], Maguy und Daniel Lebran[24], Paul und Nicole Gouvernnec[25], Ernst Senkowski[26], Friedbert Karger[27], Hildegard Schäfer[28] und Pater Eugenio Ferrarotti[29]. Weitere Protagonisten werde ich auf den folgenden Seiten vorstellen.

Die *Bewegung der Hoffnung* bedient sich zur Verbreitung ihrer Botschaft der Monatsschrift „L'Aurora", die bereits mehrmals in den Anmerkungen zitiert worden ist. Ihr Chefredakteur Raul Bocci wurde bereits im

Einführungsteil dieses Kapitels[30] portraitiert. Er ist es, der Mancigotti gewissermaßen goldene Brücken baut:

> „Raul Bocci, Vorsitzender der Vereinigung der Spiritualisten und Spiritisten Italiens, von der Zeitschrift „L'Aurora" ist der einflußreiche Fahnenträger einer Bewegung, die das Anbrechen eines neuen Tages vorbereitet."[31]

Vielleicht ist es in spiritistischen Kreisen an der Tagesordnung, das Anbrechen eines neuen Tages zu erwarten. Ich befürchte allerdings, das Warten wird noch lange dauern.

In dieser Erwartung steht die *Bewegung der Hoffnung* recht isoliert da; im nationalen Kontext spielt sie keine große Rolle. Angesichts einer halben Million Toten pro Jahr in Italien und etwa einer Million unmittelbar trauernder Verwandter versammelt die *Bewegung der Hoffnung* nur wenige hundert (vielleicht tausend) Anhänger um sich. Die Kirche distanziert sich, und die Wissenschaft ignoriert diese neue „Wissenschaft der Geister", was Mancigotti zu polemischen Äußerungen veranlaßt:

> „Gegenüber den Angriffen, die gegen uns gefahren werden und die einem weiten Spektrum entspringen – von „unnachgiebigem szientistischen Rationalismus" bis hin zu „integralistischstem Klerikalismus", wurzelnd in alttestamentarischen und wenig sensiblen, kodifizierten Gesetzen … die sich nur schlecht oder falsch informierter Quellen bedienen –, müßte man den Anspruch einer solidarischen Verteidigung unserer wahren Identität verspüren."[32]

Genauer betrachtet, erweist sich der „unnachgiebige szientistische Rationalismus" als die gesamte kritische Wissenschaft (mit Ausnahme einiger Randfiguren), die nicht im Traum daran denkt, die „Kommunikation mit den Verstorbenen" ernst zu nehmen, während der „integralistischste Klerikalismus" die gesamte katholische Kirche meint (mit Ausnahme einiger weniger spiritistischer Priester). Tatsächlich haben viele Diözesen, in denen die *Bewegung der Hoffnung* oder einer ihrer Untergruppen einen

Kongreß veranstaltet hat, sobald sie davon erfahren haben, den an den Kongressen teilnehmenden Priestern verboten, die Heilige Messe zu feiern. So zum Beispiel in Cattolica, in Alessandria, am Lago Maggiore, aber auch im Ausland, etwa 1995 in Spanien.

Unter die „schlecht oder falsch informierten Quellen" rechnet die Bewegung auch die GRIS (Gruppe zur Untersuchung und Information über das Sektenwesen), eine Einrichtung, die von der Italienischen Bischofskonferenz autorisiert wurde. Der Autor des vorliegenden Buches ist Mitglied und Mitarbeiter der GRIS. Und der Leser kann, angesichts der wissenschaftlichen Sorgfalt und hinsichtlich des Umgangs mit Quellen selbst urteilen, ob es sich um Desinformation handelt.

Die *Bewegung der Hoffnung* hat eine „Programmschrift" verfaßt, die 1990 veröffentlicht wurde und in der zu lesen steht:

> „Ziel der Bewegung ist es, die brüderliche Solidarität der Anhänger zu mobilisieren und jene Phänomene zu untersuchen, welche die These der Existenz eines Lebens nach dem Tod bewahrheiten."[33]

In eben diesem Programm wird mitgeteilt, die *Bewegung der Hoffnung* sei „apolitisch und überkonfessionell, wenngleich mit klarer und streng ökumenisch-religiöser Ausrichtung[34]".

Es gelingt mir nicht recht, den überkonfessionellen Ansatz mit der starken ökumenisch-religiösen Ausrichtung zu vereinbaren. Ökumene bedeutet, vom Geist des Evangeliums zu sprechen, der die Spaltung zwischen den christlichen Konfessionen überwinden hilft und nach gemeinsamen Aspekten sucht, die trotz der bestehenden Unterschiede eine gegenseitige Annäherung bewirken. Man kann also nicht „überkonfessionell" sein – Das heißt: Man will mit der Kirche und den Konfessionen nichts zu tun haben – und gleichzeitig „ökumenisch-religiös" sein. Wie auch immer, die Definition als "überkonfessionell" stellt die *Bewegung der Hoffnung* außerhalb des Christentums, denn man kann sich nicht „ungebunden", das heißt außerhalb stehend erklären und beanspruchen „innerhalb" zu sein, so fleißig man auch das Evangelium zitieren mag.

Dies ist eines der Geheimnisse der Bewegung und zugleich ein Zeugnis der Verwirrung in Sachen eigener Identität.

Diese Beobachtung findet man durch aufmerksame Lektüre der Schriften bestätigt. Aus ihrer Analyse gehen die erwähnten Widersprüche nämlich noch deutlicher hervor. Mancigotti schreibt:

> „Wir warten noch darauf zu erfahren, in welchen Punkten wir uns als ‚Abweichler‘ der Kirche betrachten sollen …“[35]

Wenn eine Bewegung erklärt, konfessionslos, das heißt „an keine Kirche gebunden“ zu sein, was kümmert es sie dann, als Häretiker betrachtet zu werden? Die Frage bezüglich der „Häresie“ kann ganz klar beantwortet werden. Sie manifestiert sich in der Behauptung, Kommunikation mit den Verstorbenen mit Hilfe technischer Mittel erlangen zu können.

Diese Kommunikation darf nicht mit der legitimen christlichen „Kommunion“ mit Gott verwechselt werden, wie sie im Gebet stattfindet. Die spiritistische Kommunikation ist schlicht nicht mit dem Evangelium in Einklang zu bringen, wo es deutlich genug heißt:

> „Außerdem ist zwischen uns und euch ein tiefer unüberwindlicher Abgrund, so daß niemand von hier zu euch oder von dort zu uns kommen kann, selbst wenn er wollte“ (Lukas 16,26).

Wenn die Kommunikation darüber hinaus multimedial wird (automatisches Schreiben, Tonbandgerät, Computer, Telefon, Fernseher, Radio) ist dies wissenschaftlich irreal, inexistent und Sciencefiction – und führt obendrein zur Verwechslung mit gewöhnlichen psychomiletischen Phänomenen, die vom menschlichen Unbewußten produziert werden.

Im Spiritismus werden natürliche Phänomene als übernatürliche Zeichen gewertet. Mancigotti schreibt:

> „Der Glaube braucht keine Zeichen, keine Beweise, keine Wunder, dies wird uns immer wieder gesagt. Aber wo steht das geschrieben? Warum also hätte sich Christus darum gesorgt, uns behilflich zu sein

245

an seine wundersame Auferstehung von den Toten zu glauben, indem er uns handfeste Zeichen seiner Rückkehr ins Leben gab?"[36]

Die Antwort ist einfach und gerade am (in der Tat) wichtigsten Zeichen der Auferstehung darlegbar. Jesus hat uns das „Zeichen" seiner Auferstehung als ein endgültiges Zeichen gegeben, über das hinaus keine wichtigeres Zeichen mehr denkbar ist, ein Zeichen, das alle spiritistischen „Zeichen" unnütz und überflüssig macht.

Einige Zeichen des Lebens Jesu werden bei Mancigotti zitiert:

„An den Ufern des Sees Genezareth tat er seinen wundersamen Fischfang, bei der Hochzeit von Kanaa verwandelte er Wasser in Wein … das eben sind die Zeichen, die uns helfen zu glauben, damals wie heute."[37]

Aus dem „heute" entwickelt Mancigotti seine Rechtfertigung:

„Deshalb glauben wir den Zeichen von heute, den Botschaften Vassula Rydens und Paul Gouvernnecs …"[38]

Wie kann man die Gleichsetzung der uns von Christus gegebenen Zeichen mit denen rechtfertigen, die uns durch das „automatische Schreiben" Vassulas gegeben werden, die „grundlegende Elemente enthalten, die im Licht der katholischen Lehre als negativ betrachtet werden müssen"[39]? Oder schlimmer noch, wie kann man die spiritistischen Botschaften eines Gouvernnec mit den Zeichen und Wundern Jesu vergleichen?

Die erwähnte „Programmschrift" enthält so manche lichtvolle Erläuterung:

„Nur der lebendige Gott, der unter uns, in uns zu Fleisch wird, gibt uns das ewige Leben."[40]

Nun, es ist offenkundig: Hier bewegen wir uns nicht mehr innerhalb der Lehre Christi, sondern stehen außerhalb des Christentums. Im Horizont des Christentums sind wir „Geschöpfe" Gottes, aber Gott wird keineswegs durch uns verkörpert. Wir sind nicht identisch mit Gott. Es ist der Hinduismus, der den Menschen mit Gott zusammenfallen läßt, und diese Idee wurde dann von der New-Age-Bewegung übernommen.

Man kann nicht leugnen, daß trotz all dieser religiösen wie wissenschaftlichen Verwirrung die Schrift Mancigottis nicht doch gelegentlich ein Körnchen Wahrheit enthält, so zum Beispiel, wenn er spricht vom:

> „großzügigen, altruistischen Schwung, der uns beseelt, wenn wir dem Bruder, der leidet, beistehen."[41]

Einige signifikante Fälle in der Bewegung der Hoffnung

Nach einem Kongreß, der in Foggia stattgefunden hatte, befand sich Mancigotti im Zug auf dem Weg nach Hause:

> „Mario Mancigotti nahm aus seiner Tasche Geldscheine, um sie in sein Portemonnaie zurückzustecken, und mit sehr großem Erstaunen (Zeugen sind die betroffenen und bewegten Freunde, die ihn auf seiner Reise begleiteten …) hielt er einen 5 000 Lire Schein in seiner Hand mit einer bestimmten Aufschrift …eine Aufschrift in der von Dr. Mancigotti sofort wiedererkannten Handschrift seiner geliebten Tochter Daniela – Verwandte und Freunde nannten sie Dany: ‚Ein Kuß von eurer Freundin Dany', gefolgt von der Zeichnung eines Herzchens."[42]

Wie sollte man nicht sofort an einen grausamen Scherz denken, von jemanden, der den Schein am Rande des Kongresses Mancigotti direkt übergeben hatte (oder ihm in die Tasche gesteckt hatte)?

Aber wie kann man vor allem nicht an einen Zufall denken: Tatsächlich ist die Manie, Grüße auf Banknoten zu schreiben, sehr verbreitet, und viele Handschriften gleichen sich. Bevor man von „Zeichen" spricht (wie es der Artikel, den ich zitiert habe, tat), muß man alle

Hypothesen durchgehen. Diese Haltung, jedes ungewöhnliche Ereignis als *Zeichen des Übernatürlichen* zu begreifen, ist weder von einem wissenschaftlichen noch von einem religiösen Standpunkt aus gesehen zu akzeptieren.

Jedenfalls läßt sich hinter diesem Fall ein psychokinetisches Phänomen annehmen, das heißt ein Vorfall, der unbewußt vom Vater (direktes Schreiben) provoziert wurde. Ein paranormales Ereignis, das ein Eingreifen der Verstorbenen ausschließt.

Im Jahre 1992 starb ein gewisser Alessio mit seinem Freund Maurizio bei einem Autounfall. Der Schmerz der Eltern war unermeßlich, sie fühlten sich gebrochen und ohnmächtig. „Alessio wo bist du? Warum kehrst du nicht zurück?"[43] schrie die Mutter. Der erste Gedanke war „Alessio, wird er bei Gott sein? ... wir haben uns praktisch ins Gebet gestürzt ... wir haben Gott um ein Zeichen gebeten, das uns Gewißheit verschaffen würde"[44].

Dieses Verlangen – und diesen Fall haben wir ja oft – schafft die psychischen Grundlagen für eine unbewußte Selbstproduktion von „Zeichen".

Der Vater schreibt:

„Ich wachte plötzlich auf und bemerkte im Zimmer eine außergewöhnliche *Präsenz* ... ich hatte nicht den Mut, die Augen zu öffnen, und hatte auf telepathischem Weg ein Gespräch mit ihr [dieser Präsenz, Anm. der Übersetzerin] ..."[45]

Die *Präsenz* eröffnete, daß sie Alessio sei: „Ich bin gekommen, um dir Gewißheit zu verschaffen: Ich befinde mich im Lichte Gottes"[46] und sie fügte hinzu, daß Gott ihn und Maurizio wegen ihrer Begabungen ausersehen hatte, *neue Engel* zu sein.

Die Eltern verspürten das Verlangen nach Vergewisserung und hatten um ein Zeichen gebeten. Der unbewußte menschliche Geist bringt mancherlei zustande. Ich spreche vom allgemeinen „Unbewußten", da Gott nicht Tausenden verweigern kann, was er nur einem zugesteht. Darüber hinaus ist es gerade hier angebracht, an die mehrmals zitierte Bibelstelle zu erinnern („so daß niemand von hier zu euch oder von dort zu uns kommen kann", Lukas 16,26).

Schmerz bleibt Schmerz, der Schmerz kennt weder Rasse, noch Alter; das ist der Preis, den wir zahlen müssen für unseren spirituellen Weg der Evolution hier auf Erden; er ist das Feuer, welches das Eisen formt und zu Stahl macht. Wir alle sind dem Schmerz des Todes und dem Glaubenszweifel ausgesetzt. Und natürlich gibt es Glaubenszweifel, die sich unbewußt ein Placebo erzeugen.

Im Falle des Vaters von Alessio handelte es sich meiner Meinung nach um einen Traum, in dem das Aufwachen vor der Kommunikation geträumt wird, um das Ereignis glaubhafter zu machen: Unser unbewußter Geist weiß, wie er uns die köstlichsten Gerichte aufzutragen hat. Im Traum teilt „Alessio" Dinge mit, die zur Kritik herausfordern: Das Motiv für seinen Tod läge in seinen Gaben (Intelligenz, Großzügigkeit, Hilfsbereitschaft). Müßten dann nicht alle Personen mit solchen Gaben jung sterben und die Taugenichtse sich per se eines langen Lebens erfreuen?

Die „Kultur" der Zeichen und der Kommunikation seitens der Verstorbenen versteht man, wenn die Eltern zugeben, daß sie vor dem Tod des Sohnes ein Buch Sardos Albertinis[47] gelesen haben, das gerade von einem Sohn handelt, der aus dem Jenseits Kontakt aufnimmt – ein Buch, das sie sehr betroffen hatte. Daraufhin entwickelte sich eine Begeisterung für die Lektüre der Bücher von „Gelehrten des Übernatürlichen, der Kontakte mit einer anderen Dimension"[48]. Und so liegt es gar nicht mehr fern, daß die Eltern sich an ein Medium wenden, das „über das Charisma der Schrift verfügt"[49].

Ich will hier nur noch einmal anmerken, daß das „automatische Schreiben" keineswegs ein Charisma ist. Ich sage das, um echte Charismen und charismatische Eigenschaften vor Mißverständnissen zu schützen.

Die Pseudo-Botschaften der Verstorbenen bestätigen in Übereinstimmung mit dem spiritistischen Gedankengut des Mediums das Klischee des klassischen Spiritismus:

„In dir, Vater, besteht die Fähigkeit in die elektromagnetischen Wellen einzudringen, das Symbol wahrzunehmen für den Zustand jenseits der zeitlichen Verhältnisse"[50].

„… Ich bin ein Etwas intelligenter Energie, ein Etwas göttlicher Energie …"[51]

Wieder taucht die hinduistische, besser gesagt: New-Age-Färbung im Menschenbild auf: der Mensch, der Gott gleich ist. Im Christentum ist der Mensch nicht Gott oder göttliche Energie, sondern „Geschöpf Gottes".

Der Vater wendet sich dann dem Tonbandgerät zu und behauptet: „Ich erhalte zu jeder Tageszeit Botschaften"[52]. Daraus schließe ich, daß die hauptsächliche Tätigkeit der Verstorbenen offenkundig nicht darin besteht, Gottes Antlitz zu schauen, sondern mit der Erde zu kommunizieren. Eine sehr menschliche Projektion, diese angstvolle Sehnsucht nach ständiger Kommunikation mit den Verstorbenen!

Sodann folgen Fragen, die aus der Sicht des Glauben niemals gestellt werden können, weil sie dem Grundakt des Glaubens widersprechen:

„Alessio, kannst du mir diese wichtige Frage beantworten: Ist Jesus, der Sohn Gottes, zu Fleisch geworden und hat er sich für uns geopfert?"[53]

Der Spiritismus wird also benutzt, um die Wahrheit des Evangeliums gegenzuchecken!

Aber die unbewußte Kreativität der Medien hört nicht auf, uns in Erstaunen zu versetzen. Auf eine Frage über die Authentizität der Botschaften erfolgt die Antwort:

„All die Kontakte sind authentisch, alle finden unter der Supervision Christi statt."[54]

In den letzten Jahren habe ich gesehen, wie Christus beschäftigt war, „über den Fernseher" zu heilen, und nun finden wir ihn als „Supervisor" der Telekommunikation mit den Verstorbenen. Dieser Jesus, bei dem es sich ohne Zweifel nicht um den Jesus Christus des Evangeliums handelt, scheint eine späte Karriere gemacht zu haben!

Die Rolle katholischer Priester in der Bewegung der Hoffnung

Sehr oft, wenn sich die *Bewegung der Hoffnung* mit ihren Kritikern auseinandersetzen muß, werden eilig die Namen der Priester hervorgekramt, die an diversen Kongressen als Referenten oder in einer anderen Funktion teilgenommen haben.

> „Es gibt eine Reihe feinfühliger Priester … die uns durch ihre Teilnahme an unseren Treffen beehren, so Ulderico Pasquale Magni, Eugenio Ferrarotti, Francois Brune, Giovanni Martinetti, Antonio Gentile, Giampaolo Thorel, Gigi Melotto, Corrado Maria Rossetto, Andreas Resch, Silvano Troncarelli[55]; Emmanuel Milingo, Stefano Varnavà[56]; Antonio Falvo …“[57]

Es wird betont, daß die Priester „tröstende Worte" gefunden und daß sie ein „Wort des Glaubens und der Hoffnung" an die Bewegung gerichtet hätten. Mir bleibt schleierhaft, weshalb sich diese Priester als Schutzschild mißbrauchen lassen. Ich weiß von keinem Dementi, das in den Zeitschriften, die dies verbreitet haben, veröffentlicht worden wäre.

Angesichts der nicht zu leugnenden Tatsache einer aktiven Teilnahme von Priestern an spiritistischen Kongressen, muß die Frage gestellt werden, ob ihre Anwesenheit noch in einen Zusammenhang mit dem „evangelischen Zeugnis" zu bringen ist, das jeder Priester je nach seinem speziellen Charisma in dem Bereich der Gesellschaft, in den er gerade eingebunden ist, ablegen soll. Eigentlich wäre die Anwesenheit dieser Priester bei solchen Veranstaltungen ja positiv und wünschenswert. Nur müßten sie die Absicht haben, bestimmte Dinge eindeutig klarzustellen:

1) Sie müßten die eindeutig ablehnende Haltung der Kirche, was Beschwörung, bzw. „Anrufung mittels eines Mediums"[58] betrifft, darstellen. Sie müßten von vorneherein deutlich sagen, daß jeder sich in die (kirchlich nicht akzeptierte) Rolle des Mediums begibt, der sich auf das „automatische Schreiben" und die sprechende *Trance* einläßt.

2) Sie müßten den Mut haben zu sagen: Es ist unmöglich, einen Kugelschreiber in die Hand zu nehmen und danach aus irgendeiner „Eingebung" heraus zu behaupten, man würde jetzt mit den Verstorbenen mittels „automatischen Schreibens" kommunizieren. Das Gleiche gilt für "Kommunikationen" mit Hilfe des Tonbandgeräts oder anderer elektrischer Apparate. Solche menschlichen Techniken fallen unter das, was man „Beschwörung"[59] nennen muß.

3) Sie müßten sagen: Alle diese Phänomene sind wissenschaftlich zu erklären.

4) Sie müßten sagen: Ihr müßt alles auf den Glauben an Christus und das Ewige Leben ausrichten; dieser Glaube bedarf keiner zusätzlichen Bestätigung von "höherer Instanz".

Nichts weist daraufhin, daß diese Verhaltensrichtlinien befolgt worden wären. Es genügt nicht, einen friedfertigen, tröstenden Pietismus zu predigen. Nächstenliebe und christliche Liebe dürfen nicht mit den menschlich-pathologischen Phänomenen vermischt und verwechselt werden.

Hätten diese Priester die genannten Verhaltensweisen befolgt, so wäre solchen Veranstaltungen schon lange der Boden entzogen. Es wäre geradezu ein Geschenk des Himmels, wenn es irgendeinem aufgeklärten Priester gelingen würde, die Mythologie der Jenseitskontakte auseinanderzunehmen, um dadurch diesen in solcher inneren Not sich befindenden Eltern und Angehörigen einen echten Dienst zu erweisen.

Auf den folgenden Seiten wird der Leser eine „psychologische" und „spirituelle" Kritik kennenlernen, die ich zu den Schriften und öffentlichen Positionen einiger katholischer Priester vorlege. Diese Kritik will niemanden beleidigen. Aber sie hat zum Ziel, eine Argumentationsfigur zu entlarven, die auch im Klerus Verbreitung gefunden hat. Und sie möchte eine sachliche Diskussion innerhalb der katholischen Kirche und zum Wohl der Gläubigen ermöglichen.

Den gelegentlich polemischen Unterton mag man mir nachsehen; die Überzeugungen dieser wenigen katholischen Priester provozieren genug Dissonanz und Verwirrung! Ihren rechten Glauben möchte ich ihnen nicht absprechen, selbst ihre Überzeugung, neue Wege zu eröffnen, erkenne ich an, wobei ich dem Leser das vorletzte Urteil überlassen möchte. Das letzte Urteil kommt ohnehin nur Gott zu.

Wer zu spät kommt ... : Die Kirche im Erklärungsnotstand

Solange es keine spezielle Ausbildung gibt, die Seelsorger auf dem Gebiet des Spiritismus und Okkultismus qualifiziert, wird jeder Versuch der Einmischung oder des Mitredenwollens scheitern.

Die Priester verlassen die Seminare zumeist ohne jede fachliche Auseinandersetzung mit spiritistischen, magischen und okkultistischen Themen. Zumindest die italienische Kirche hinkt da der Zeit hinterher. Man will nicht hören noch sehen, welche religiösen Grauzonen sich da entwickeln. Kritische Schriften verlieren sich in einer Flut von Papier. Wenn sich junge Seelsorger einem Gläubigen gegenübersehen, der die Wunder des *Sai Baba* bestätigt oder der behauptet, ein Toter spreche über das Mikrofon, können sie dem nichts entgegenhalten. Sie sind nicht nur unerfahren; sie wissen auch nicht, welche Tatsachen hier im Hintergrund stehen und welche psychologischen Dynamiken da ablaufen. Sie können nichts anderes tun, als etwas zu negieren, von dem sie nichts verstehen. Mit erlernten theologischen Kenntnissen hat man nichts in der Hand, um die aktuellen Phänomene, die sich in stetiger Entwicklung befinden, beurteilen zu können.

Die Kirche hält sich noch im gesellschaftlichen Bewußtsein, weil sie auf das Traditionsbewußtsein der Leute baut; aber das ist in rascher Auflösung begriffen.

Und es ist sogar zu befürchten, daß es nicht weniger, sondern eher noch mehr Priester werden, die in einen unreflektierten Kontakt zum

Spiritismus kommen, wenn man die neue Generation in Unwissenheit über all die Fragen läßt, die sich Menschen durch praktische Erfahrungen im Umfeld des Spiritismus, der Magie und des Okkultismus stellen.

Der Dominikaner Giampaolo Thorel, ein Mann, dessen guten Glauben ich nicht in Zweifel ziehe, meint, daß es möglich sei, einen Dialog mit dem Jenseits zu führen. Er schreibt, es sei „unabdingbar, daß die menschlichen Rezeptoren sich spirituell erheben", um mit den Verstorbenen zu kommunizieren. Aus dem Grund müßten die Klöster als spirituelle Orte die bevorzugten Plätze zum spontanen Empfang von Jenseitsbotschaften sein! Die Radiogeräte, Telephone und Computer der Klöster müßten von Anrufen aus dem Jenseits überquellen. Es ist jedoch nichts darüber bekannt, daß die Klarissen- oder Karmeliterklöster sich in Zentren der Verbreitung von Botschaften Verstorbener verwandelt hätten.

Die Überzeugung Pater Thorels sitzt tief. Er schreibt:

„Was die Psychophonie (Kommunikation mit den Verstorbenen via Tonbandgerät oder Radio – Anm. d. Verf.) betrifft, so habe ich oft genug dargelegt, daß sie eine Art Kanal zwischen Toten und Lebenden errichten kann, vorausgesetzt man bittet Gott um die Erlaubnis und wartet demütig auf ein Zeichen, wobei ich mich jetzt nur auf die schmerzhaften Fälle von Leuten beziehe, die auf tragische Weise in jungen Jahren verstorben sind."[60]

Wenn in der Religion die Kommunikation mit den Verstorbenen mittels Tonbandgerät und Radio akzeptiert werden würde, so wäre diese Religion wirklich Opium für das Volk. Es wäre Ausbeutung der Leichtgläubigkeit der Menschen und hieße Scherz treiben mit ihren Sorgen und tiefen Anliegen. Die Kommunikation via Radio existiert in Wirklichkeit nicht, vielmehr handelt es sich – wie ich schon im Laufe der Erörterung[61] dargelegt habe – entweder um halluzinative oder um natürliche psychomiletische Phänomene, die unbewußt vom Menschen evoziert werden.

Hier geht es nun noch ein Stück weiter, da der Priester nicht nur eine Art Kommunikationskanal anerkennt, sondern noch dazu anhält, „demütig auf ein Zeichen zu warten". Welches Zeichen? Gerät der christliche Glaube zum Spielfeld der Phantasie, wird er auf ein fragwürdiges Kommunikationssystem hingetrimmt? Werden Halluzinationen oder natürliche Phänomene mit „Zeichen der Zustimmung Gottes" verwechselt? Und warum schließlich ist die Kommunikation nur mit jungen Menschen, die auf tragische Weise verstorben sind, möglich?

Mit Glaubenserkenntnis hat das alles nichts zu tun. Sie besteht darin, Vertrauen zu haben in das Wort Christi, das Wort des Ewigen Lebens.

Selbst der gesunde Menschenverstand für sich genommen, tut gut daran, die eigene Vernunft nicht vor einem Spiritualismus zu beugen, der den beschränkten Horizont eines elektronischen Kreislaufs hat.

Pater Eugenio Ferrarotti – vom Medium zum Führergeist

Pater Eugenio Ferrarotti behauptete (im Zusammenhang mit dem Cerchio Firenze 77), in der spiritistischen Kommunikation nur die spirituelle Aura der Heiligen verspürt zu haben[62]; nun erleben wir ihn als Protagonisten der *Bewegung der Hoffnung*. Mancigotti schreibt im Jahre 1991:

> „Pater Ferrarotti hat uns ermuntert, unsere Kongresse weiterhin in Cattolica stattfinden zu lassen, da dieser Ortsname Gutes verheiße."[63]

Pater Ferrarotti war ein produktives Medium, er praktizierte das „automatische Schreiben". Sein Führergeist zeichnete mit dem Wort „Engel". Während einer Sitzung mit dem Medium Roberto Setti, ebenfalls aus dem Cerchio Firenze 77, erhielt er als Apport die Reproduktion eines kleinen Engels.

Aber der Augenblick der Wahrheit kommt für alle. Ferrarotti starb im Jahre 1996. Ich bezweifle, daß er diesen speziellen „Engel", seinen Führergeist, getroffen hat. Zum Ausgleich dafür hat ihn die Kreativität der Sterblichen sofort zum Führergeist werden lassen.

Der Leitartikel in der Zeitschrift der *Bewegung der Hoffnung* vom Oktober 1996 beginnt mit dem bezeichnenden Titel: Pater Eugenio Ferrarotti leitet uns vom Himmel aus.

Acht Tage nach dem Tod Ferrarottis erhielt Lucia B., die Haushaltshilfe der Koordinatorin einer Gruppe „verwaister" Mütter, eine erste Nachricht des verstorbenen Paters Ferrarotti:

> „… Hier herrscht ein himmlischer Frieden … die *Kinder des Lichts*, alle in freudiger Stimmung, haben mich gesegnet und mir ein Lächeln des Lichts, ein Lächeln des Friedens übermittelt. Ihr Mütter, ich teile euch mit: Eure Kinder sind im Licht."[64]

All dies bleibt im Stil der traditionellen Botschaften der *Bewegung der Hoffnung*, die die verstorbenen Jugendlichen regelmäßig „Kinder des Lichts" nennt. In der zweiten Botschaft wiederholen sich genau die Themen, die schon Gegenstand verschiedener Referate auf den Veranstaltungen der Bewegung waren und die nunmehr Teil einer „Kultur" sind, für die das Medium, indem es die unbewußte Kreativität benutzt, als unwissende Wiederholerin fungiert. In den unbewußten geistigen Bereichen des Mediums geschieht die Schöpfung der imaginären Persönlichkeit Ferrarottis, der sagt:

> „Gott … hat die schönsten Blumen auf der Erde auserwählt, … um sie zu sich zu rufen … ich versichere allen Müttern, Vätern und Ehepartnern auf der Erde, daß Gott existiert …"[65]

Die erste Überlegung hat eine rein tröstende Placebo-Funktion, ist Produkt des unbewußten Mitleids des Mediums. Wenn sie wahr wäre, würden wir alle, die wir noch hier auf der Erde leben, nur die weniger schönen Blumen, sprich: der Abfall, sein. Die Feststellung, daß Gott existiert, ist wenig hilfreich, wenn man nicht an das Evangelium glaubt. Wer den psychologischen Ursprung der Botschaften kennt, kann an Gott glauben oder es nicht tun, aber er glaubt mit Sicherheit nicht an ihre Echtheit. Der arme Pater Ferrarotti, der auf den Veranstaltungen der Bewegung erklärte, „daß es für ihn wäre, als würde er an geistlichen Exerzitien teilnehmen"[66], wird jetzt sicherlich klar sehen, daß es sich um ziemlich phantastische Exerzitien gehandelt hat. Jetzt kann er das nicht mehr korrigieren und wird somit für immer Gefangener der unbewußten Kreativität der Medien sein.

Die Theologie, die „automatische Schrift" und die Botschaften aus dem Jenseits

Der Theologe Vincenzo Bo hat sich folgendermaßen über das „automatische Schreiben" geäußert:

> „Nachdem es sich um ein Phänomen fast ausschließlich psychologischer Natur handelt, glauben die Wissenschaftler, daß jeglicher absichtliche Schwindel, jeglicher bewußte Betrug ausgeschlossen werden müsse. Daß viele schreibende ‚Medien' in gutem Glauben handeln, soll nicht in Zweifel gezogen werden … die Parapsychologie erklärt dies mit Hilfe psychischer Automatismen und der Verdoppelung der Persönlichkeit … sie vermitteln den illusorischen Eindruck des Eingreifens einer fremden Person."[67]

Der Theologe betont die außergewöhnlichen Fähigkeiten des Unterbewußten; es bringt Menschen, die unter einer schweren Psychose leiden, dazu, ganze Bände von „göttlichen" Botschaften zu verfassen, deren „Form sich völlig von derjenigen ihrer gewohnten Gespräche unterscheidet, so daß sich selbst sehr umsichtige Theologen täuschen lassen"[68].

Bo schließt die Möglichkeit nicht aus, daß unter gewissen moralischen oder spirituellen Umständen sich darin zwar nicht der Geist bestimmter Verstorbenen, wohl aber „der satanische Geist" manifestiert.

Ein anderer Theologe, Severino Dianich, betont ebenfalls:

„Diese Praktiken der Totenbeschwörung scheinen die Wirklichkeit in Illusion auflösen zu wollen, ähnlich den antiken Heiden, die annahmen, daß die Verstorbenen ein klägliches Leben im Schattenreich führten. Von dorther erreichen uns ihre Stimmen, mit für uns Lebende wahrnehmbaren Worten und Tönen ... Es handelt sich um Experimente, die gefährlich werden können, da sie im Wesentlichen auf Illusionen aufbauen.“[69]

Der Salesianer Don Giuseppe Capra, einer der Exorzisten von Turin, schreibt über die heiligen Schüler des Don Bosco (zu ihnen gehörte etwa ein Domenico Savio):

„Keiner dieser jungen, sicherlich heiligmäßigen Menschen (zumal die Kirche zwei von ihnen wirklich auch heiliggesprochen hat) hat jemals eine direkte Beziehung vom Jenseits aus zu anderen jungen Menschen, zu Don Bosco oder zur eigenen Familie aufgebaut. In den gesamten salesianischen Schriften existiert kein einziges Buch mit solchen Botschaften.“[70]

Don Gabriele Amorth, Exorzist in der Diözese Rom und Vorsitzender der „Internationalen Vereinigung der Exorzisten“, hat erklärt:

„Viele behaupten zum Beispiel, daß man einen Führergeist haben könne. Aber dies sind absolute Lügenmärchen, die nur von der Wahrheit abbringen, falsche Illusionen nähren und viele psychische Krankheiten hervorrufen. Darüber hinaus handelt es sich dabei um Phänomene, die von einem Gefühl der Angst und der Unsicherheit bestimmt sind und dem abwegigen Bedürfnis dienen, sich, statt Gott, den okkulten Mächten zuzuwenden. Es handelt sich um nichts anderes als Aberglaube.“[71]

Eine weiteres klärendes Wort stammt von dem Liturgen Don Silvano Sirboni, der in „Vita Pastorale“ schreibt:

„Das Jenseits ist und bleibt Gegenstand des Glaubens. Wenn sich die Toten uns jemals sichtbar und wissenschaftlich unwiderlegbar zeigen könnten, würde der Glaube einen seiner bezeichnendsten Inhalte verlieren; man würde den Glauben nicht mehr brauchen und an seiner Stelle würde nur die Angst herrschen. Der Mensch wäre in der Tat nicht mehr frei, ruhig zu wählen …"[72]

Don Sirboni stellt auch die Frage, ob denn alle Toten oder nur einige „Rückmeldung" auf die Erde geben. Wäre letzteres der Fall, was sollen dann die Verwandten denken, die keine Botschaften erhalten? Sollen sie vielleicht Suchmeldungen aufgeben, wie im Fall vermißter Personen?

Der Baum wird nach seinen Früchten beurteilt

„An ihren Früchten werdet ihr sie erkennen"[73], dies ist das passende Bild im Evangelium, das von vielen Spiritismusgläubigen (einschließlich einiger kirchlicher Würdenträger) immer wieder leichtfertig herangezogen wird, wenn es um die Pseudo-Kommunikation mit Verstorbenen geht.

Ich will nicht die intellektuelle Aufrichtigkeit und den ehrlichen Glauben vieler Leute in Zweifel ziehen, die die Früchte der Pseudo-Kommunikation mit den Verstorbenen als gut beurteilen. Daß sie davon überzeugt sind, beweist uns zum Beispiel die Lektüre von Mancigotti, der mit aller Kraft für den Sieg seiner Überzeugungen kämpft. Er schreibt (als Erwiderung auf die vernichtende Kritik des Theologen Vincenzo Bo, bezüglich der Kommunikation mit den Verstorbenen, die wir auf den vorhergehenden Seiten ausgeführt haben):

„Wieviele Gebetsgruppen sind aus unseren Treffen, unseren Meetings in Cattolica entstanden, und wieviel Fälle authentischer Bekehrung dank der aus dem Übersinnlichen stammenden Botschaften!"[74]

Ich frage mich das auch: Wieviel Gebetsgruppen sind da entstanden? Und ich frage mich noch mehr : Was ist ihr Inhalt, an wen wenden sie sich, um was beten sie, wenn ihr Ursprung die unbewußte Kreativität der Botschaften ist, die vom Menschen selbst produziert werden?

Aber lassen wir diese Frage und wenden uns den Phänomenen der Bekehrungen zu. Ich weiß aus vierundzwanzigjähriger Erfahrung und Beschäftigung mit dem spiritistischen Milieu, wie fragwürdig diese Bekehrungen sind. Meist an eine verschwommene Botschaft gebunden und stark emotional aufgeladen, sind sie dazu bestimmt, bei der geringsten Berührung mit dem „wahren" Glauben oder dem Bewußtsein für die Leere, die sich in diesen Botschaften verbirgt, in sich zusammenzufallen.

Auf den vorhergehenden Seiten habe ich einen Artikel des Liturgen Sirboni erwähnt; er trägt den Titel *Das Oberflächliche und Nichtige übersinnlicher Botschaften*. Auf vorbildliche Weise wird hier das „Übersinnliche" als Produzent zahlreicher Pseudo-Botschaften entlarvt.

Man muß den Schmerz und die Haltung jener Menschen respektieren, die an eine so massive Invasion und fühlbare Präsenz der Verstorbenen glauben und über die Tatsache nachdenken, daß niemand von uns gegen Trauer und Depression immun ist. Das darf aber nicht heißen, wir müßten die Möglichkeit als Tabu betrachten, an der Struktur des „Baumes" und folglich an der „Güte der Früchte" Kritik zu üben.

Der aus den Botschaften stammende Placebo-Effekt erzeugt auf der biologischen Ebene eine antidepressive Wirkung; er löst natürliche Mechanismen des Glücks, des Vertrauens und der Hoffnung aus.

Diesen Wirkmechanismen entsprechen biochemische Reaktionen; Stoffe werden in den Blutkreislauf ausgeschüttet, die den selbstproduzierten Endorphinen gleichen, die der Körper unter dem Reiz eines besonderen Placebos, nämlich dem Handauflegen, selbst produziert, um einen körperlichen Schmerz zu lindern. Man weiß, daß die Wirkung des Handauflegens in den meisten Fällen zeitlich begrenzt ist und ständig erneuter Suggestion bedarf. So brauchen diejenigen, die an die Kommunikation mit den Verstorbenen glauben, immer neue Botschaften, um die Ausschüttung der körpereigenen Glücksstoffe in Gang zu halten.

Wenn die Kommunikation in einem übertrieben okkultistischen Milieu stattfindet – das ganz in der Magie, der Reinkarnation, der Göttlichkeit des Menschen, der Verwendung von Medien, der frenetischen und andauernden Kommunikation mit dem Jenseits, der New Age Ideologie, aufgeht –, dann ist es ein Leichtes, von einem christlichen Standpunkt aus betrachtet, zu sagen, daß der Baum nicht gut ist und die Früchte, auch wenn sie schön aussehen, giftig sind.

Wenn die Botschaften allerdings der christlichen Sensibilität entgegenkommen und scheinbar mit den Glaubenswahrheiten übereinstimmen, wie sind dann die Früchte zu beurteilen?

Die Antwort ist einfach: Es gibt vom „automatischen Schreiben" und der Botschaft von Pseudo-Verstorbenen her keine Basis, von der her man die Wahrheiten des Christentums interpretieren, bestätigen oder gar erweitern könnte

Das Beispiel Vassula Rydens ist in diesem Zusammenhang erhellend: Zuerst von vielen Priestern mit Staunen und von einigen gleich als Überbringerin authentischer Botschaften begrüßt, wurde sie später von der Kirche verurteilt, da ihre Botschaften sich im Lichte des Glaubens als negativ erwiesen hatten und lauter „Irrlehren" beinhalteten.

Ich habe, angesichts banalster Botschaften von Pseudo-Verstorbenen, die mit Hilfe des „automatischen Schreibens" „geschaffen" wurden, zu meinem Schrecken freilich schon gestandene Priester staunen sehen.

Mir ist nie eine Botschaft von Pseudo-Verstorbenen begegnet, die nicht mit den verschiedensten Irrtümern durchsetzt gewesen wäre oder die nicht auf okkultistischen Thesen oder Schriften kardecscher Provenienz beruhen würde. Dies geschieht deshalb, weil die Medien als Verfasser der Botschaften nicht vermeiden können, daß ihr Unbewußtes in Wahrheit nur abergläubische Versatzstücke zusammenträgt, die zu anderer Zeit von ihnen verinnerlicht und bald darauf vergessen worden sind, oder dank emotionaler Kräfte Teil ihres aktuellen kulturellen Vermögens geworden sind, aber auf Grund fehlender Kritikfähigkeit von ihnen nicht analysiert werden konnten.

Während das Medium durch seine Tätigkeit missionarisch wirkt und auf mystische Weise Machtstreben und den Wunsch, im Mittelpunkt zu stehen, sublimiert – es fällt dabei der eigenen unbewußten Kreativität zum Opfer –, werden die Verwandten des Verstorbenen imitiert oder imitieren sich selbst (sofern sie selbst die Verfasser der Botschaften sind).

Den durch den Spiritismus zustande gekommenen Bekehrungen kann, da sie durch Erscheinungen ausgelöst werden, mit Hilfe anderer, wissenschaftlich erzeugter Phänomene (wie dem „automatischen Schreiben" unter Hypnose und mittels der Suggestion, daß es sich um einen Verstorbenen handle, der da antworte) jede Grundlage entzogen werden. Wie auch immer, sie sind aller Erfahrung nach dazu prädestiniert, im Licht der Vernunft in sich zusammenzubrechen.

Der Baum des Spiritismus erweist sich als sehr zerbrechliches Pflänzchen, dessen Früchte meiner Ansicht nach giftige Beeren sind.

Aus diesen Grund reift die wahre Konversion zum Glauben eher in einem Umfeld verantwortlicher Entscheidung heran; dazu muß man Tag für Tag im Licht Gottes leben, statt mit scheinbar mediumistisch begabten Leuten Umgang zu pflegen und sich in die dunklen Windungen des Unbewußten zu vertiefen.

Kardinal Martini und die Kommunikation mit dem Jenseits

Die *Bewegung der Hoffnung*, allen voran Mancigotti, ist ständig auf der Suche nach kirchlichen Würdenträgern, die für sie Bürgschaft leisten und die Möglichkeit der Kommunikation mit den Verstorbenen zugestehen. Er zitiert[75] in einem Artikel gegen die GRIS – meiner Meinung nach völlig zu Unrecht – den Erzbischofs von Mailand, Kardinal Carlo Maria Martini:

> „Es ist möglich, mit den Toten zu kommunizieren … Sie kennen uns nicht nur, sondern sie sind uns auch nahe … Sie nehmen noch Einfluß auf die Welt und sind dort präsent durch ihr Gebet, durch die Kraft ihrer Liebe, durch die Eingebungen, die sie uns gewähren, durch die Vorbilder, die uns ermahnen und durch die Folgen ihrer Fürsprache. Die Liebe, die sie für ihre Lieben, für uns, für mich, für euch gehegt haben, haben sie nicht verloren, sie bewahren sie im Himmel, verwandelt zwar, doch von der Herrlichkeit nicht aufgehoben."[76]

Dieses Kommunizieren hat für mich eine sinnbildliche Bedeutung und muß im Lichte des Evangeliums gedeutet werden, wobei man sich immer an dem Wort orientieren wird:

> „Außerdem ist zwischen uns und euch ein tiefer unüberwindlicher Abgrund, so daß niemand von hier zu euch oder von dort zu uns kommen kann, selbst wenn er wollte" (Lukas 16,26).

Dieses nicht „kommen" oder „hinübergehen" können impliziert auch, daß es christlich gesehen unmöglich ist, eine Art ständiger Kommunikationslinie einzurichten, wie sie von der *Bewegung der Hoffnung* verstanden wird, nämlich über eine ungeheure Menge von Frage-Antwort-Botschaften, „automatischem Schreiben", Tonbandaufnahmen etc.

Nun aber zum „Kommunizieren", wie es Kardinal Martini in seinem Text anspricht; wir wollen es mit seinen eigenen Worten deuten:

> „Aber sie nehmen noch Einfluß auf die Welt und sind dort präsent mit ihrem Gebet."[77]

Gemeint ist, daß die „Präsenz" sich im Gebet ereignet, was als Synonym für Kommunikation steht.

In der gleichen Weise verwirklicht sich die „Präsenz" durch die Kraft ihrer Liebe, durch die Eingebungen, die alle Formen der Kommunikation begründen.

„*Mittels*" des Gebetes, „*mittels*" der Liebe, „*mittels*" der Eingebungen, „*mittels*" der Vorbilder, die ermahnen, anwesend zu sein, bedeutet nicht „automatisches Schreiben", noch Botschaften Verstorbener via Radio, Computer, Fernsehgerät etc. Es heißt vielmehr, daß die Verstorbenen eine Gemeinschaft mit uns bilden im Gebet, in der Liebe und durch ihr Beispiel, das sie uns vorgelebt haben.

Von all dem, was die *Bewegung der Hoffnung* unter „Kommunikation" versteht, ist nicht die Rede:

a) Weder von der Stimme, die zu Maguy Lebrun spricht und ihr Informationen über den Tod, einschließlich der Reinkarnation, übermittelt[78];

b) noch von den Pseudo-Botschaften Arnaud Gouvernnecs, er sei ein „göttliches Teilchen", noch von der Behauptung der Existenz einer okkultistischen „astralen Dimension"[79];

c) noch von den Fernsehbildern Verstorbener des Klaus Schreiber[80];

d) noch von den durch Hildegard Schäfer mit Hilfe elektrischer, durch eine Fliegenklatsche verstärkter Geräte empfangenen Botschaften[81];

e) noch von den Botschaften Enricos, der die „gute Nachricht" vom ewigen Leben verkündet[82];

f) noch von der auf einen 5 000 Lireschein geschriebenen Botschaft, die der verstorbenen Daniela zugeschrieben wird[83];

g) noch von den Botschaften Alessios, der behauptet, ein „Etwas göttlicher Energie" zu sein[84].

Keine dieser Pseudo-Kommunikationen mittels „automatischen Schreibens" und des Einsatzes elektronischer Geräte sind in dem Satz von Kardinal Martini miteingeschlossen.

Alfredo Ferraro: Ein mühsamer Weg zu Gott

Der Physiker Alfredo Ferraro wandte sich im Jahre 1973, siebenundfünfzigjährig, der Parapsychologie zu. Er war erklärter Materialist, obgleich er aus einer religiösen Familie stammte:

> „Ich konnte die Existenz einer ‚Erbsünde' nicht akzeptieren, eines unendlich guten Gottes, der uns in Versuchung führen kann, der uns in die ewige Hölle verdammen kann ... [und ich dachte, daß] ... jede Gesellschaft über eine Religion verfügt, die ihren Bedürfnissen, welche es auch sein mögen, angepaßt ist."[85]

Zunächst begeisterte Ferraro sich für die Parapsychologie. Er machte wichtige Erfahrungen mit Uri Geller und Gustavo Rol, aber auch mit dem Cerchio Firenze 77, dem Kreis Ifior in Genua, dem Kreis Astorga in Palermo und dem Kreis Esseno in Rom.

Der Cerchio Firenze 77 und der Kreis Ifior waren für die Entscheidung, die wissenschaftliche Parapsychologie zu verlassen und sich zum Spiritismus der „spirituellen Führer" zu „bekehren", von ausschlaggebender Bedeutung.

Im Jahre 1984 erklärte er:

„Heute akzeptiere ich die spiritistische Deutung der Phänomene ..., zu einer derartigen Schlußfolgerung bin ich nach einer langen und mittelbaren Analyse der Fakten gelangt.[86]"

Spiritistischen Überzeugungen anzuhängen ist gleichbedeutend, einer Religion anzuhängen. Der Spiritismus ist die „Religion der Geister"; sie setzt eine umfassende Interpretation der Tatsachen in spiritistischen und nicht in wissenschaftlichen Begriffen voraus. Ich zitiere dazu einen aufschlußreichen Satz Ferraros, den er gegen einen katholischen Wissenschaftler vorbringt, ein Satz der auf Ferraro selbst zutrifft:

„Man sollte berücksichtigen, daß das Studium des Paranormalen ausgehöhlt wird, wenn man es in die Grenzen preßt, die von einem religiösen Credo, egal welcher Art, gefordert werden."[87]

Alfredo Ferraro ist ein Mann, dem große Hochachtung gebührt, aber fast alle Erfahrungen, die er in den verschiedenen spiritistischen Kreisen gemacht hat – ausgehend vom Cerchio Firenze 77, den Ferraro mehr denn je für glaubwürdig erachtet[88] –, sind nie einer angemessenen wissenschaftlich-methodologischen Prüfung[89] unterzogen worden. Sie sind daher als subjektive, wissenschaftlich unhaltbare Erfahrungen, vielleicht sogar als Ergebnisse einer Manipulation zu betrachten. Allerdings gibt es Ereignisse im Leben des Alfredo Ferraro, die außerhalb der spiritistischen Kreise stattgefunden haben und die auf einen psychomiletischen Ur-

sprung verweisen könnten. In diesem Fall, entsprechend meines Inter-
pretationsmodells, ist Ferraro selbst psychomiletisches Subjekt und daher
Urheber der Phänomene.

Alfredo Ferraro hat zahlreiche Bücher geschrieben, vieles erlebt, viel
nachgedacht, und schließlich an der Schwelle zu seinem achtzigsten
Lebensjahr eine brüske Wendung vollzogen: die Abkehr vom Spiritismus. Alle Ereignisse, die er im Umfeld des paranormalen Spiritismus
erlebt hat, deutete er von da an als von der „Vorsehung" gewollte Geschehnisse, deren Zeuge er ist:

> „Was mir passiert ist und was mir weiterhin geschehen wird, kann
> weder als Zufall betrachtet werden, noch von spiritistischen
> Wesenheiten geplant worden sein. Ich bin überzeugt, daß eine
> Höhere Intelligenz das alles gesteuert hat."[90]

Die Höhere Intelligenz nähert sich dem, was Christen mit Gott meinen.
Ferraro erklärt sich heute als außerhalb jeder Religion stehend, begreift
sich jedoch als „religiöser" Mensch. Er glaubt an Gott, der die „Führer"
bewegt hat – er versteht darunter nicht personifizierte Wesen, sondern
Elemente eines einzigen Geistes (der Höheren Intelligenz) –, damit das
Programm verwirklicht werden konnte. Seine Aufgabe sei es gewesen, als
Protagonist jener Ereignisse davon zu berichten.

Dieser Weg zu Gott war mühsam. Vom Materialismus zum Spiritismus und von diesem zu einer Transzendenz, zu Gott und dem wahren
Ewigen Leben. Der phänomenologische Käfig, der zur Entdeckung
Gottes geführt hat, bleibt allerdings noch sichtbar. Denn dieser Gott ist
nicht an den Christusglauben gebunden, einen Glauben, der voraussetzt,
rückhaltslos auf sein Wort und seine erlösende Ankunft zu vertrauen.
Aber der Weg dorthin steht offen!

Materialistische Religion
oder spiritualistische Wissenschaft?

In unserer heutigen Zeit die Toten zu beschwören (oder mittels Medium anzurufen) gleicht einem Gang durch den Supermarkt: Ohne weiteres kann man alles finden. In der Abteilung ‚Wissenschaft' findet sich auch Siegmund Freud. Es geschah, daß eine junge Frau, die zu Ohnmachten neigte, das Medium Roy Gordon aufsuchte. Das Medium nahm den armen Freud aus dem Regal des Supermarktes (das heißt er hat ihn beschworen) und stellte ihm eine Frage. Freud war wohl noch ein wenig schlaftrunken, er tat sich nämlich recht platt kund: Die Störung sei durch die Tatsache verursacht, daß die Frau nicht zur vollständigen sexuellen Befriedigung gelangen könne.

Auch Carl Gustav Jung ist von dem Medium Mirabelle Coudris angerufen worden und hat ebensolche Banalitäten geäußert. Keiner wird von den konsumistischen Beschwörungen verschont: Papst Johannes XXIII, Marilyn Monroe, Hitler etc.

Dies soll also die vom Spiritismus so gerühmte wissenschaftliche Seriosität sein?

Wir wollen einige Grenzen, Plattitüden, Banalitäten und Betrügereien dieser „Wissenschaft" aufzählen:

1) Man läßt berühmte verstorbene Persönlichkeiten gegen ihren Willen alles Mögliche sagen, außer das, was sie auf Erden wirklich gesagt haben (vergleiche die Worte Jesu mit den Botschaften des „Christus" oder der „Heiligen", die von Kardec-Rivail[91] veröffentlicht worden sind, oder mit dem „Jesus" der „Wissenschaftlichen Schule Basilio", der sich dem Medium Blanca zeigte).[92]

2) Es erscheinen Pseudo-„Meister" und „Führer" mit den merkwürdigsten und exotischsten Namen (der alte Seeräuber John King, Eusapia Palladino[93] und Elena Blavatsky[94]; die Marsmenschen Esenale, Astanè und Ramiè der Hélène Smith[95]; Dali, Kempis, der Orientalische Bruder des Cerchio Firenze 77[96] etc.). Mit Hilfe dieser diktierenden

„Führer" oder „Meister" werden ganze Dissertationen über das Leben und den Tod produziert. Sieht man auf den Inhalt, so ist er oft banal und verschroben. Selbst wenn man gelegentlich einen philosophischen Gedanken gehobeneren Niveaus ausmachen kann, so nimmt er sich im Kontext nutzlos und falsch aus.

Sudre bemerkt zur Effizienz und dem wissenschaftlichen Ertrag der hilfreichen Führungsgeister:

„Bezeichnend ist, daß die Geister den wissenschaftlichen Forschern nie bei der Lösung eines Problems geholfen haben oder einen Tip für eine neue Entdeckung gegeben haben. All die Genies, die von uns gegangen sind, verharren stumm, oder aber sie wurden zu reinen Geistern und haben ihre kreativen Fähigkeiten verloren."[97]

Ich ergänze, daß die Legionen von Verstorbenen aus den sogenannten primitiven Gesellschaften (viele davon treten in den mediumistischen Sitzungen auf) uns nicht weitergeholfen haben, einige der noch unentschlüsselten Schriften ihrer Kulturen zu dekodieren.

Kein Geist hat uns je die Formel für die Heilung einer Krankheit mitgeteilt, weder für die schweren Krankheiten noch für die häufig auftretenden, wie Kopfschmerzen.

Wenn diese spiritualistische Wissenschaft, sobald sie auf die Probe gestellt wird, wie Schnee unter der Sonne schmilzt, verbleibt die Wirklichkeit der sozialen Phänomene, das heißt der Glaube an die Kommunikation mit den Verstorbenen. Hierzu ist zu bemerken:

3) Die Geister der Verstorbenen widersprechen einander; anders gesagt, sie erzählen völlig konträre Dinge über das Jenseits. Der Leser konnte selbst feststellen, wie seit Swedenborg völlig unvereinbare Beschreibungen des Jenseits und mythischer Bewohner anderer Planeten aufeinanderfolgten, verschiedene Mythologien des Universums, sowie abweichende Darstellungen hinsichtlich der Reinkarnation und der Zukunft des Menschen.

Die Verstorbenen verhalten sich genau wie die Lebenden, das heißt: Auch sie sind verschiedener Meinung. Aber sollte das Jenseits uns nicht in eine einzige Wahrheit versinken lassen?

4) Die behandelten Themen geben eine klare Vorstellung des Spiritismus, der auf „physikalischen Energien" beruht, auf energetischen Phänomenologien, die ein Wirken natürlicher physischer, das heißt materieller Kräfte, voraussetzen. Es wurde bereits herausgestellt, warum der Spiritismus als eine Seitenlinie der synkretistischen Religion bezeichnet werden kann.

Diese Vorstellung deckt sich mit der von einer materialistischen Religion, nicht nur weil sie den mechanisch-physischen Energien unterworfen ist, sondern auch weil sie in ihren häufigsten Erscheinungsformen „utilitaristisch" ist, das heißt auf magische Weise zum konkreten Nutzen des Menschen, das heißt hier: für seine zufälligen Bedürfnisse eingesetzt wird (vergleiche die afroamerikanischen Riten oder die professionellen europäischen und amerikanischen Medien).

Sie unterscheidet sich klar und deutlich von einer „authentischen" Spiritualität, die einen Weg verfolgt, der sich in vertrauensvoller Hingabe im Lichte Gottes ereignet und der eine bewußte Entscheidung für das Risiko des Glaubens impliziert.

Gagliardi: Bücher über spiritistische Jenseitskontakte
sind eine Gefahr für die geistige Gesundheit

Der Psychophysiologe und Spezialist in Sachen „Wahrsager", Giorgio Gagliardi, schreibt, daß Bücher, die sich mit Pseudo-Botschaften Verstorbener befassen

„psychopathologische Konditionierungen evozieren, die eine Art Abhängigkeiten von unerfüllbaren Erwartungen und kurzfristigen Tröstungen bedeuten. Wenn man über lange Zeit hinweg immer wie-

269

der ein Medium aufsucht oder von einem zum anderen wechselt, kann das zu tiefen Frustrationen führen, da konkrete Probleme des Einzelnen nie gelöst werden. Diese Menschen, die von Trauer getrieben auf der Suche sind (einer Trauer, die sie nicht annehmen wollen), werden in einen Kreis von Personen aufgenommen, die das „automatische Schreiben" praktizieren und überzeugt sind, durch die Teilnahme daran emotionalen Halt zu erfahren. Was dabei geschieht, ist im wesentlichen eine starke Konditionierung, welche die Menschen aus ihrem sozialen und alltäglichen Kontext herausreißt, um sie in eine irreale und phantastische Welt zu versetzen ... Es werden Bedingungen für eine zwanghafte Suche und für eine Persönlichkeitsspaltung geschaffen, die – wenngleich sie anfänglich die schmerzliche Trauer sogar lindern können – im Laufe der Zeit jedoch zu eindeutig bestimmbaren psychopathologischen Störungen führen. Letztlich ist damit der Verseuchung durch spirituelle Parasiten Tür und Tor geöffnet ..."[98]

Den deutlichen Worten Gagliardis läßt sich noch hinzufügen, daß gewisse Personen, die regelmäßig an spiritistischen Treffen teilnehmen und sich auf Jenseitsbotschaften einlassen, inzwischen psychologisch unfähig sind, ohne Botschaften und ohne jenes Umfeld auszukommen, das ihre Hoffnungen nährt.

Ab einem gewissen Grad können sich die Botschaften der Verstorbenen zu einer psychologischen Droge entwickeln, und es stellt sich eine Form psychischer Abhängigkeit ein, die man aus anderen sozialen Zusammenhängen bereits kennt.

Schlußfolgerung

Am Ende dieses Weges, den ich nachgezeichnet habe und in dem der Leser sich manchmal in der Situation wiedergefunden haben mag, in die Haut derjenigen schlüpfen zu sollen, die nicht seiner Persönlichkeit und seinen Vorstellungen entsprechen, taucht für uns alle das Bild vom Menschen auf, der vor dem großen Tor steht. Der Tod hat ihn verängstigt und er versucht mit Gewalt die Pforte zum Ewigen Leben aufzubrechen. Das Tor bleibt jedoch verschlossen, und so bedarf es einer besonderen Eigenschaft des menschlichen Geistes, daß er nämlich fähig ist, zu träumen. Niemand ist je aus der Welt des Jenseits zurückgekehrt, außer – wer dies glauben will – Jesus Christus. Alle Erfahrungen der angeblichen Jenseitskontakte spielen sich in unserem Gehirn ab, in der Matrix unserer Psyche oder anders gesagt: in dem, was wir psychologische Seele nennen. Mit dem, was in oder mit unserer spirituellen Seele geschieht, hat das nichts zu tun.

Wenn sie nun aber mich persönlich fragen, so bekenne ich : Ich glaube an die Befreiung dieser spirituellen Seele; ich glaube an ihre wesentliche Eigenschaft, nämlich ihre Unsterblichkeit. Sie erlaubt uns die Materie zu überwinden und in eine Welt des Lichts zu wandern, in die Ekstase einer Zeit ohne Raum und eines Raumes ohne Zeit, Licht im Licht, geborgen in der göttlichen Wahrheit. Daran glaube ich!

Synthese des Handbuchs
der Parapsychologie

Folgender Aufsatz *Grundlegende Prinzipien der Psychomiletik* wurde
in „Metapsichica" Nr.1 (1996), S. 52–59 veröffentlicht.

Grundlegende Prinzipien der Psychomiletik

Die Psychomiletik ist eine wissenschaftliche Entität

Die Psychomiletik ist ein fortgeschrittenes wissenschaftliches Modell der „wissenschaftlichen Parapsychologie", deren Erbe die Psychomiletik antreten könnte. Dafür gibt es zwei Gründe:

– Einerseits die Behauptung, der Begriff „Parapsychologie" sei als historischer Kompromiß zwischen wissenschaftlicher und spiritualistischer Interpretation paranormaler Phänomene entstanden. Daher hat sie nie die Rolle einer authentischen Wissenschaft einnehmen können, denn diese würde eine uneingeschränkte Trennung von religiöser Überzeugung und Wissenschaft zur Voraussetzung haben.

Viele „Parapsychologen" waren in der Tat auf der Suche nach einem persönlichen Beweis für die Kommunikation mit den Verstorbenen oder für die Existenz einer übersinnlichen Welt der Meister.

– Andererseits besteht ein weiterer Grund für den Untergang der Parapsychologie darin, daß in dieser Verbindung von Parapsychologie und Spiritismus die Parapsychologie sich „heute" eindeutig in der schwächeren Position befindet, und so haben Spiritismus, New Age – Spiritualismus und Experten des Okkulten die Parapsychologie endgültig für sich in Beschlag genommen. Sie benutzen sie, um ihren eigenen Theorien den Anschein von „Wissenschaftlichkeit" zu geben und wollen mit Hilfe der Parapsychologie das Leben nach dem Tod „beweisen". Heute erklären sich die Vertreter der New Age – Bewegung zu „Parapsychologen" und „Nicht-Spiritisten". Die Wissenschaft kann eine solche Annäherung nicht akzeptieren.

Wer heute zu einem spiritistischen oder magischen Weltbild neigt, kann zwar den Begriff „Parapsychologe" mißbrauchen, aber er kann und wird sich nie Forscher der Psychomiletik nennen können, denn mit dem

Begriff „psychomiletisch" verbindet man eine sehr explizite und unverkennbare Vorstellung von Wissenschaftlichkeit.

In der Tat kennzeichnet die Psychomiletik, deren Modell auf der Grundlage der Tiefenpsychologie und der modernen Kommunikationswissenschaft aufbaut, eine strikt wissenschaftliche Vorgehensweise, das heißt sie schließt jegliche magische, spiritistische, spiritualistische oder religiöse Interpretation aus. Der Autor dieser Zeilen ist praktizierender Katholik, und eben als solcher bricht er klar mit jeder Anpassung. In der Überzeugung, daß die Wissenschaft nicht gegen Gott gerichtet sein kann und daß der Forscher sich Gott als dem Schöpfer des gesamten Universums nicht entziehen kann, fühlt sich der Autor auch in der Pflicht, jeden Versuch, ein „natürliches" Phänomen, wie das psychomiletische zu instrumentalisieren, abzuwehren und gegen alle spiritualistischen Deutungen zu verteidigen.

Da das Wesen der paranormalen Erscheinungen in der Kommunikation liegt, habe ich dafür das griechische Verb *homilein* verwendet, was kommunizieren bedeutet. Und da diese Kommunikation auf der unbewußten Ebene, das heißt über die Psyche stattfindet, verwende ich den Begriff Psychomiletik, was wiederum Kommunizieren mit der unbewußten Psyche bedeutet.

Der Kommunikationsfaktor

Die Vielfalt der praktischen Fälle führt zu einer theoretischen Unterscheidung zwischen Telepathie, Hellsehen, Präkognition und Psychokinese, die aber durch ein gemeinsames Element verbunden werden können. Dieses verbindende Element besteht in der Tatsache, daß das Wesen des psychomiletischen Ereignisses die unbewußte Kommunikation einer Botschaft ist, die mit Hilfe verschiedener Methoden an die Oberfläche des Bewußtseins gelangt. Zum Beispiel mittels der geistigen Wahrnehmung, der Halluzination oder dem Wirken auf die Materie. In diesem Bereich habe ich einen „gemeinsamen Nenner" sämtlicher psychomiletischer Erscheinungsformen ausgemacht, sofern sie den Raum betreffen. Es scheint paradox, die Präkognition, die den Faktor Zeit umreißt, in eine räumliche Dimension miteinzuschließen. Ich werde versuchen, diese These später nochmals zusammenfassend zu formulieren.

Alle psychomiletischen Ereignisse haben Ursachen, die tief und fest in unserem Leben verwurzelt sind. Diese Ursachen liegen in den Stimuli der Existenz, das heißt in bedeutsamen Gegebenheiten, die eine unbewußte Kommunikation „auslösen" können. Zu diesen Gegebenheiten zählen: Das persönliche Interesse, die dem Subjekt eigene (dauerhafte) Emotionalität, Situationen, die von einem vorübergehenden emotionalen Zustand geprägt sind, Traumata, psychotische und neurotische Konfliktzustände, Gefahr oder Todesgefahr, affektive Bindungen, freundschaftliche und verwandtschaftliche Beziehungen, ein mystisches, magisches oder spiritistisches kulturelles und gleichzeitig konfliktträchtiges Umfeld.

Der „existentielle Auslöser" ist demnach in einem konkreten Lebensumstand zu suchen und hat seinen eigentlichen Ursprung im bewußten Ich. Dieser „Auslöser" des bewußten Lebens bedingt einen Reflex in unserem Unbewußten, der die Tiefenmotivationen konstituiert, das heißt die Psychodynamiken, die sich konkret in einen ursprünglich unbewußten Impuls umsetzen.

Dieser Impuls, den ich Kommunikationsfaktor nenne, wird in Abwesenheit des bewußten Willens ausgelöst und produziert das psychomiletische Phänomen. So erübrigt sich die Unterscheidung zwischen Telepathie, Hellsehen, Präkognition und Psychokinese, die nur aufrechterhalten bleibt, um unterschiedliche Manifestationen desselben Phänomens aufzuzeigen.

Spirituelle Seele und psychologische Seele

Die Wissenschaft hat in der bewußten und unbewußten Psyche die Protagonistin des irdischen Lebens ausgemacht, der Sinneseindrücke, der symbolischen Sprachen, der Kreativität und der Suggestionen.

Ich bezeichne diese menschliche Dimension mit dem Begriff „psychologische Seele". Dabei stellt das Unbewußte den Teil der psychologischen Seele dar, der sich der Kontrolle des Willens und der Rationalität entzieht. Das Unbewußte wird von verschiedenen Wissenschaftlern in sehr unterschiedlicher Weise verstanden. Es bleibt in jedem Fall aber der geheimnisvollste und unergründlichste Teil der irdischen Dimension. Viele materialistische Philosophen und Bewegungen haben das gesamte menschliche Wesen allein auf den Begriff der „Psyche" reduziert. In dieser Perspektive wird dem Menschen kein Leben nach dem Tod zuteil. Er ist zur Transzendenz nicht fähig, und alles endet mit dem Tod des Körpers.

Gemäß dem christlichen Glauben, unterscheidet der Heilige Paulus zwischen *Seele* und *Geist*, während er jedoch die Einheit der beiden Realitäten in jeder Person aufrechterhält. Konkret unterscheidet man zwischen *Seele* (dem Prinzip, das den Körper belebt) und *Geist* (dem Prinzip, das den Menschen mit Gott verbindet), die in jedem Individuum eins sind.

Der höheren Ordnung (in der der Mensch als Geschöpf Gottes begriffen wird) gehört in der Tat die *spirituelle Seele* an, die für die Gläubigen das von Gott geschenkte Lebensprinzip bedeutet und die zum ewigen Leben bestimmt ist. Die *spirituelle Seele* ist der Teil von uns, der ewig fortlebt. Aus freier Entscheidung kann der Mensch sich dem Plan Gottes fügen und sich seiner Gnade öffnen. So benutzt er „die psychologische Seele" auf eine intelligente Weise als Instrument des Wachstums und ändert sein Leben, um einer wahren Spiritualität zu folgen, die von einer verderbten Kreativität absieht. Die „psychologische Seele" und die *spirituelle Seele* sind meiner Ansicht nach ein untrennbares Ganzes, in dessen Mittelpunkt die *spirituelle Seele* als höhere Wesenheit existiert. Die *spirituelle Seele* ist nicht an den psycho-physiologischen Prozessen beteiligt, aber sie wirft ihr Licht auf die „psychologische Seele". Diese wiederum stellt die Protagonistin der existentiellen Erfahrungen dar und erleidet somit die Konsequenzen der psychologischen Traumatas, der unbewußten Konflikte, der Dramen des Wahnsinns, der Emotionalität und der Todeszustände. Gleichzeitig besteht darin die menschliche Dimension, in der sich die existentiellen Auslöser befinden, die sich schließlich in ursprünglich unbewußte Impulse, das heißt in den Kommunikationsfaktor übersetzen.

So ist „die psychologische Seele" der Schmelztiegel der psychomiletischen Ereignisse, die auf die pathologischen, emotiven Bedürfnisse des Menschen antworten und die daher nichts mit der spirituellen Sphäre zu tun haben.

Neue Grenzen der Psyche

Die einzige Alternative zur kulturellen Deutung psychomiletischer Ereignisse besteht in einem wissenschaftlichen Modell, wie ich es teilweise auf den vorhergehenden Seiten dargestellt habe. Ein wissenschaftliches Modell ist ein Gefäß, das sich den gesamten Erscheinungen perfekt anpassen muß. In meinen Darlegungen fehlen noch bestimmte Bereiche, damit das Gefäß Form annimmt. Es handelt sich um Bereiche, die ich hier nur kurz erwähnem kann, während ich diejenigen, die sich näher dafür interessieren, auf mein *Handbuch der Parapsychologie* verweise. Es lassen sich zwei psychische „Zonen" annehmen: eine individuellen und eine kollektiven Charakters.

Die erste „Zone" ist einfach und rasch auszumachen, und zwar in einem unbewußten, intelligenten und pathologischen Ich, das eine unbewußte psychische Aktivität hervorbringen kann. Diese verwirklicht sich je nach Fall in einer mehr oder weniger ausgeprägten „Spaltung". Wann immer sich authentische psychomiletische Geschehnisse ereignen, taucht dieser der Psychopathologie wohl bekannte Bereich auf. All dies trifft auf das „automatische Schreiben" zu, das an sich nur eine Ausdrucksform der Kreativität im Zustand einer mehr oder weniger offensichtlichen Persönlichkeitsspaltung darstellt, aber zu wahrhaftigen psychomiletischen Phänomenen führen kann.

Die zweite psychische „Zone", der ein kollektiver Charakter zu eigen ist, geht von einer Vorstellung der menschlichen Psyche als einer Insel aus, die im Sonnenlicht über dem Meeresspiegel erscheint. Die Insel besteht aus einem festen Körper, einer Basis, die sich in den Tiefen des Meeres verliert, und die je tiefer sie eintaucht, sich um so mehr vom Sonnenlicht entfernt, und so alles dunkler wird. (Übergang vom bewußten Ich zum Unbewußten). Bis dahin können wir noch von einem klassischen Schema sprechen.

Die historische Kasuistik, die Forschungserfahrungen des Autors und seine persönlichen Erlebnisse schaffen schließlich die weitere Grundlage für die Strukturierung des Modells, das auf der Annahme dreier Arten von „Verbindungen" beruht, die diese Inseln zusammenhalten. Diese drei Verbindungen lassen sich symbolisch als *Wasser*, *Sediment* und *Erde* definieren.

1) Das *Wasser*, das idealerweise alles von der Oberfläche bis zur Basis, also vom Bewußtsein bis zum tiefsten Unbewußten verbindet; gleichzeitig aber auch trennt.

Das *Wasser* stellt den unbewußten allgemeinen Psychismus dar, der die einzelnen Körper und die tiefen Wurzeln (individuelles Unbewußtes) trennt und folgende Eigenschaften aufweist:
– Der allgemeine Psychismus ist nicht kollektiver Natur und stellt keine Wesenheit dar, welche die Einzigartigkeit des individuellen Unbewußten aufheben könnte. Der allgemeine unbewußte Psychismus trennt in der Regel, kann bei Bedarf aber auch verbinden. Er verbindet, wenn vom individuellen Unbewußten (der Insel) ein „unbewußter originärer Impuls" ausgeht (Kommunikationsfaktor – KF), der von einem „existentiellen Auslöser" stimuliert wird. Der KF ist das wahre Wesen paranormaler Erscheinungen.

2) Das *Sediment* bildet eine dünne Schicht, die die Inseln an ihren Wurzeln miteinander verbindet. Diese Verbindung ist aber schwach und ähnlich zerbrechlich wie die Erinnerung.

Das *Sediment* ist das Archiv der bewußt erlebten Vergangenheit, die jetzt aber ins Unbewußte abgeglitten ist und den Lebenserfahrungen vergangener Generationen, den Resten der Seelen der Verstorbenen, entspricht. Es handelt sich um ein unbewußtes Archiv, dem man auf unbewußter Ebene Informationen entnehmen kann, wie man von einem photographischen Archiv Gebrauch macht. Dies ist auch der Fall der angeblichen Offenbarungen Verstorbener während der mediumistischen Sitzungen. Es ist offensichtlich, daß all dies vom intelligenten, unbewußten Ich aktiviert wird, das heißt durch die Persönlichkeitsspaltung des Mediums.

3) Die *Erde* ist die gemeinsame Verbindung aller Elemente, die alle Inseln in der Tiefe verbindet. Man kann sie als das „archetypische kollektive Unbewußte" C. G. Jungs auffassen.

Der psychokinetische Faktor als neurotisches Kind der Psyche

Der psychokinetische Faktor stellt nur eine Möglichkeit dar, psychomiletische Phänomene zu unterscheiden. Er äußert sich mittels der Wirkung auf die Materie und stellt einfach ein Mittel der Kommunikation dar, das dem Subjekt ermöglicht, eine Erfahrung auszudrücken und Zeichen des Leidens auf unbewußter Ebene ist.

Die Kommunikation geschieht in symbolischer Form, und das bedeutet durch Einwirkung auf die Materie. Wir können „Risikosituationen" ausmachen, in denen die Realisierung psychokinetischer Manifestationen wahrscheinlich werden:

– Das Medium, das von dem Wunsch nach Bestätigung beseelt ist, findet in der spiritistischen Kultur einen Weg, seinen „innersten Wunsch" nach Macht zu befriedigen und schließlich auch seine spirituellen Bedürfnisse. Das Verlangen nach Macht wird erfüllt, denn das Medium, das als Kommunikationsmittel zwischen der vorgeblichen Geisterwelt und der Welt der Lebenden fungiert, gewinnt an Einfluß und Ansehen. In diesem Zusammenhang liefert der Apport von Gegenständen den Beweis, mit Hilfe dessen das Medium den Adepten symbolisch mitteilt: „Glaubt an mich".

– Im Phänomen der Poltergeister kommt die Aggressivität des neurotischen und psychotischen Heranwachsenden zum Ausdruck, der die Umwelt, die ihn unterdrückt, haßt. Gleichzeitig teilt er mittels der psychokinetischen Symbolik sein Verlangen nach Hilfe mit und löst jenen Komplex an Phänomenen aus, der gewöhnlich als Poltergeisterscheinung bezeichnet wird.

– Das Subjekt, das trauert und einen magischen Gott erlebt, der angesichts seines Flehens nach Beweisen für das Fortleben des Verstorbenen taub erscheint, schafft die Beweise dafür – zum Beispiel die Aufnahme der Stimmen Verstorbener auf Tonband oder die Psychophonie – unbewußt selbst. Die Tiefenmotivation besteht in dem Bedürfnis, sich selbst und anderen die Hoffnung auf ein Leben nach dem Tod zu vermitteln.

– Mit diabolischer Unbeherrschtheit projiziert der Besessene auf die objektive Welt eine Botschaft des Hasses und des Wunsches nach Freiheit.

– Für den Mystiker, der objektive Probleme dabei hat, das eigene Innenleben mit der Realität der Außenwelt zu versöhnen, ist der Weg zur Heiligkeit mühsamer und ohne Zweifel verdienstvoller. Folglich kann die heroische Position des Glaubens, mit der er die Probleme der Existenz angeht, zum psychokinetischen Ereignis führen, das eine unbewußte Kommunikation der eigenen Glaubensposition darstellt. Das psychomiletische Ereignis betrifft den Menschen, insofern er von existentiellen Nöten und Neurosen betroffen ist und in einem konfliktträchtigen Klima lebt.

Die psychische Integration

Die „psychische Integration" stellt die erste Stufe der Verwirklichung psychomiletischer Phänomene dar und wird gewöhnlich mit der Telepathie verwechselt. Sie ist aber vielmehr eine Art „psychischer Gemeinschaft", die sich als interpersonale Kommunikation realisiert, in der die betroffene Person all ihre unbewußten „Wahrnehmungskanäle" öffnet. Die Ergebnisse dieser Kommunikation können jedoch qualitativ sehr unterschiedlich sein. Die Fälle, die ich in meinem Buch *Heilen durch Handauflegen* erörtert habe, betreffen die analytische Situation, den Spiritismus, die Hypnose, gewisse klinische Zustände in der Kindheit und die Mutter-Kind-Dyade.

Das Phänomen gehorcht drei Regeln:

1) Es ist meist zeitlich begrenzt und erfordert die Anwesenheit von Personen in derselben Umgebung. Andernfalls kann man von Telepathie sprechen.

2) Seine Realisierung hängt von den unbewußten Dynamiken ab, die von einer Reihe von Inputs ausgelöst werden, die ich schon erörtert habe und die den „existentiellen Auslöser" konstituieren.

3) In der Beziehung zwischen zwei Menschen bzw. innerhalb einer Gruppe existiert immer ein *Leader*, der unbewußt seine eigenen Antworten, Motivationen und Suggestionen diktiert, die schließlich für den anderen bzw. die anderen zu „Wahrheiten" werden.

Präkognition: Die wahrscheinlichste Möglichkeit

Ich habe schon erwähnt, daß es unmöglich ist, den unbewußten originären Impuls (KF) in die zeitliche Dimension zu versetzen.

Dennoch bleibt der „Kommunikationsfaktor" die Grundlage für das Werden oder die Vergangenheit der Ereignisse.

Die Untersuchung der Kasuistik läßt eine „relative" Vorhersehbarkeit der nahen Zukunft erkennen, ebenso wie die Möglichkeit flüchtiger Ausflüge in die Vergangenheit. Bisweilen zeugen diese Präkognitionen und Retrokognitionen von einer einzigartigen Genauigkeit, meist jedoch büßen sie an Bestimmtheit ein je größer der Zeitabstand zwischen der Gegenwart und der Zukunft ist. Ich nenne diese Eigenschaft Evaneszenz.

Traditionell wird die Präkognition als Wahrnehmung einer Wirkung betrachtet, die ihrer Ursache vorausgeht.

Ich hingegen behaupte, daß die Präkognition auf die Wirkung sehr wohl bekannter Ursachen zurückzuführen ist, die vom Menschen unbewußt und statisch wahrgenommen werden. Dies nimmt einer blinden Präkognition, die wie ein Fluch auf dem Schicksal des Menschen lastet, ihre Dramatik.

Der „allgemeine unbewußte Psychismus" umfaßt all unsere Erfahrungen, Gedanken, Pläne, Entscheidungen, Hoffnungen und Ängste. Das heißt, daß „Keime der Zukunft", die frei schwebend darauf warten, miteinander kombiniert zu werden, existieren.

Das menschliche Unbewußte nimmt die Informationen, die vom KF zur Verfügung gestellt werden, auf und führt eine Synthese herbei. Präkognition bedeutet also, daß das menschliche Unbewußte eine statistische Auswertung auf Grundlage schon keimender Ereignisse vornimmt. Die Präkognition kann folglich als Ergebnis menschlicher Handlungen betrachtet werden.

Die Retrokognition, die sich auf die Pseudooffenbarungen der Verstorbenen bezieht, reduziert sich auf eine unbewußte Kommunikation zwischen der Seele eines Lebenden und dem *Sediment*, das heißt auf eine pseudozeitliche Kommunikation, die in Wirklichkeit in der Gegenwart stattfindet, da das *Sediment* in unserer Zeit existiert.

Wie die angeblichen Ereignisse der Rekognition allerdings überprüft werden sollen, scheint noch ungelöst zu sein. Wenn diese in Schriftstücken festgehalten sind und damit die Information im Jetzt selbst enthalten ist, dann sind die Geschehnisse im Rahmen der Retrokognition auf die Dynamik des KF zurückzuführen.

Der Begriff der Präkognition wandelt im psychomiletischen Modell völlig seine Bedeutung, weil darin verschiedene Phänomene über den KF verbunden und für jedes Ereignis sehr klare Ursachen ausgemacht werden können. Die Schwierigkeit, die Phänomene zu reproduzieren, führt uns über den galileischen Kanon und ebenso über jene Disziplinen hinaus, die die Seele mit nicht-pharmakologischen Begriffen behandeln. Beispielsweise kann die klinische Psychologie nicht auf Befehl klinische Fälle reproduzieren wie dies in der Physik möglich ist. Die physikalisch energetischen Mechanismen, die durch den KF ausgelöst werden, bleiben jedenfalls unbekannt

Bedingungen für die Anerkennung eines psychomiletischen Phänomens

1) Die Intervention einer lebenden Person und damit der Ausschluß einer spiritistischen Erklärung.
2) Die Unmöglichkeit, das Phänomen mit Hilfe wissenschaftlicher Thesen zu erklären, denen darüber hinaus in folgenden Punkten widersprochen wird:
   – Eine lebende Person kann eine Information von der Außenwelt auch ohne den Gebrauch seiner fünf herkömmlichen Sinne erlangen.
   – Man kann auf den Ruhe- oder Bewegungszustand eines Gegenstandes oder eines physischen Systems einwirken, ohne Anwendung einer bekannten Kraft.
3) Die Abwesenheit eines bewußten oder unbewußten Betrugs.
4) Die Kontrollierbarkeit von Zeit und Raum.

Anmerkungen

Kommunikation zwischen Lebenden und Verstorbenen in den primitiven Religionen

1 F. Facchini, *Cercatori di infinito: da quando?*, in: Facchini u.a., *La religiosità nella preistoria*, Jaca Book, Mailand 1991, S.14.

2 Ebd.

3 E. De Martino, *Il mondo magico*, Boringhieri, Turin 1973, S.102.

4 Strehlow, *Die Aranda und Loritja Stämme in Zentral-Australien*, in: *Veröffentlichungen aus dem städtischen Museum*, Frankfurt a.M., IV/2, S.15ff.

5 J.G. Frazer, *La paura dei morti nelle religioni primitive*, Mondadori, Mailand 1985.

6 H.C. Puech, *La religione dei popoli senza scrittura*, Mondadori, Mailand 1992, S.312.

7 E. De Martino, *Il mondo magico*, a.a.O., S.81.

8 M. Gusinde, *Die Feuerland-Indianer*, II, *Die Yamana*, Mödling, 1937.

9 M. Eliade, *Lo sciamanesimo e le tecniche dell' estasi*, Edizioni Mediterranee, Rom 1974, S.94.

10 E. Durkheim – H. Hubert – M. Mauss, *Le origini dei poteri magici*, Boringhieri, Turin 1972, S.141.

11 V. Bo, *La religione sommersa*, Rizzoli, Mailand 1986, S.154.

Kommunikation zwischen Lebenden und Verstorbenen in den großen heidnischen Kulturen

1 K. Seligmann, *Lo specchio della magia*, Ed. Casini, Ponzano Magra (La Spezia) 1951, S.61.

2 H.C. Puech, *Storia delle religioni*, in: *Il mondo classico*, III, Ed. Laterza, Bari 1976, S.187.

3 Omero, *Odissea*, Sei, Turin 1947.

4 Virgil, *Eneide*, Verse 1049–1050, Sansoni, Florenz 1947.

5 Ich verweise den Leser auf die im *Handbuch der Parapsychologie* erläuterten Begriffe; Pattloch Verlag, Augsburg 1992.

6 Ebd.

285

7 J. Bowker, *La morte nelle religioni*, Ed. San Paolo, Cinisello Balsamo 1996, S.256.

8 A. Pavese, *Verbale und unbewußte Kommunikation*, in: *Heilen durch Handauflegen*, Pattloch Verlag, Augsburg 1997, S.125–142.

9 Ebd.

10 C. Liberio Del Zotti, *Magia e stregoneria in Sudamerica*, Ed. Sugarco, Carnago (Varese) 1974, S.24.

11 Ebd., S.28.

12 Ebd.

13 C. Toso, *I Panà del Centrafrica, storie, società, religione*, Istituto Italo-Africano, Rom 1981, S.76.

14 P. Arnold, *Il libro dei morti Maya*, Ed. Mediterranee, Rom 1992.

15 Ebd., S.201. Blatt 15 des *Kodex von Paris*, zweiter Teil.

Kommunikation zwischen Lebenden und Verstorbenen im Christentum

1 Deuteronomium 18, 9–14.

2 1 Samuel 28,7.

3 1 Samuel 28,13.

4 Lukas, 16,26.

5 U. Dettore, *Medium e medianità*, in: *L'uomo e l'ignoto*, Bd. III, Ed. Armenia, Mailand 1978, S.764.

6 Agostino di Ippona, *Demoni e profezie*, Montedit, Cernusco S.N. (Mailand) 1993, S.64.

7 A. Pavese, *Handbuch der Parapsychologie*, Pattloch Verlag, Augsburg 1992, S. 99–115.

8 Agostino di Ippona, a.a.O., S.55.

9 U. Dettore, *Evocazione*, in: *L'uomo e l'ignoto*, Bd. II, Ed. Armenia, Mailand 1978, S.454.

10 D. Giacobone, *Un processo alle streghe del tribunale della santa inquisizione nel vescovado di Tortona*, „La Provincia di Alessandria", Sept.–Dez. 1986, Nr.281/4.

11 G. Minois, *Piccola storia dell'inferno*, Il Mulino, Bologna 1955, S.57.

12 *Historia Ecclesiastica Gentus Anglorum*.

13 A. Schopenhauer, *Versuch über Geistersehn und was damit zusammenhängt*, in: *A. Schopenhauers Werke in fünf Bänden*, hrsg. von Ludger Lütkehaus, Bd. IV, Zürich 1994, S.294.

14 U. Dettore, *John Dee*, in: *L'uomo e l'ignoto*, Bd.II, a.a.O., S.356.

15 J. Dee, *De Heptarchia Mystica.*

16 V. Bo, *La religione sommersa*, Rizzoli, Mailand 1986, S. 173.

17 Thyraeus, *De loci infestis*: Anonimo, *De spectris et apparitionibus*, Eisleben 1597.

18 M. Inardi, *Il romanzo della parapsicologia*, Ed. Sugarco, Carnago (Varese) 1975, S. 93.

19 U. Dettore, *Quaccheri*, in: *L'uomo e l'ignoto*, Bd. IV, Ed. Armenia, Mailand 1978, S. 1018.

20 L. Casini, *Introduzione*, in: „*Saggio sulla visione degli spiriti" di Schopenhauer*, Ed. Newton Compton, Mailand 1993.

21 U. Dettore, *Emanuel Swedenborg*, in: *L'uomo e l'ignoto*, Bd. V, Ed. Armenia, Mailand 1978, S. 1245.

22 Vgl. S. 59.

23 Vgl. S. 33f.

24 A. Pavese, *Handbuch der Parapsychologie*, Pattloch Verlag, Augsburg 1992, S. 24f., 58f.

25 Ebd.

26 L. Casini, *Introduzione* a.a.O., S. 8.

27 Ebd., S. 9.

28 A. Sebastiani, *La luce massonica*, Bd. VI, *Riti misterici e magistici*, Ed. Hermes, Rom 1995, S. 51.

29 Ebd., S. 53.

30 Untersuchung European Value System Study Group.

31 Bemerkung der Kongregation für Glaubensfragen über das *Ewige Leben und das Jenseits,* gebilligt von Johannes Paul II, 1979.

Die Inflation der Kommunikation mit den Verstorbenen

1 R. Guénon, *Errore dello spiritismo*, Rusconi, Mailand 1974, S. 32f.

2 G. M. Petazzi, *Spiritismo moderno*, Ed. Officine Grafiche Libraria, Triest 1934, S. 20.

3 Ebd.

4 Ebd.

5 J. Vartier, *Allan Kardec, la nascita dello spiritismo*, Ed. Mediterranee, Rom 1972, S. 35.

6 A. Kardec, *Il libro degli spiriti*, Ed. Mediterranee, Rom 1973, S. 56.

7 Conferenza Episcopale Brasiliana, *Censimento Istituzionale Evangelico*, „Il Regno", Nr. 19 (November 1996).

8 A. Kardec, *Il vangelo secondo gli spiriti*, Bd. I, Ed. Mediterranee, Rom 1987, S. 73.

9 A. Kardec, *Il libro degli spiriti*, Ed. Mediterranee, Rom 1973, S. 391.

10 Ebd., S. 97.

11 A. Kardec, *Il vangelo secondo gli spiriti*, Bd. I, a.a.O., S. 44.

12 Ebd.

13 Ebd.

14 D. Home, *Les Lumieres et les Ombres du Spiritualisme*, 1877, S. 112ff.

15 A. Kardec, *Il libro dei medium*, a.a.O., S. 274.

16 Ebd., S. 364.

17 Ebd.

18 Ebd.

19 Ebd.

20 A. Pavese, *Heilen durch Handauflegen*, Pattloch Verlag, Augsburg 1997.

21 J. Vinchon, *Il magnetismo animale: Mesmer e il suo segreto*, Ed. Astrolabio, Rom 1972, S. 13.

22 S. Stampa, *A. Manzoni, la sua famiglia, i suoi amici*, Bd. I, Mailand 1885, S. 156ff.

23 P.A. Gramaglia, *Lo spiritismo*, Piemme, Casale Monferrato 1986, S. 144.

24 J. Kerner, *Die Seherin von Prevorst*, 1829 (Ed. del Gattapardo, Rom 1972).

25 Ebd., S. 143.

26 Ebd., S. 132.

27 Ebd., S. 33f.

28 Ebd., S. 43.

29 Ebd., S. 45.

30 Ebd., S. 50.

31 Ebd., S. 204.

32 A. Schopenhauer, *Versuch über Geistersehn*, in: *Arthur Schopenhauers Werke in fünf Bänden*, hrsg. von Ludger Lütkehaus, Bd. IV, Zürich 1994, S. 286.

33 A. Pavese, *Handbuch der Parapsychologie*, a.a.O., S. 33 und 81.

34 A. Schopenhauer, a.a.O., S. 286f.

35 Ebd., S. 287.

36 Ebd., S. 288.

37 J. H. Jung-Stilling, *Theorie der Geisterkunde*, in: *Sämtliche Schriften*, Scheibe, Stuttgart 1937.

38 G. Petazzi, *Spiritismo moderno*, Ed. Libraria S.A., Triest 1934.

39 Ebd., S. 23.

40 Ebd., S. 80.

41 G. Petazzi, a.a.O., S. 21.

42 E.L. Gardner, *Apparizione delle fate*, Ed. Sirio, Triest.

43 A. Conan Doyle, *The coming of the fairies*, Ed. Hodder-Stoughton, 1922.

44 G. Cook (A. Conan Doyle), *The return of Conan Doyle*, Ed. The White Eagle Publishing Trust, London 1963.

45 U. Dettore, *L'uomo e l'ignoto*, Bd. IV, Ed. Armenia, Mailand 1978, S. 866.

46 E. Morselli, *Psicologia e spiritismo*, Bd. I und II, Ed. Fratelli Bocca, Mailand 1908.

47 U. Dettore, *Cesare Lombroso*, in: *L'uomo e l'ignoto*, Bd. III, Ed. Armenia, Mailand 1978, S. 708.

48 C. Lombroso, *Ricerche sui fenomeni ipnotici e spiritici*, 1909.

49 A. Pavese, *Genesi delle adesioni a Sai*, in: *Sai Baba, anatomia del nuovo Cristo e dei miracoli*, Piemme, Casale Monferrato 1992, S. 190.

50 F. Quintavalle, *Religione, vita terrena, oltretomba nel pensiero di Giuseppe Mazzini*, Ed. Fratelli Bocca, Mailand 1942.

51 U. Dettore, *L'uomo e l'ignoto*, Bd. I, Ed. Armenia, Mailand 1978, S. 196.

52 E. Blavasky, *Iside svelata*, Bd. I, II, III, Ed. Sirio, Triest.

53 H. J. Ruppert, *La teosofia*, in „Sette e Religioni", Nr. 3 (Juli–September 1991), Ed. Studio Domenicano, Bologna, S. 379.

54 Ebd.

55 Ebd.

56 G. Petazzi, a.a.O., S. 140.

57 E. Servadio, *Sir William Crookes*, in: *L'uomo e l'ignoto*, Bd. II, Ed. Armenia, Mailand 1978, S. 342.

58 Ebd.

59 G. Petazzi, a.a.O., S. 23.

60 W. Crookes, *Fenomeni dell'occulto*, Ed. del Gattopardo, Rom 1972, S. 224.

61 M. Polidoro, *Viaggio fra gli spiriti*, Ed. Sugarco, Carnago (Varese) 1995.

62 C. Lombroso, *Prefazione*, in: L. Barzini, *Nel mondo dei misteri con Eusapia Palladino*, Ed. Longanesi, Mailand 1984, S. 11.

63 Ebd., S. 12.

64 R. Guénon, *Errore dello spiritismo*, Rusconi, Mailand 1974, S. 81.

65 G. Pareti, *La tentazione dell'occulto, scienza ed esoterismo nell'età vittoriana*, Bollati Boringhieri, Turin 1990, S. 162.

66 Ebd.

67 Ebd., S. 166.

68 G. Pareti, a.a.O., S. 168f.

69 Ebd.

Wissenschaftliche und religiöse Kritik am Spiritismus

1 R. Guénon, *Errore dello spiritismo*, Rusconi, Mailand 1974, S. 13.

2 Ebd., S. 32.

3 Ebd., S. 33.

4 Ebd., S. 41.

5 DECHAMBRE, *La Doctrine segrete*, in: „Gazette de médicine et de chirurgie" (1859), in: GUÉNON, a.a.O., S.42.

6 DECHAMBRE, a.a.O.

7 Johannes 3.

8 R. GUÉNON, a.a.O., S.219.

9 R. GUÉNON, a.a.O.

10 Ebd., S.321.

11 Ebd., S.379.

12 Ebd., S.293.

13 Ebd., S.317.

14 U. DETTORE, *L'uomo e l'ignoto*, Bd.I, Ed. Armenia, Mailand 1978, S.257.

15 A. RUSSEL WALLACE, *Sui miracoli e sullo spiritualismo moderno*, Ed. Burns, London 1875.

16 F. ENGELS, *Dialektik der Natur*, in: K. MARX – F. ENGELS, *Werke*, Dietz Verlag Berlin 1962, Bd. 20, S.338.

17 Ebd., S.339.

18 Ebd., S.340.

19 Ebd., S.347.

20 E. VON HARTMANN, *Der Spiritismus*, 1885; *Die Geisterhypothese des Spiritismus und seine Phantome*, 1891.

21 U. DETTORE, *Storia della parapsicologia*, Ed. Armenia, Mailand 1976, S.134.

22 E. MORSELLI, *Psicologia e spiritismo*, Bd. I–II, Ed. Fratelli Bocca, Mailand 1908, S.557.

23 Ebd., S.561ff.

24 S. TAGLIAGAMBE, *Introduzione*, in: *Sullo spiritismo* di *D.I. Mendeleev*, S. LXVIII.

25 D. I. MENDELEEV, *Sullo spiritismo*, Ed. Bollati Boringhieri, Turin 1992, S.9.

26 Ebd., S.22f.

27 Ebd., S.88.

28 Ebd.

29 Ebd.

30 Ebd., S.89.

31 M. TREVI, *Introduzione*, in: T. FLOURNOY, *Dalle Indie al pianeta Marte*, Feltrinelli, Mailand 1985, S.16.

32 T. FLOURNOY, *Dalle Indie al pianeta Marte, il caso di Hélène Smith: dallo spiritismo alla nascita della psicoanalisi*, Feltrinelli, Mailand 1985, S.25.

33 A. PAVESE, *Die psychische Integration als Faktor der unbewußten Kommunikation*, in: *Heilen durch Handauflegen*, Pattloch Verlag, Augsburg 1997, S.136–139.

34 T. FLOURNOY, a.a.O., S.138.

35 Ebd., S.149.

36 Ebd., S.149f.

37 Ebd., S.124..

38 R. Guénon, *Errore dello spiritismo*, Rusconi, Mailand 1974, S.92f.

39 Siehe S.47f.

40 H. Thurston, *La chiesa e lo spiritismo*, Vita e Pensiero, Mailand 1949, S.6.

41 *Analecta Ecclesiastica*, Bd. VI, S.187.

42 Ebd.

43 *Acta Apostolicae Sedis*, Bd.IX, S.268.

44 G.M. Petazzi, *Spiritismo moderno*, Ed. Libreria S.A., Triest 1934, S.111.

45 M. Biondi, *Tavoli e medium, storia dello spiritismo in Italia*, Ed. Gremese, Rom 1988, S.77.

Amerika, Europa und der Orient: Spiritismus als Religion oder Wissenschaft?

1 M. Giurco, *A chi ha perduto una persona cara, cosa avviene dopo la morte*, in: „L'Aurora", Nr. 425 (Mai 1996).

2 Ebd.

3 R. Bocci, *Nessun limite alla conoscenza per comprendere certi fenomeni*, in: „L'Aurora", Nr. 380/81 (August/September 1992).

4 Associazione Scuola Scientifica Basilio, *Scuola Scientifica Basilio*, Florenz 1986, S.5.

5 Ebd.

6 Ebd.

7 Ebd.

8 Ebd., S.15.

9 Ebd.

10 Ebd., S.19.

11 Siehe S.136 in diesem Buch.

12 C. L. Del Zotti, *Magia e stregoneria in Sudamerica*, Ed. Sugarco, Carnago (Varese) 1974, S.110.

13 Siehe S.44 in diesem Buch.

14 Siehe S.45 in diesem Buch.

15 C. L. Del Zotti, a.a.O., S.14.

16 P. Canova, *Lo spiritismo in Brasile*, in „Sette e Religioni", Ed. Studio Domenicano, GRIS, Nr. 9 (Januar–März 1993), S.50.

17 P. Canova, a.a.O.

18 C. L. Del Zotti, a.a.O., S.12.

19 F. Quilici, *Magia*, Ed. Curcio, Rom 1977, S.44.

20 Das Konzept der Reinkarnation im Spiritismus und der Theosophie findet sich auf den Seiten 125f. in diesem Buch.

21 Siehe S. 45f. in diesem Buch.

22 C. L. Del Zotti, a.a.O., S.160.

23 Ebd., S.160f.

24 Siehe S. 45f. in diesem Buch.

25 P. Canova, a.a.O., S.51.

26 Ebd.

27 P. Canova, a.a.O., S. 52 (*Os sinais dos tempos e a evengelizacao*, S. Paulo 1978, S.103).

28 Siehe S.183 in diesem Buch.

29 Zit. nach C. L. Del Zotti, a.a.O., S.130.

30 Zit. nach C. L. Del Zotti, a.a.O.

31 Tancredi da Silva, „Diario da Noite" Rio de Janeiro, 22. Juni 1959, zitiert nach: P. Canova, a.a.O, S.54.

32 Siehe S.50f. in diesem Buch.

33 Siehe S.160 in diesem Buch.

34 F. Brune, *I morti ci parlano*, Ed. Mediterranee, Rom 1994, S.12.

35 Siehe S.61 in diesem Buch.

36 F. Cariglia in: *L'Intervista „Qualcuno dall'aldilà"*, „Il Giornale dei Misteri", Nr. 280 (Februar 1995), S.20.

37 F. Brune, *I morti ci parlano*, a.a.O., S.33.

38 V. Guglielmi, *Intervista a padre Brune „Materia e spirito sono un tutto unico"*, „Il Giornale dei Misteri" Nr. 271 (Mai 1994), S.20.

39 Ebd.

40 Ebd.

41 Ebd.

42 Ives Vaille, *Origine e sviluppo dell'associazione francese „Nos enfants de lumière"*, Atti dell'VIII Convegno Internazionale, Movimento della speranza, Cattolica 16./ 17./ 18. September 1994, S.152.

43 Ebd.

44 A. Pavese, *Heilen durch Handauflegen*, Pattloch Verlag, Augsburg 1997.

45 Ich verweise den Leser auf mein Kapitel *Das Talent des Unbewußten*, in: *Handbuch der Parapsychologie*, a.a.O., S.50ff.

46 Siehe S.155 in diesem Buch.

47 A. Gouvernnec, *Verso il sole di Dio. Messaggi dall'aldilà cristico*, Ed. Mediterranee, Rom 1995, S. 25.

48 Ebd.

49 P. und N. Gouvernnec, *Testimonianza di Paul e Nicole Gouvernnec*, in „L'Aurora",
   Nr. 392–393, Camerino, (August-September 1993).

50 Ebd.

51 Ebd.

52 A. Pavese, *Handbuch der Parapsychologie*, a.a.O., S. 29ff.

53 A. Gouvernnec, *Verso il sole di Dio*, a.a.O., S. 117.

54 Ebd., S. 44.

55 Ebd., S. 23.

56 Ebd., S. 84.

57 Ebd., S. 45.

58 Ebd., S. 72.

59 Ebd., S. 142.

60 Ebd., S. 137.

61 Ebd., S. 87.

62 Ebd., S. 74.

63 Ebd., S. 79.

64 Ebd., S. 71.

65 Ebd., S. 125.

66 Ebd., S. 128.

67 Siehe S. 161 in diesem Buch.

68 A. Pavese, *Grande inchiesta sulla magia in Italia*, Piemme, Casale Monferrato
   1995, S. 128.

69 E. Senkowski, *Recenti straordinari casi di trascomunicazione strumentale*, Atti del
   convegno di Abano Terme, 2.–4. Dezember 1994, in: „La ricerca psichica.
   Studi di parapsicologia e sulla sopravvivenza", Nr. 1 (April 1995), S. 120.

70 Ebd., S. 119.

71 R. Holbe, *Immagini dal regno dei morti, gli esperimenti paranormali dal regno dei
   morti*, Ed. Mediterranee, Rom 1989, S. 28f. (*Bilder aus dem Reich der Toten*, Droe-
   mersche Verlagsanstalt Th. Knaur Nachf. München, 1987).

72 Ebd., S. 179.

73 Ebd., S. 12.

74 F. Karger, *Che cosa può dire un fisico sulla vita oltre la morte*, in Atti dell'VIII
   convegno Internazionale del Movimento della Speranza, Cattolica 16.–18.
   September 1994, S. 56.

75 Ebd., S. 57.

76 A. Schin, *La luce della verità*.

77 Ebd.

78 Ebd., S. 60.

79 Ebd., S. 66f.

80 K. Raudive, *Voci dall'aldilà*, Ed. Tedeschi, 1973, S. 24.

81 Ebd., S. 17.

82 Ebd., S. 21.

83 K. Raudive, *L'uomo del caos e il suo superamento* (*Der Chaosmensch und seine Über-windung*).

84 Ebd., S. 88ff.

85 K. Raudive, *Sopravviviamo dopo la morte?*, Ed. Tedeschi, 1976 (*Überleben wir nach dem Tod?*).

86 Ebd., S. 167.

87 Ebd., S. 16.

88 Ebd., 89 *Ebd.*, S. 20.

90 Ebd., S. 257.

91 H. Schäfer, *Esperienze e consigli sulla trascomunicazione*, in „L'Aurora", Camerino, Nr. 384 (Dezember 1992), S. 2.

92 Ebd.

93 Ebd.

94 Ebd.

95 Ebd.

96 Ebd.

97 Ebd.

98 Ebd., S. 3.

99 Ebd.

100 Ebd.

101 M.J. Harsch Fischbach, *La sperimentazione in Lussemburgo*, in: „La Ricerca Psichica", Jahr II, Nr. 1 (April 1995), S. 96.

102 Siehe S. 210 in diesem Buch.

103 Siehe S. 201 in diesem Buch.

104 M. Del Valle Gil, *La mia esperienza di madre e la nascita del Movimento della Speranza spagnolo*, in: Atti dell'VIII Convegno internazionale del Movimento della Speranza, 16.–18. September, Cattolica, S. 181.

105 Ebd., S. 182.

106 Ebd., S. 183.

107 Ebd., S. 184.

108 M. Mancigotti, *Aprire il cuore alla speranza*, in: „L'Aurora", Nr. 419 (November 1995).

109 F. Jürgenson, *Dialoghi con l'aldilà*, Ed. Armenia, Mailand 1976, S. 71.

110 Ebd., S. 103.

111 Ebd., S. 128f.

112 Ebd.

113 Ebd.
114 Siehe S. 175 in diesem Buch.
115 Siehe S. 87 in diesem Buch.
116 Siehe S. 121 in diesem Buch.
117 Siehe S. 95 in diesem Buch.

Italien: In spiritistischen Zirkeln und unter Priestern wird die Kommunikation mit den Verstorbenen „wiederentdeckt"

1 L. Campani Setti, *Mio fratello, il medium der Cerchio Firenze 77*, in „Giornale dei Misteri", Nr.293, (März 1996), S. 28.

2 R. Del Favero, *Il Cerchio Firenze 77. Gli eventi storici e i contenuti più significativi nelle parole di un testimone*, in: „Luce e Ombra", Bologna, Jahrg. 96, Nr.1, (Januar– März 1996), S. 4.

3 Siehe S. 138 in diesem Buch.

4 L. Campani Setti, a.a.O.

5 a.a.O.

6 Siehe S. 118 in diesem Buch.

7 Siehe S. 130 in diesem Buch.

8 L. Garlaschelli, *Indagine su Roberto Setti, il D.D. Home italiano*, in: „Scienza e paranormale", CICAP, Nr.7, (Juni 1995), S. 12.

9 L. Garlaschelli, a.a.O., S. 17.

10 Cerchio Firenze 77, *Oltre l'illusione*, Ed. Mediterranee, Rom 1984, S. 18.

11 A. Pavese, *Sai Baba*, Piemme, Casale Monferrato 1990, S. 19.

12 Scuola del Cerchio Firenze 77, *Dizionario del Cerchio Firenze 77*, Ed. Mediterranee, Rom 1988, S. 67.

13 Ebd., S. 104.

14 E. Ferrarotti, *Voce ad un sacerdote*, in: „Giornale dei Misteri", Nr. 293 (März 1996), S. 42.

15 S. Beverini, *La saggezza dello yoga*, in: „Il Giornale dei Misteri", Nr. 296, (Juni 1996).

16 A. Ferraro, *Un angelo custode particolare*, in: „Il Giornale dei Misteri", Nr. 298 (August 1996), S. 19.

17 Ebd., S. 21.

18 Ebd.

19 A. Moneta, *Tu sei tornato*, Ed. Fagua sas, Genua 1991, S. 144f.

20 M. Mancigotti, *Fede e scienza per la ricerca psichica*, in: L'Aurora", Camerino, Nr. 408 (Dezember 1994), S. 2.

21 Siehe S.12 in diesem Buch.

22 M. MANCIGOTTI, a.a.O.

23 Siehe S.188 in diesem Buch.

24 Siehe S.190 in diesem Buch.

25 Siehe S.193 in diesem Buch.

26 Siehe S.200 in diesem Buch.

27 Siehe S.206 in diesem Buch.

28 Siehe S.213 in diesem Buch.

29 Siehe S.236 in diesem Buch.

30 Siehe S.171 in diesem Buch.

31 M. MANCIGOTTI, *La pagine del movimento della speranza,* in: „L'Aurora", Nr. 380/381 (August–September), S.2.

32 M. MANCIGOTTI, *Introduzione al tema: fede ed esperienza 'un punto d'amore fra cosmo e ultracosmo',* in: Atti dell'VIII Convegno Internazionale, Cattolica 16.–18. September 1994, Movimento della Speranza.

33 F. LIVERZIANI (Hrg.), *I quaderni della speranza,* II Convivio, Ro, 1990, S.4.

34 F. LIVERZIANI (Hrg.), a.a.O.

35 M. MANCIGOTTI, *Dare spazio alla speranza,* in: „L'Aurora", Nr. 414 (Juni 1995), S.2.

36 M. MANCIGOTTI, a.a.O.

37 Ebd.

38 Ebd.

39 *Notificazione* della Congregazione per la Dottrina della Fede, 6. Oktober 1995.

40 F. LIVERZIANI (Hrg.), a.a.O. Liverziani, Herausgeber des „Quaderno", war zum Zeitpunkt, als die „Programmschrift" (23. März 1990) abgefaßt wurde „Segretario del Coordinamento" der Bewegung der Hoffnung.

41 M. MANCIGOTTI, a.a.O.

42 L. SERAFINI – O. ANZIVINO – L. SICILIANO, *I segni dei „figli della luce" continuano a stupirci,* in „L'Aurora", Nr. 387 (März 1993).

43 L. u. F. SGUAZZIN, *Dal buio della disperazione alla luce della speranza,* in: Atti dell'VIII Convegno Internazionale del Movimento della Speranza, Cattolica 16.–18. September 1994, S.91.

44 Ebd., S.94.

45 Ebd.

46 Ebd.

47 Ebd., S.95.

48 Ebd.

49 Ebd., S.96.

50 Ebd., S.96.

51 Ebd., S. 97.

52 Ebd., S. 103.

53 Ebd., S. 105.

54 Ebd., S. 106.

55 M. Mancigotti, *Quale frontiera?*, in: „L'Aurora", Nr. 389, (Mai 1993).

56 M. Mancigotti, *Lettera agli aderenti al Movimento della speranza*, in: „L'Aurora", Nr. 420, (Dezember 1995).

57 M. Mancigotti, Risposta al Gris, in: „L'Aurora", Nr. 411, (März 1995).

58 Nota pastorale della Conferenza Episcopale Toscana, *A proposito di magia e demonologia*, 15. April 1994.

59 Commissione dottrinale, Concilio Vaticano II, zit. nach „Civiltà Cattolica", 7. Februar 1992, Nr. 3401.

60 G. Thorel, *La parapsicologia e il diavolo*, in: „Il Giornale dei Misteri", Nr. 261 (Juli 1993), S. 35.

61 Siehe S. 212 in diesem Buch.

62 Siehe S. 239 in diesem Buch.

63 M. Mancigotti, *Nel segno dell'umiltà*, in: „L'Aurora", Nr. 365 (Mai 1991).

64 M. Mancigotti, *Padre Eugenio ci guida dal cielo*, in: „L'Aurora", Nr. 429, (Oktober 1996).

65 Ebd.

66 M. Mancigotti, *Continua la guerra del Gris*, in: „L'Aurora", Nr. 431, (Dezember 1996).

67 V. Bo, *„Scrittura automatica" e messaggi dall'aldilà*, in: „Famiglia Cristiana", Nr. 34 (1993).

68 Ebd.

69 S. Dianich, *È vero che si può parlare con i morti?*, in: „Famiglia Cristiana", Nr. 34 (1993).

70 G. Capra, *Esorcista a Torino: è possibile comunicare con i propri sari defunti?*, in „Presenza Cristiana".

71 G. Amorth, *Nel medium sta la bugia*, Interview von M. Iondini in: „Avvenire", 1. Dezember 1994.

72 S. Sirboni, *Quel spranaturale così epidermico e fatuo*, in: „Vita Pastorale", Nr. 8/9 (1993).

73 Matthäus, 7,16.

74 M. Mancigotti, *Effonderò il mio spirito e profeteranno i vostri figli. Risposta a Famiglia cristiana*, in: „L'Aurora", Nr. 397, (Januar 1994).

75 M. Mancigotti, *Ortodossia senza cuore, continua la guerra del Gris*, in: „L'Aurora", Nr. 431, (Dezember 1996).

76 C.M. Martini, *Sulle strade del Signore*, Piemme, Casale Monferrato 1985, S. 464.

77 Ebd.

78 Siehe S.190 in diesem Buch.

79 Siehe S.193 in diesem Buch.

80 Siehe S.203 in diesem Buch.

81 Siehe S.215 in diesem Buch.

82 Siehe S.252 in diesem Buch.

83 Siehe S.253 in diesem Buch.

84 Siehe S.256 in diesem Buch.

85 A. FERRARO, *Alfredo Ferraro ammette l'interpretazione spiritica*, Interview von G. Alaimo, in: „La Torre ... di Babele", Nr. 2, 22. Januar 1984.

86 Ebd.

87 A. FERRARO, *Testimonianze sulla medianità*, Ed. MEB, Padua 1996, S.34.

88 A. FERRARO, *Sopravvivenza: ma che cos'è?*, in: „Il Giornale dei Misteri", Nr. 262 (August 1993), S.42.

89 Siehe S.118 in diesem Buch.

90 A. FERRARO, *Sopravvivenza: ma che cosa c'è?*, a.a.O., S.44.

91 Siehe S.92 in diesem Buch.

92 Siehe S.172 in diesem Buch.

93 Siehe S.116 in diesem Buch.

94 Siehe S.130 in diesem Buch.

95 Siehe S.156 in diesem Buch.

96 Siehe S.235 in diesem Buch.

97 R. SUDRE, *Trattato di parapsicologia*, Ed. Astrolabio, Rom 1996, S.333.

98 G. GAGLIARDI, zit. nach G. CAPRA, *Esorcista a Torino*, in: „Dossier Gris", Presenze Cristiane, 1995.

Auswahlbibliographie

Acta Apostolicae Sedis.Vol. IX: Le religioni dell'antico oriente. Ed. Paoline 1957.

AMORTH, G.: Exorcisti e Psichiatri. Ed. Dehoniane 1996.

APULEIUS: Opera quae supersunt. Lateinische Ausgabe. Vol.II., Fasc 1: Pro se de magia liber /Apolegia. Leipzig: Teubner 1994.

BENDER, H.: Psychische Automatismen. Zur Experimentalpsychologie des Unterbewußten und der außersinnlichen Wahrnehmung. Leipzig: I. A. Barth Verlag 1935.

BENDER, H.: Telepatia, chiaroveggenza e psicocinesi. Ed. Mediterranee 1988.

ELIADE, MIRCEA/COULIANO, IOAN P.: Handbuch der Religionen. Düsseldorf, Zürich: Artemis/CVK 1997.

ELIADE, MIRCEA: Geschichte der religiösen Ideen. Band 1-4: Von der Steinzeit bis zur Gegenwart, Band 5: Quellentexte. Freiburg: Herder 1997.

ELIADE, MIRCEA: Lo sciamanesimo e le tecniche dell'estasi. Ed. Meditereranee 1988.

ELIADE, MIRCEA: Mythen, Träume und Mysterien. Salzburg: Otto Müller Verlag.

Enciclopedia delle religioni. Ed. Garzanti 1989.

HARDER, BERND: Die übersinnlichen Phänomene im Test. Augsburg: Pattloch 1996.

JANZEN, WOLFRAM: Okkultismus. Erscheinungen - Übersinnliche Kräfte - Spiritismus. Mainz, Stuttgart: Matthis-Grünewald-Verlag/Quell Verlag 1993.

JUNG, C. G.: Gesammelte Werke. 20 Bde. Zürich, Düsseldorf: Walter-Verlag 1995.

KALWEIT, H.: Traumzeit und innerer Raum. München 1984.

KARDEC, ALLAN: Das Buch der Geister. Die Grundsätze der spiritistischen Lehre von der Unsterblichkeit der Seele, der Natur der Geister, ihren Beziehungen zu den Menschen. Freiburg: Hermann Bauer Verlag 1996.

KARDEC, ALLAN: Du, Ich und die Anderen. 13 Lektionen über Parapsychologie. St. Goar: Reichl Verlag 1970.

KARDEC, ALLAN: Le rivelazioni degli spiriti, genesi, miracoli, profezie. Ed. Mediterranee 1987.

Kulte, Sekten, Religionen. Von Astrologie bis Zeugen Jehovas. Augsburg: Pattloch 1994.

LOMMEL, A.: Die Welt der frühen Jäger, Medizinmänner, Schamanen und Künstler. München 1965.

MARX, KARL/ENGELS, FRIEDRICH: Gesamtausgabe. Abt. 1: Werke, Artikel und Entwürfe. Bd. 26: Engels, Friedrich: Dialektik der Natur (1873-1882). Berlin: Dietz Verlag 1985.

PAVESE, ARMANDO: Handbuch der Parapsychologie. Augsburg: Pattloch 1992.

PAVESE, ARMANDO: Heilen durch Handauflegen. Augsburg: Pattloch 1997.

RUPPERT, H. J.: Okkultismus. Geisterwelt oder neuer Weltgeist?. Wiesbaden, Wuppertal 1994.

SCHOPENHAUER, ARTHUR: Sämtliche Werke. Jubiläumsausgabe. 7 Bde. Hrsg. von Arthur Hübscher. Wiesbaden: Albert Vlg. 1988.

SWEDENBORG, EMANUEL: Himmel, Hölle, Geisterwelt. In der Nachdichtung. Zürich: Swedenborg-Verlag 1991.

SWEDENBORG, EMANUEL: Über das Leben nach dem Tode. Eine christliche Jenseitsschau, Visionen und Auditionen. Zürich: Swedenborg-Verlag 1988.

Namens- und Stichwortregister